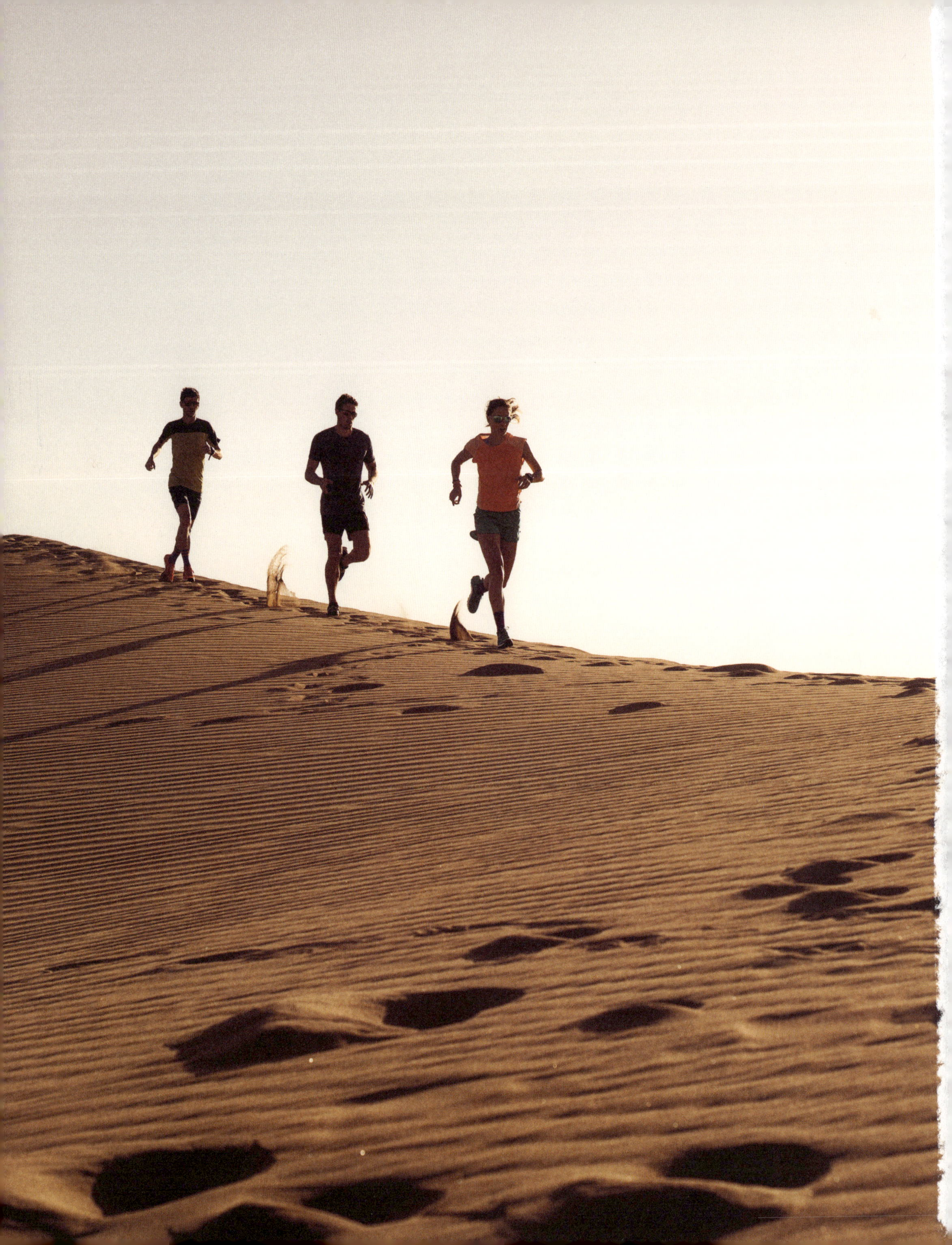

Courir

Autour du monde

GUIDES BLEUS

gestalten

Sommaire

À vos marques   4

COURIR :
une histoire très humaine   6

DISTANCES ET TERRAINS :
petit guide du débutant   12

Marathon d'Athènes : l'Authentique   20
GRÈCE

Endure24   26
ROYAUME-UNI

Endurancelife Northumberland   32
ROYAUME-UNI

COURIR EN VILLE
Battre le pavé : des parcours exaltants
en pleine ville   38

Courir jusqu'à l'épuisement
avec le pionnier du *streetwear*
EDSON SABAJO   44

Investir les rues
avec JÚNIOR NEGÃO
et GISELE NASCIMENTO   48

Marathon de la Jungfrau   54
SUISSE

Sud-Tyrol : Drei Zinnen Alpine Run   58
ITALIE

COURIR EN MONTAGNE
Prendre de la hauteur : des courses
d'altitude à couper le souffle   66

Dragon's Back Race   72
ROYAUME-UNI

Redéfinir comment le corps
doit bouger avec JUSTIN GALLEGOS   80

Midnight Sun Marathon   84
NORVÈGE

Siberian Ice Half Marathon   88
RUSSIE

COURSES EXTRAVAGANTES
Un grain de folie : des épreuves
amusantes et insolites   94

Faire tomber les barrières
avec le WAYV RUN KOLLEKTIV   100

Ultra-Trail de l'île de Madère   104
PORTUGAL

Grand to Grand Ultra   112
ÉTATS-UNIS

Mongolia Sunrise to Sunset   118
MONGOLIE

Jungle Ultra   124
PÉROU

Guatemala Impact GUATEMALA	132
Bob Graham Round ROYAUME-UNI	138
The Barkley Marathons ÉTATS-UNIS	146
ÖTILLÖ Swimrun World Championship SUÈDE	154
Western States 100-Mile Endurance Run ÉTATS-UNIS	162
Badwater 135 ÉTATS-UNIS	168
Additionner les kilomètres et les records avec MIMI ANDERSON	174
6633 Arctic Ultra CANADA	178
PARCOURS DU PATRIMOINE **Sites à voir : de captivantes courses à la découverte du patrimoine**	186
Marathon de la Grande Muraille CHINE	194
Bagan Temple Marathon MYANMAR	200
Ultra X Jordan JORDANIE	208
COURIR EN PLEINE NATURE **L'appel de la nature : courses isolées et paysages spectaculaires**	214
Big Five Marathon AFRIQUE DU SUD	222
Atteindre des sommets avec LES MARMOTS	232
Ultra-Trail du Mont-Blanc FRANCE, ITALIE, SUISSE	236
Tenzing Hillary Everest Marathon NÉPAL	246
Index	254

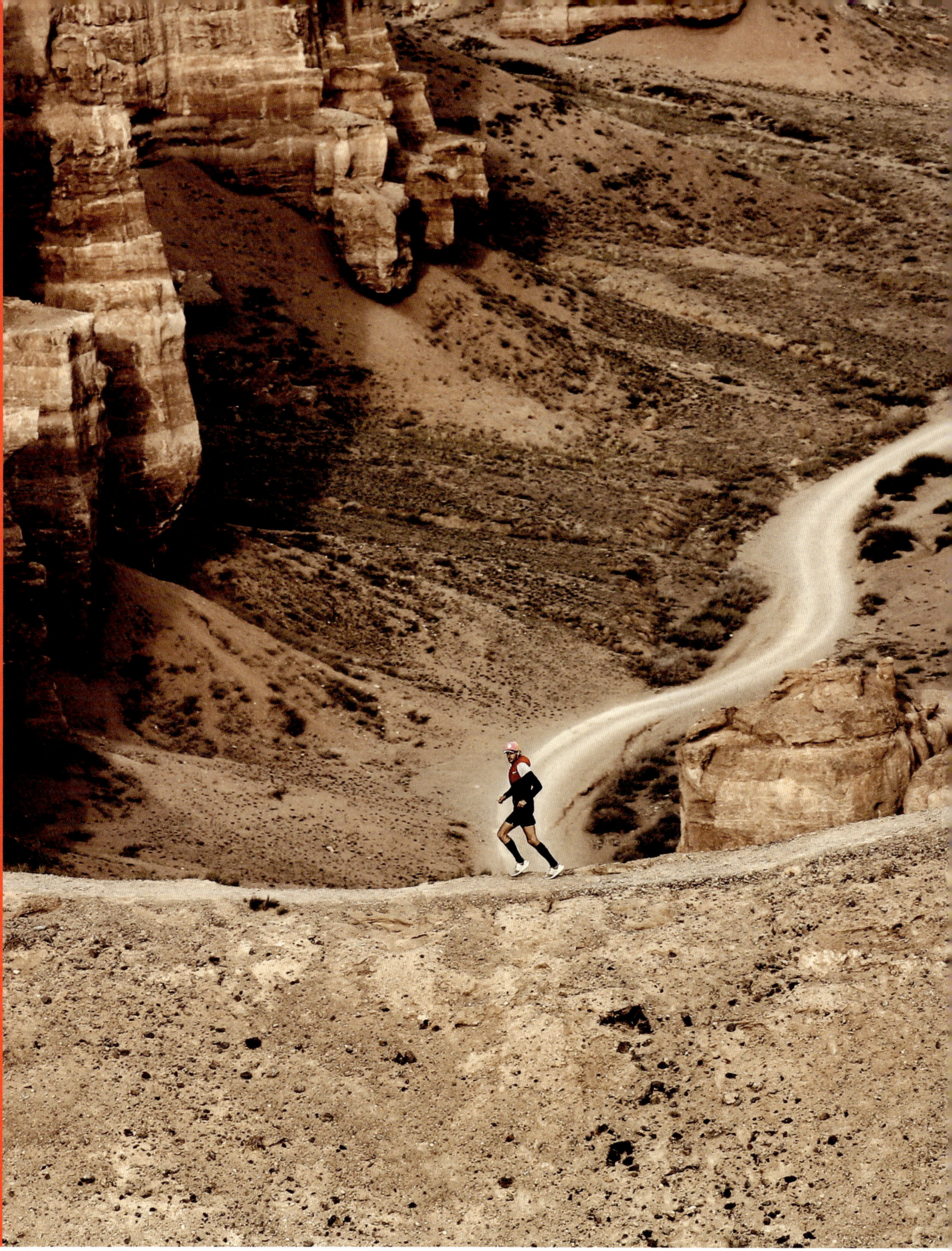

À vos marques

Pourquoi les humains courent-ils ? À une époque, ils n'avaient tout simplement pas le choix. Nos lointains ancêtres ont évolué pour pouvoir chasser et survivre. Dans son apparence et son fonctionnement, le corps est en grande partie le résultat de notre adaptation à la course à pied.

Nous n'avons plus besoin de chasser, et pourtant notre envie de courir est plus forte que jamais. Aujourd'hui, nous pratiquons cette activité pour le plaisir et pour rester en forme. Des millions de personnes participent chaque année à des compétitions dans le monde entier, et plus nombreuses encore sont celles qui chaussent des baskets uniquement pour le plaisir de bouger. Nous couvrons de grandes distances, parfois dans des régions où rien ne pousse, et ce, pour quantité de bonnes raisons. La course fixe les nouvelles frontières de l'exploit athlétique – 100 m en moins de 10 secondes, 1 km en 2 minutes et demi, un marathon en moins de 2 heures –, mais c'est surtout pour repousser nos propres limites que nous courons.

Dans *Autoportrait de l'auteur en coureur de fond* (2007), l'écrivain japonais Haruki Murakami écrit : « Se consumer au mieux à l'intérieur de ses limites individuelles, voilà le principe fondamental de la course, et c'est aussi une métaphore de la vie. » Quand le corps inonde le cerveau de molécules du bien-être jusqu'à l'euphorie – ce qu'on appelle « l'ivresse du coureur » –, notre esprit semble faire un avec la matière. Pour nombre d'entre nous, c'est sans doute l'expérience consciente et non religieuse qui se rapproche le plus d'un voyage transcendantal. Pour certains, cet accès au royaume métaphysique s'apparente à une forme de thérapie. Pour d'autres, la course à pied est plus une évasion, antidote aux écrans, aux algorithmes, au bruit et à l'agitation du monde moderne. Ce qui est beau, c'est qu'elle peut être les deux à la fois et qu'on peut la pratiquer à tout moment.

Courir, c'est d'abord une compétition contre soi. Contre ses propres limites, ses doutes et ses peurs. Chaque pas est une petite réussite habituant à la victoire, et chaque course permet même de dépasser le cadre sportif – défendre une position politique, s'exprimer, valoriser les communautés ou les sous-cultures marginalisées… Vue sous cet angle, la course à pied n'est soudain plus un sport individuel. Mais, quand vous êtes seul avec vous-même et vos pensées, ou quand l'esprit est au repos, c'est là que se produit la transcendance, la méditation de la course ; quand l'esprit apprend du corps et inversement – comme depuis toujours. ∎

Courir : une histoire très humaine

Il y a environ deux millions d'années, quand nous étions quelque part entre le singe et l'homme, notre espèce a connu une transformation physique capitale : nous avons évolué pour pouvoir courir.

Selon la théorie prédominante concernant cette évolution, nous avons acquis la capacité de courir pour survivre. Comme les poissons qui ont développé nageoires et branchies, notre corps s'est perfectionné pour chasser et éviter de l'être. Notre crâne s'est transformé afin d'avoir un meilleur équilibre lors des déplacements rapides et d'empêcher la surchauffe. Notre fessier s'est élargi pour augmenter la stabilité et la puissance, et les ligaments qui absorbent les chocs dans la colonne vertébrale se sont épaissis. Nous nous sommes épanouis, redressés et animés, comme au sortir d'une boîte après des millions d'années d'enfermement. En bref, nous n'avons pas évolué uniquement pour marcher, mais aussi pour courir. Ces changements physiologiques ont fait des premiers humains des coureurs de fond d'exception. Si leurs proies étaient plus rapides sur de courtes distances, ils avaient l'endurance pour les traquer jusqu'à leur épuisement. La vie est un marathon, pas un sprint. Selon Bernd Heinrich, biologiste allemand et recordman de course à pied, dans son livre *Why We Run* (2002), l'intelligence, l'endurance et la volonté de gagner développées pendant cette période ont été essentielles à l'ascension de l'homme dans la chaîne alimentaire.

Au fil du temps, la course à pied aussi évolue, se faisant tour à tour cérémoniale, sportive et sociale. Dans l'Égypte ancienne, il existe des traces de la course pratiquée en tant que sport vers 3000 av. J.-C. : les pharaons font ainsi la démonstration de leurs aptitudes physiques pour affirmer leur autorité. En Irlande, à partir de 1600 av. J.-C., les courses font partie des célébrations funéraires données en l'honneur du défunt. La course à pied est principalement liée à des sports comme le football médiéval, ancêtre chaotique de celui que l'on connaît aujourd'hui.

À partir de 1440 environ, les Incas, comme les Grecs avant eux, utilisent des coureurs comme messagers. L'empire possède un impressionnant réseau routier de quelque 40 000 km et, pour communiquer des informations importantes d'ordre militaire ou

Ci-dessus : Un *chaski* inca – l'un des nombreux messagers-coureurs dont le réseau constituait une sorte de système postal oral dans tout l'empire – immortalisé sur un timbre péruvien.
En haut à droite : Relief en pierre montrant Ramsès courant pour réaffirmer son règne de 30 ans. En bas à droite : Dessin sur rocher du néolithique à Tadrart Acacus, en Libye, montrant des hommes en train de chasser ; un exemple de la manière dont les anciennes civilisations immortalisaient le concept de la course dans leur art.

commercial, il crée un réseau de sprinteurs, ou *chaskis*, sorte de téléphone humain – bien avant le brevet d'Alexander Graham Bell en 1876. Les *chaskis* ralliaient des relais placés tous les 15 km pour transmettre leur message au coureur suivant. De cette façon, les informations cruciales pouvaient parcourir jusqu'à 240 km en une journée. Être nommé *chaski* était un honneur réservé aux athlètes les plus rapides, mais le poste impliquait de lourdes responsabilités ; celui qui échouait ou délivrait de fausses informations risquait l'exécution.

Le messager le plus célèbre est bien sûr le Grec Phidippidès qui, en 490 av. J.-C., parcourut au pas de course une boucle de 480 km au départ d'Athènes pour recruter l'armée sparte en vue d'une bataille décisive dans le village de Marathon. Il poursuivit ensuite jusqu'à Marathon (40 km de plus) et, à son retour à Athènes pour rapporter la victoire grecque, s'effondra, s'exclamant dans son dernier souffle : « *Nike ! Nenikekiam !* » (« Victoire ! Nous sommes victorieux ! ») Le trajet de Phidippidès d'Athènes jusqu'au site de la bataille est à l'origine de la plus fameuse course du monde : le marathon.

L'histoire grecque mène aussi à la naissance de la course en compétition : les premiers jeux Olympiques, en 776 av. J.-C. Cette manifestation ne comportait alors qu'une épreuve de course, le stadion, un sprint de 180 m couru entièrement nu. Ce n'est que 13 éditions plus tard qu'une autre y est ajoutée : le double stadion. Le marathon fait ses débuts aux premiers jeux Olympiques modernes d'Athènes en 1896, aux côtés de cinq autres formats de course à pied.

Au XXe siècle, alors que l'athlétisme bénéficie d'une plus grande couverture médiatique, les athlètes, gagnant en visibilité, sensibilisent le public à des sujets comme le racisme, la discrimination ou les droits civiques. Difficile de trouver épisode plus audacieux que les quatre médailles d'or obtenues par le sprinteur afro-américain Jesse Owens aux jeux Olympiques de Berlin de 1936, ébranlant par là même l'idéologie nazie sur la supériorité raciale.

Pourtant, jusque dans les années 1960, les femmes sont encore exclues de nombreuses compétitions de course à pied dans le monde entier. En 1966, l'inscription de Roberta « Bobbi » Gibb au marathon de Boston est refusée sous prétexte que les femmes sont incapables de courir sur de longues distances. Elle participe ▶

Comme les poissons qui ont développé nageoires et branchies, notre corps s'est perfectionné pour chasser et éviter de l'être.

Au XXᵉ siècle, alors que l'athlétisme bénéficie d'une plus grande couverture médiatique, les athlètes, gagnant en visibilité, sensibilisent le public à des sujets comme le racisme, la discrimination ou les droits civiques.

Ci-dessus : Un officiel tente d'empêcher Kathrine Switzer de prendre part au marathon de Boston en 1967.
En haut à gauche : L'athlète américain Jesse Owens au départ de son 200 mètres victorieux aux jeux Olympiques de 1936.
En bas à gauche : Représentation de Phidippidès rapportant la victoire grecque de la bataille de Marathon.

▶ quand même, devenant ainsi la première femme à terminer la course, bien que non inscrite. Elle court aussi l'année suivante, tout comme une certaine Kathrine Switzer, qui, elle, avait réussi à s'inscrire officiellement. Mais le parcours de celle-ci ne se déroule pas sans encombre : elle subit plusieurs interventions musclées des organisateurs qui déclarent que son inscription est une erreur. Ce n'est que cinq ans plus tard que l'Amateur Athletic Union crée officiellement une division féminine de marathon. De nos jours, nombreux sont les pays où jusqu'à un tiers des participants à un marathon sont des femmes.

Au fil des siècles, la course à pied professionnelle a pris diverses formes, servant même à actionner des tapis de course utilisés pour faire monter le niveau de l'eau ou moudre le grain. Au début du XIXe siècle, les Britanniques vont jusqu'à se servir de la course en guise de punition corporelle pour les prisonniers. En 1895, le poète et dramaturge anglais Oscar Wilde, condamné à deux ans de travaux forcés pour homosexualité, subit d'affreuses sessions de six heures sur tapis de course.

Malgré cela, les écrivains s'emparent de la course à pied au XXe siècle, l'utilisant de plus en plus comme une métaphore pour tout, de la lutte des classes à l'existentialisme. La Solitude du coureur de fond (1959), de l'auteur britannique Alan Sillitoe, sans doute l'histoire la plus célèbre sur la course à pied après Forrest Gump, en est un bel exemple. Sillitoe la compare à un éveil, de lui-même et de la vie : « Des fois je pense que je n'ai jamais été aussi libre que pendant ces deux heures, quand je passe le portail au petit trot et que je tourne au bout du chemin près de ce chêne ventru au visage nu. Tout est mort, mais c'est bien, parce que c'est la mort avant la naissance et non pas la mort après la vie. »

On retrouve la détermination du coureur dans le livre Jogging (1967) de William J. Bowerman, qui a incité une génération entière à courir pour se maintenir en forme. Vendu à plus d'un million d'exemplaires, il présente la discipline comme un remède contre le style de vie de plus en plus sédentaire des banlieues américaines. L'ouvrage, ponctué de citations très appréciées des influenceurs d'Instagram, telles que « Tout ce dont vous avez besoin est déjà en vous », marque une étape fondatrice de la démocratisation du sport. Ce qui avait débuté comme une contre-culture rejetant la tendance plateau TV devient rapidement un courant dominant. Ainsi que l'explique un joggeur au New York Times en 1968, « Au début, on a l'impression que tout le monde nous regarde – et c'est le cas. Puis on aime tellement courir que ça n'a plus d'importance ». Bowerman, entraîneur ▶

COURIR : UNE HISTOIRE TRÈS HUMAINE

▶ de l'université d'Oregon et cofondateur de Nike, a travaillé de façon obsessionnelle à la conception de la chaussure parfaite pour ses athlètes. Le mariage de la performance et du style promu par des marques comme Nike était né. Parmi les athlètes d'Oregon, on trouve le coureur de fond Steve Prefontaine, figure emblématique de la discipline : les foules se déplaçaient pour le voir courir. Sa célébrité a sans doute fait autant pour la course que celle de David Beckham pour le football aux États-Unis. Lorsqu'il meurt en 1975, à 24 ans, dans un accident de voiture, il détient tous les records américains sur piste, des 2 000 aux 10 000 mètres.

La période d'après-guerre voit naître une série de grands noms. En 1952, le Tchécoslovaque Emil Zátopek est le seul athlète à rafler l'or dans toutes les épreuves de fond d'une même édition des jeux Olympiques : avec déjà deux médailles, il décide, à la surprise générale, de courir le marathon – son premier. Huit ans plus tard, aux Jeux de Rome, l'Éthiopien Abebe Bikila remporte, pieds nus, la médaille d'or. Coureur le plus célèbre de sa génération, le Britannique Roger Bannister n'en était même pas vraiment un. L'étudiant en médecine, qui ne s'entraînait que pendant son temps libre, entre dans la légende du sport en 1954, devenant le premier à courir le *mile* (1,6 km) en moins de 4 minutes. Son record ne tient pourtant que 46 jours : l'année suivante, trois coureurs de la même course passent sous la même barre fatidique. « Mon esprit a pris le dessus. Il était loin devant mon corps », se souvient Bannister à propos de ce jour historique. Preuve qu'il est autant question, dans la course de fond, d'obstacles mentaux que physiques.

Les marathons et les sprints, qui deviendront des épreuves olympiques phares, sont diffusés à la télévision pour la première fois en 1960. Les Jeux de Tokyo (1964) entrent dans les salons du monde entier. À la même période, la course amateur explose. Les villes se mettent à organiser des marathons pour permettre aux coureurs amateurs de reproduire ce qu'ils voient à la télévision.

Pour les plus raisonnables, il existe le semi-marathon. Les courses de 5 et 10 km ne se courent alors plus seulement sur piste mais aussi sur les routes, les sentiers et les plages.

Par ailleurs, comme dans d'autres disciplines, la course s'étend aux coureurs en situation de handicap. En 1984, le marathon en fauteuil roulant fait son entrée aux jeux Paralympiques, qui ont vu le jour en 1960. L'athlète le plus accompli est sans doute l'Allemand Heinrich Köberle, avec quatre médailles d'or paralympiques. Hors marathon, l'Américaine d'origine russe Tatyana McFadden, paralysée en dessous de la ceinture, remporte en fauteuil sept médailles d'or paralympiques, dont quatre en 2016 aux Jeux de Rio de Janeiro, où les athlètes s'affrontent dans neuf épreuves de course différentes réparties en 10 catégories ; on y retrouve, entre autres, les athlètes amputés, les malvoyants et les sportifs de petite taille.

Ci-dessous : Pieds nus, l'Éthiopien Abebe Bikila passe devant le tombeau des guerriers marathoniens à Rome, avant sa victoire au marathon des jeux Olympiques d'été de 1960.
À droite, de haut en bas : Roger Bannister vient de courir son *mile* en moins de 4 minutes ; un exemple des premières chaussures Nike pour l'athlétisme, avec la semelle en gaufre conçue par William J. Bowerman ; dans un taxi, un client suit les jeux Olympiques de Tokyo de 1964 sur un écran.

Aujourd'hui, on compte chaque année, rien qu'aux États-Unis, au moins 800 marathons et deux millions de participants à des semi-marathons. En plus d'avoir la discipline dans le sang, elle est sur nos poignets et peut-être même bientôt sur nos têtes, avec les casques de réalité virtuelle.

Aujourd'hui, on compte chaque année, rien qu'aux États-Unis, au moins 800 marathons et 2 millions de participants à des semi-marathons. En plus d'avoir la discipline dans le sang, elle est sur nos poignets et peut-être même bientôt sur nos têtes, avec les casques de réalité virtuelle. Notre obsession se trouve alimentée par des applications comme Strava qui répondent à notre soif de communauté, de maîtrise, de compétition, de récompense et de statut. Avec cette « ludification », nous entrons en compétition avec nous-mêmes et avec les autres. Ces outils puisent peut-être dans la raison précise pour laquelle nous courons aujourd'hui.

Alors que nous sommes plus exigeants avec nous-mêmes, nous le sommes aussi avec les courses, en atteste la popularité des compétitions toujours plus ambitieuses comme l'ultra marathon Badwater 135, d'une longueur de 212 km dans la Vallée de la Mort, ou le 6633 Arctic Ultra, 612 km et une ligne d'arrivée au-dessus de la limite des arbres. De la même façon, nous attendons plus de nos athlètes. Des coureurs tels que Justin Gallegos, atteint de paralysie cérébrale, ont pulvérisé la définition de « valide », et le Kenyan Eliud Kipchoge, vainqueur de 12 marathons, est l'exemple parfait de l'athlète qui repousse les limites. En 2019, il est devenu officiellement le premier homme à courir un marathon en moins de 2 heures – sans doute le plus grand accomplissement sportif de tous les temps.

Même le caractère individuel de la course à pied est remis en cause grâce à l'essor des équipes alliant sport, arts, mode et militantisme. Issues de métropoles et de villes moyennes, de ghettos et de favelas aux quatre coins du monde – des capitales européennes à Soweto en passant par Shanghai et Rio de Janeiro –, ces équipes encouragent les personnes de milieux et de niveaux différents à s'engager dans ce sport. Si chacune possède une philosophie propre, l'idée que l'on n'est pas seul les rassemble – plutôt pertinent pour une activité qui nous a littéralement façonnés, et grâce à laquelle nous pouvons, en tant qu'animaux sociaux, comprendre qui nous sommes et comment nous en sommes arrivés là. ∎

Distances et terrains : petit guide du débutant

Par le passé, quand on disait à quelqu'un que l'on partait courir, il avait une vague idée de ce que cela impliquait – la tenue portée, le type de mouvements, l'endroit et la durée. Aujourd'hui, cette notion demande un peu plus de précisions.

Il existe plus d'une dizaine de façons de courir, et d'innombrables compétitions pour lesquelles s'entraîner. Les anciens courants minoritaires du sport deviennent grand public et, avec plus d'événements sportifs que jamais, la discipline est de plus en plus prise au sérieux. Ce qui était autrefois une simple manière de quitter son canapé est devenu un mode de vie alimenté par les applis, l'aventure et la compétition. La découverte de ce vaste panorama peut s'avérer épuisante, pour les jambes comme pour le cerveau. Afin de vous aider à trouver votre voie, voici une rapide présentation des différents terrains et distances.

Sur piste

La course à pied est probablement la plus ancienne compétition du monde – nous la pratiquions avant même de pouvoir en garder des traces. Des sources en grec ancien laissent penser que c'est aux premiers jeux Olympiques (776 av. J.-C.) qu'on assista à une course pour la première fois : un sprint de 180 m sur terre battue, couru entièrement nu et qui restera la seule compétition olympique pendant plus de 50 ans. Aujourd'hui, les jeux en comptent 12 sur piste. Les circuits praticables par tous les temps ne manquent pas, allant de ceux des lycées aux stades de 80 000 places.

Les épreuves sur piste se répartissent principalement en trois catégories : sprints ininterrompus, sprints presque interrompus et sprints avec obstacles. Dans les courses de 100, 200 et 400 m, l'objectif est d'atteindre le plus vite possible sa vitesse maximale et de la maintenir jusqu'à la ligne d'arrivée. Dans ces formats prime l'explosivité, perfectible en travaillant sur les fibres musculaires à contraction rapide avec des exercices comme les squats et la force athlétique.

Les courses sur piste de demi-fond – 800 et 1 500 m – demandent plus de stratégie et de contrôle de l'allure. Vaut-il mieux

Ci-dessus : Parmi les épreuves sur piste du programme paralympique figurent le 100 mètres, le 200 mètres et le 400 mètres, des épreuves de demi-fond (800 et 1 500 m) et de fond (5 000 m). Il existe aussi une course de relais universel (4 x 100 m).
À droite : Alors que les courses sur piste sont généralement limitées à huit compétiteurs, celles sur route en comptent des milliers. De nos jours, presque tous les pays organisent une importante course de fond, que ce soit un semi-marathon, un marathon ou un ultra-marathon.

commencer doucement et tout donner à la fin ? Ou démarrer en trombe et tenir jusqu'à la ligne d'arrivée, alors que les concurrents se rapprochent ? Pas de réponse tranchée, mais les athlètes préfèrent généralement garder le meilleur pour la fin. On appelle *negative split* la technique consistant à courir la seconde partie de la course plus rapidement que la première.

En longue distance (5 000 et 10 000 m), il s'agit d'aller aussi vite que possible sans s'épuiser avant la dernière ligne droite. De cette catégorie sont issus certains des meilleurs athlètes polyvalents du sport, comme Kenenisa Bekele, Haile Gebrselassie et Paavo Nurmi. Si vous espérez atteindre leur niveau, votre entraînement devra comprendre des efforts plus longs et plus lents afin de développer vos fibres musculaires à contraction lente, votre endurance et votre capacité en oxygène. Ajoutez-y des séances de fractionné pour stimuler aussi les fibres à contraction rapide.

Les pistes présentent parfois des obstacles. C'est le cas des courses de haies et du steeple. Les premières sont des sprints de 100 m (femmes), 110 m (hommes) ou 400 m, au cours desquels il faut sauter par-dessus des barres horizontales (68 à 107 cm de haut). La stratégie est simple : courir vite sans tomber. Le steeple (dérivé d'un parcours équestre, le steeple-chase) demande de réguler davantage son allure et donne moins droit à l'erreur. Le format standard est une course de 3 000 m avec 28 barrières fixes. Sept sauts dans l'eau peuvent venir accroître la difficulté.

Sur route

L'épreuve de fond la plus célèbre est le marathon (42,2 km). En 2018, 1,3 million de personnes environ ont participé à des courses dans le monde entier, la plupart sur route. Si vous demandez à quelqu'un ce qui fait la renommée de Boston, on vous parlera probablement d'abord ▶

La course à pied est probablement la plus ancienne compétition du monde – nous la pratiquions avant même de pouvoir en garder des traces. Des sources en grec ancien laissent penser que c'est aux premiers jeux Olympiques (776 av. J.-C.) qu'on assista à une course pour la première fois.

L'épreuve de fond la plus célèbre du monde est le marathon (42,2 km). En 2018, 1,3 million de personnes environ ont participé à des courses dans le monde entier, la plupart sur route.

Les participants des compétitions longue distance sont souvent autant intéressés par le cadre et la culture du pays hôte que par le défi physique. Pour cette raison, de nombreux événements organisent des séjours prolongés avec possibilité de visites guidées. Safaris dans la savane, visites urbaines, escalade de volcans, bénévolat environnemental ou camping au camp de base de l'Everest figurent parmi les activités proposées.

▶ de son marathon avant d'évoquer les Celtics ou les Red Sox. C'est à Berlin que s'établissent les nouveaux records, et celui de New York s'avère sans doute la meilleure façon de découvrir ses cinq *boroughs*. Avec celles de Londres, Tokyo et Chicago, ces courses constituent les World Marathon Majors. On appelle Six Star Finisher tout participant à ces six événements.

Un adage dit que n'importe qui peut courir un marathon. Il faut simplement 12 à 20 semaines d'entraînement… et des tendances masochistes ! Pour beaucoup, il s'agit du plus grand défi physique de leur vie. Alors comment se fait-il que le marathon soit devenu l'épreuve en vogue ? Il y a quelques dizaines d'années, l'objectif des coureurs était de réaliser un bon temps. Aujourd'hui, c'est de passer du bon temps. C'est l'expérience et non la performance qui prime, comme le prouve la chute de la moyenne globale des temps de ces 15 dernières années, alors que l'engouement pour la pratique est à son comble. À chaque saison, Instagram regorge de photos de montres Garmin, de médailles et de tenues de course. Les événements ont parfois des allures de festival de musique. On y retrouve majoritairement des coureurs amateurs qui cherchent à rayer ce défi de leur liste.

Peut-être plus accessible, le semi-marathon est la course de fond qui connaît la plus forte expansion depuis plus de 10 ans. En 2018, plus de 2,1 millions de coureurs en ont terminé un. La plupart des amateurs peuvent s'y préparer en 8 à 12 semaines d'entraînement. Le Broloppet 2000 a été l'un des plus gros événements jamais organisés, rassemblant plus de 90 000 personnes sur le pont Øresund, qui sépare le Danemark de la Suède.

Par ailleurs, les plus téméraires s'essaient à une nouvelle sensation : l'ultra-marathon. Si le terme s'applique généralement à toute course dépassant 42,2 km, nombreuses sont celles totalisant des centaines, voire des milliers de kilomètres. Par exemple, en 2017, l'athlète britannique Mimi Anderson a parcouru 3 568 km à travers les États-Unis. Parmi les ultra-marathons notables, citons le Spartathlon en Grèce, le Londres-Brighton et celui de Two Oceans en Afrique du Sud. La distance n'est pas la seule difficulté. Dans bon nombre de compétitions, les coureurs doivent aussi composer avec une chaleur ou un froid ▶

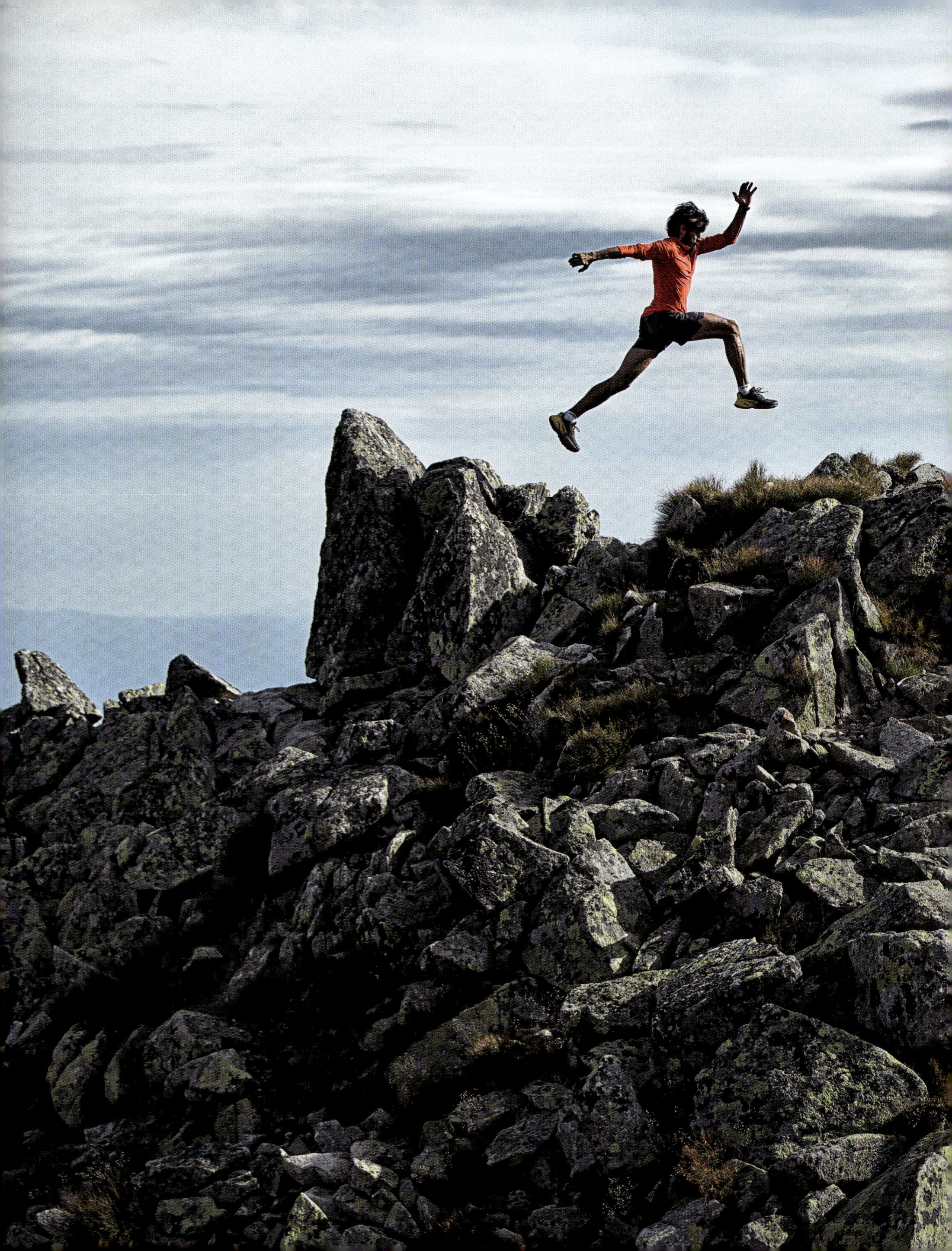

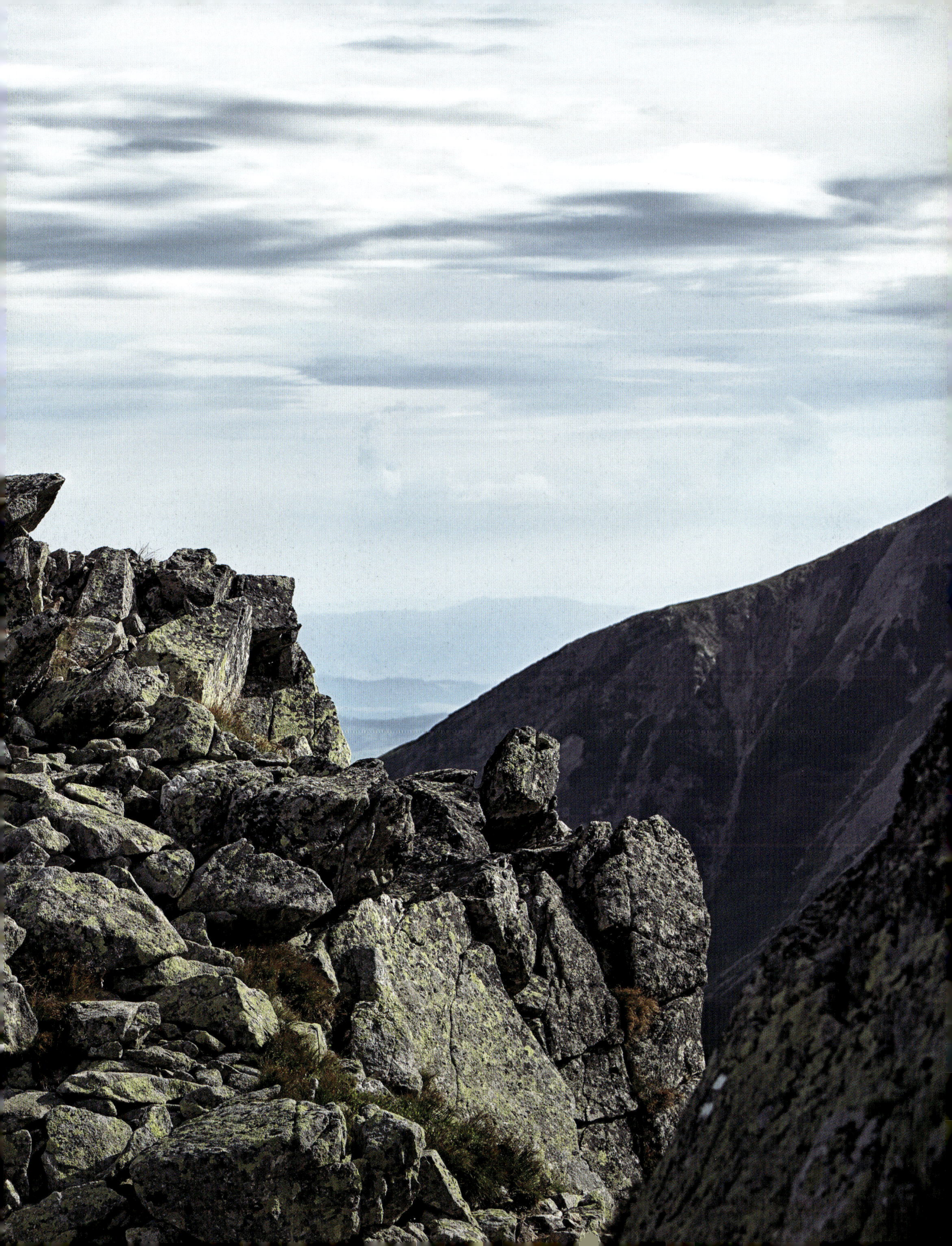

▶ extrêmes, l'épuisement, l'orientation et l'ennui. S'il est possible de courir un marathon avec quelques mois d'entraînement, préparer son corps pour un ultra est une tout autre histoire ; c'est un peu comme prendre un travail à temps partiel.

Tout-terrain

Les coureurs cherchent de plus en plus l'aventure et la reconnexion à leurs racines ancestrales. Mettre son cerveau au repos et courir machinalement ne suffit plus. Les épreuves en terrain naturel répondent à un besoin de grands espaces et nous incitent à lever les yeux et à apprécier l'environnement, les pieds foulant le gravier, l'herbe, les cailloux, le sable ou la glace, et le regard rivé sur l'horizon.

Les sentiers sont le moyen le plus prisé d'explorer la nature. On compte plus de 1 800 trails dans le monde, allant du simple chemin forestier aux sommets pris dans la glace. Avec le désir toujours grandissant de se reconnecter à la nature, la discipline connaît depuis une dizaine d'années une hausse de popularité fulgurante. Aucun terrain n'est hors d'accès – collines, montagnes, plateaux, canyons, vallées et péninsules – tant qu'il y a des montées, des descentes et des virages. De nombreuses courses couvrent des distances d'ultra-marathon et ont des postes de secours pour ravitailler les coureurs. Un ensemble de règles « Leave no trace » (ne laissez pas de trace) oblige les participants à courir légèrement et prudemment sur le sol qu'ils foulent.

Dans les compétitions tout-terrain plus exigeantes, on emporte souvent les « 10 essentiels » : boussole ou GPS, lampe frontale, nourriture, eau, kit de secours, etc. Certaines courses extrêmes – comme l'ultra-marathon Badwater 135, dont le départ se fait sous le niveau de la mer dans la Vallée de la Mort (l'endroit le plus chaud sur Terre) et l'arrivée à 2 548 m d'altitude – nécessitent plus d'équipement que pour des vacances classiques. Si l'on met de côté l'effort physique extrême, une course dans la nature ressemble en fait beaucoup à un voyage – planification, bagages, trajet, découvertes, déconnexion brève du monde et retour difficile au travail le jour d'après. Ensuite, vous comptez les jours qui vous séparent de la fois suivante, sans cesser d'en parler à vos amis.

Le trail se compose de plusieurs disciplines, comme le *fell running*, le *skyrunning*, le *fastpacking* et le *swimrun*. La première est semblable au trail, mais en plus extrême : sentiers très accidentés et

Aux quatre coins de la planète, il existe de vastes étendues restées vierges pendant des milliers d'années. Il n'y a pas de meilleur moyen pour se connecter aux éléments que de prendre part à l'un des nombreux événements en milieu naturel qui se déroulent dans le monde entier. Que ce soit en explorant les collines ondoyantes de l'Angleterre rurale, en escaladant les Alpes suisses, en nageant dans les eaux glacées scandinaves ou en poussant son propre traîneau sur l'Arctique, impossible de ne pas se sentir en communion avec la nature !

Les épreuves en terrain naturel répondent à un besoin de grands espaces et nous incitent à lever les yeux et à apprécier l'environnement, les pieds foulant le gravier, l'herbe, les cailloux, le sable ou la glace, et le regard rivé sur l'horizon.

pentes raides. Une fédération supervise jusqu'à 500 courses par an au Royaume-Uni. La discipline trouve ses racines au XIe siècle, lorsque le roi Malcolm III d'Écosse organisa une course en montagne afin de trouver le meilleur messager. La plupart des courses de *fell running* ont lieu au Royaume-Uni ; ailleurs, on les appelle généralement *mountain* ou *hill running*. Le *skyrunning* se déroule à plus de 2 000 m d'altitude et totalise un dénivelé supérieur à 30 %. Il existe des SkyMarathons et Ultra SkyMarathons officiels. Une fédération s'assure du respect des règles, recrute les nouveaux coureurs et mène des recherches scientifiques. Certaines épreuves, plus extrêmes encore, se courent sur des crêtes et avec une déficience en oxygène. Les participants de la Tromsø Skyrace, par exemple, parcourent les montagnes norvégiennes au nord du cercle arctique sur 57 km, affrontant un dénivelé positif de 4 800 m.

Le *fastpacking*, lui, requiert d'emporter sur son dos de quoi survivre quelques jours et quelques nuits dans la nature. Avec le *swimrun*, on alterne course sur sentier et natation. Ce sport a vu le jour avec l'ÖTILLÖ Swimrun, une compétition consistant à passer d'île en île pour rallier Utö depuis Sandhamn. Le parcours se compose de 21 sections de trail et 20 de natation.

Les humains n'arrêteront jamais, semble-t-il, de se lancer de nouveaux défis. Aujourd'hui, la course à pied continue de prendre de nouvelles formes et configurations. Pourquoi ne pas combiner un marathon avec 180 km à vélo et 3,9 km à la nage dans ce qu'on appelle un Ironman ? Certains formats vont même plus loin : peut-on courir en subissant des chocs électriques ? En portant des vêtements trempés et glacés ? Quelle est votre adhérence sur une rampe de skateboard huilée ? Peu importe le nombre d'obstacles, de kilomètres ou le cadre, courir consistera toujours à poser un pied devant l'autre. ∎

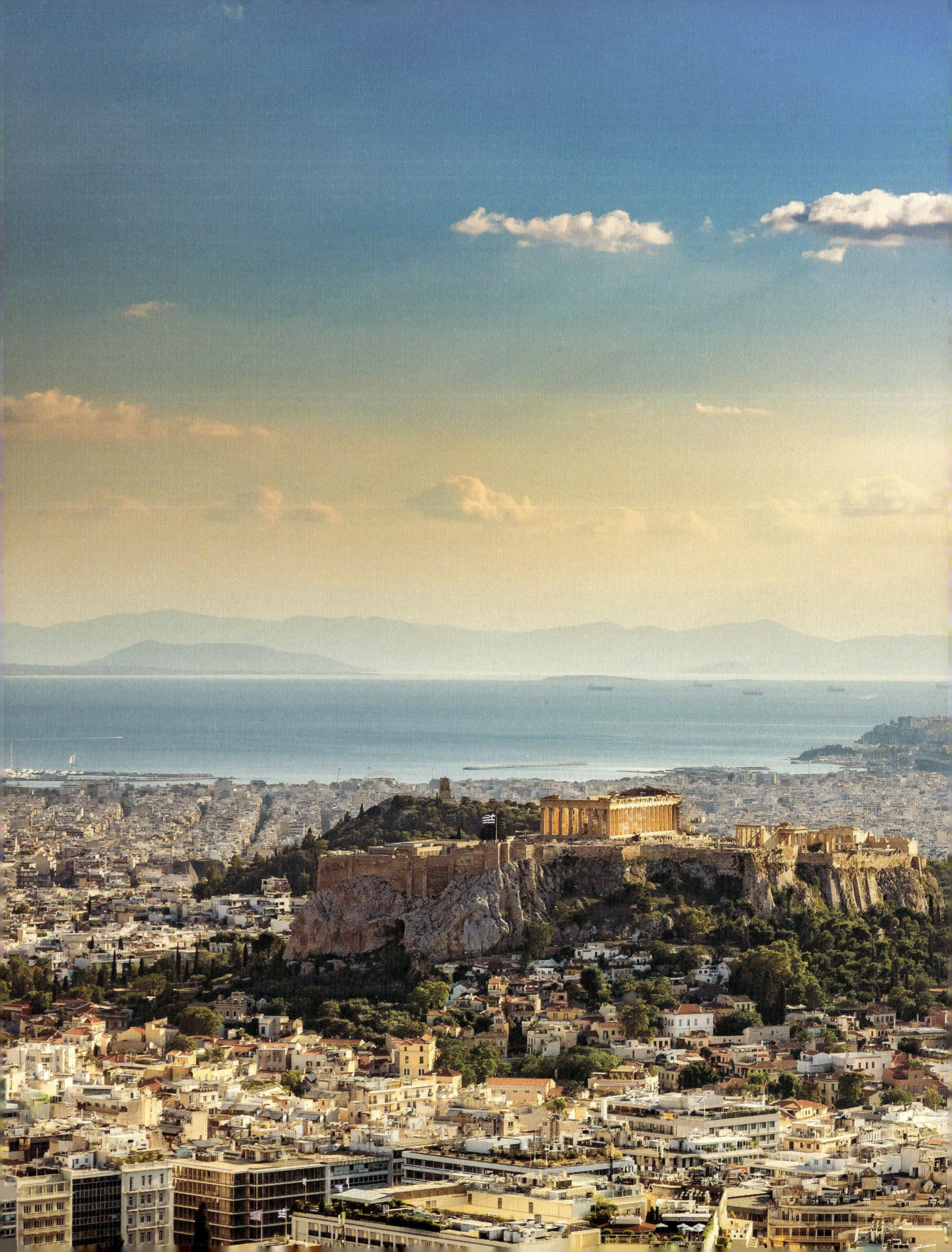

MARATHON D'ATHÈNES : L'AUTHENTIQUE

Pour les marathoniens, c'est le berceau de la discipline. La course elle-même, l'Authentique, est difficile et majoritairement en montée, mais elle reprend les étapes du tout premier marathon et se termine dans le Stade panathénaïque tout en pierre. C'est une course inoubliable de renommée internationale.

Même pour ceux qui ne courent pas, l'itinéraire qui sépare Marathon d'Athènes occupe une place unique dans l'histoire. C'est celui qu'aurait suivi le soldat-messager Phidippidès pour rapporter aux Athéniens la victoire de la bataille de Marathon en 490 av. J.-C. Cette légende est à l'origine de la création, plus de 2 000 ans plus tard, du marathon masculin pour les jeux Olympiques de 1896 – les premiers Jeux modernes. Le Grec Spyridon Louis remporta la médaille d'or et devint un héros national. Cette course de 42,2 km est devenue célèbre en soi, pour avoir été le premier marathon « authentique ».

L'itinéraire est accidenté et sans charme particulier, et l'organisation imparfaite, mais tout marathonien se doit se courir un jour entre Marathon et Athènes. Des milliers le font chaque année – des athlètes d'élite et professionnels aux débutants, aux côtés des ▶

L'itinéraire qui sépare Marathon d'Athènes occupe une place unique dans l'histoire. La course de 42,2 km est devenue célèbre en soi pour avoir été le premier marathon « authentique ».

Ci-dessus : La ligne de départ à Marathon. Jusqu'à 40 000 athlètes la franchissent pour s'embarquer sur cette course de Grèce continentale. Certains disent qu'elle comporte l'ascension la plus difficile de tous les grands marathons : un tronçon de 21 km au bout d'environ 10 km.

▶ adeptes de la marche rapide qui suivent le même itinéraire, et de ceux qui s'affrontent sur les circuits plus courts du centre-ville.

Les athlètes empruntent un itinéraire particulièrement difficile, dont la première moitié se distingue par des montées raides et un terrain ondulé. Ils ne retrouvent le plat que dans les cinq ou six derniers kilomètres, pour ne voir la ligne d'arrivée que dans les derniers mètres. Tous terminent sous l'arche de l'historique Stade panathénaïque, qui, en plus d'être un monument antique, appartient à l'histoire des jeux Olympiques modernes : il a accueilli les cérémonies d'ouverture et de clôture des premiers Jeux revisités de 1896. C'est la ligne d'arrivée des lignes d'arrivée.

Le marathon d'Athènes n'est pas juste une épreuve sportive, une course difficile ou un parcours particulièrement exigeant. Les organisateurs portent dans ce lieu chargé d'histoire une vision plus large de la course de fond, celle d'un modèle de coopération, de solidarité, de résilience et de compassion. Les initiatives comme la Runners' Forest en 2018, qui a permis de replanter des bois le long du trajet à la suite des feux de forêt qui ont touché la Grèce cette année-là, en sont une bonne illustration. ■

Distance : 10 km ou 42,2 km

Lieu : Athènes, Grèce

Date : novembre

Type : route/ville

Température Ø : 12-18 °C

MARATHON D'ATHÈNES : L'AUTHENTIQUE   23

Ci-dessus : Coupe de Bréal, le trophée remis à Spyridon Louis, vainqueur du premier marathon organisé pour les jeux Olympiques modernes de 1896. L'Authentique est aussi un événement national. Certains participants s'habillent en soldats en l'honneur de Phidippidès.
À droite : Le Stade panathénaïque.

Tous terminent sous l'arche de l'historique Stade panathénaïque, qui, en plus d'être un monument antique, appartient à l'histoire des jeux Olympiques modernes : il a accueilli les cérémonies d'ouverture et de clôture des premiers Jeux revisités de 1896.

ENDURE24

Incontournable sur la scène de l'ultra-marathon britannique, cet événement allie une atmosphère de festival – musique, braseros, tipis et tentes – et une course de fond intense. Les coureurs doivent effectuer le plus de tours possibles dans le temps imparti. Avec son ambiance réputée sur la scène britannique, c'est la course idéale pour les équipes et les novices qui veulent s'essayer à des distances plus importantes.

Endure24 est une course de 24 heures en solo ou de relais sur une boucle de 8 km. On y affronte le chronomètre plus que les kilomètres : l'objectif est d'accomplir le plus de tours possibles dans le temps imparti. L'événement se déroule à Reading et à Leeds, et pratiquement tout le monde, tous niveaux confondus, peut y participer. Preuve qu'il s'adresse aussi bien aux débutants, la marche y est autorisée.

Bien sûr, ce type de défi attire également les athlètes expérimentés, et l'épreuve en solo est particulièrement fidèle à son slogan : « Épique, brutale, impitoyable ». Le record de Reading est de 225 km pour les hommes et 193 km pour les femmes. Terminer 20 tours ou dépasser 160 km sur l'un des deux parcours vous fait entrer dans le « 100 Mile Club » de l'Endure24. Sur les 300 participants de Reading et les 800 de Leeds, rares sont ceux qui franchissent ce jalon. Ces compétiteurs en solo bénéficient de leur ▶

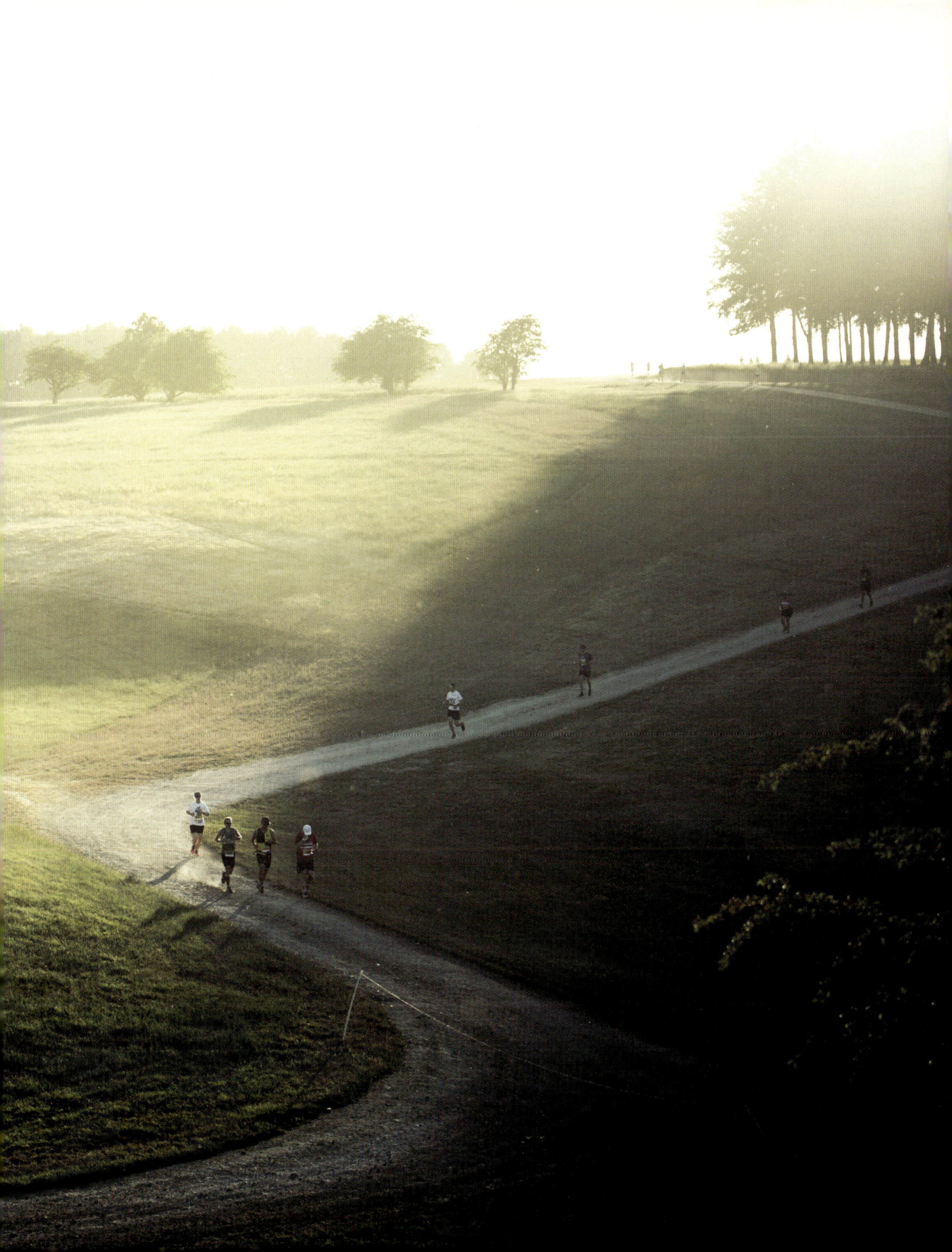

À Leeds comme à Reading, les participants de l'Endure24 jouissent de certains des plus beaux paysages de la campagne anglaise : clairières ombragées, grandes prairies, pentes douces, allées bordées d'arbres et ponctuées de quelques manoirs et folies…

▶ propre terrain de camping et d'une équipe de soutien pour le ravitaillement (pour celui-ci, l'arrêt est obligatoire).

La possibilité de courir en équipe jusqu'à 12 personnes (XXL Fun Teams), l'absence de pression et l'installation unique en son genre, semblable à celle d'un festival – sans parler des espaces bien entretenus (la course se déroule dans des domaines privés) – valent à ces épreuves la réputation bien méritée de courses où l'esprit de solidarité est peut-être le meilleur de tout le Royaume-Uni. Et l'offre de restauration sur place compte parmi les plus alléchantes de la discipline. Avec ses points de vente, ses bars, ses activités et même des massages proposés dans le village de la course, il n'est pas étonnant que l'on surnomme l'Endure24 le « Glastonbury de la course à pied ».

Au premier tour, la boucle paraît plate et facile. Au cinquième, quand la distance parcourue équivaut à celle d'un marathon, la pente semble tout à coup s'accentuer. À la tombée de la nuit, les coureurs continuent leur progression sur les sentiers forestiers, le gravier, l'herbe et la terre battue. Avec l'obscurité, l'atmosphère se fait plus grave, et les coureurs consultent souvent le classement pendant que lanternes et guirlandes lumineuses éclairent le circuit (les coureurs doivent être équipés de lampes frontales). Endure24 est également réputé pour ses bénévoles hyper-enthousiastes. Les encouragements conduisent de nombreux coureurs à dépasser leur record personnel, certains novices faisant même mieux que ce qu'ils s'étaient fixé.

La magie de cet événement, c'est que supporters, familles, novices comme athlètes chevronnés d'ultra y participent ensemble. Combien de courses permettent à des non-coureurs de voir et de côtoyer de près pendant 24 heures des sportifs accomplissant de tels exploits ? ■

Distance : variable

Lieux : Reading/Leeds, Royaume-Uni

Dates : juin et juillet

Type : trail

Température Ø : 10-20 °C

Endure24 est une course de 24 heures en solo ou de relais sur une boucle de 8 km. On y affronte le chronomètre plus que les kilomètres : l'objectif est d'accomplir le plus de tours possible dans le temps imparti.

Endure24 est réputé pour ses bénévoles hyper-enthousiastes. Les encouragements conduisent de nombreux coureurs à dépasser leur record personnel, certains novices faisant même mieux que ce qu'ils s'étaient fixé.

Comme l'épreuve se déroule sur 24 heures, les participants peuvent profiter de magnifiques couchers de soleil et courent de nuit, tandis que leur équipe et les membres de leur famille s'occupent dans le village de la course.

ENDURE24   31

ENDURANCE-
LIFE NORTH-
UMBERLAND

La côte dépouillée du Northumberland rime avec sérénité et sable dans les chaussures. La plus longue des courses, avec son faible nombre de participants, est l'occasion parfaite d'apprendre la maîtrise de l'esprit sur la matière. Vous terminerez peut-être l'épreuve, mais ce sont les éléments – le vent, la pluie et le soleil – qui gagneront. Les panoramas ne sont pas en reste.

La côte du Northumberland donne à voir certains des sites historiques les plus spectaculaires du Royaume-Uni. Et l'ultra-marathon Endurancelife offre la meilleure façon d'expérimenter, ou d'endurer, une course longue distance dans la beauté sauvage de cette partie de la côte.

Peu de sites anglais peuvent rivaliser avec le château de Bamburgh et sa baie déserte. L'imposante barre rocheuse sur laquelle il a été érigé en fit une position défensive idéale pour les Bretons insulaires, ce qui le rend encore plus incroyable aujourd'hui. Son donjon de style roman date du XIe siècle, et on a trouvé des traces d'installation remontant au VIe siècle. L'entrée voûtée du château marque la ligne de départ ; une poignée de coureurs s'y rassemble, généralement en grelottant, pour écouter les consignes de sécurité et attendre le coup d'envoi tout en se préparant à affronter la météo. C'est une course pour ceux qui ▶

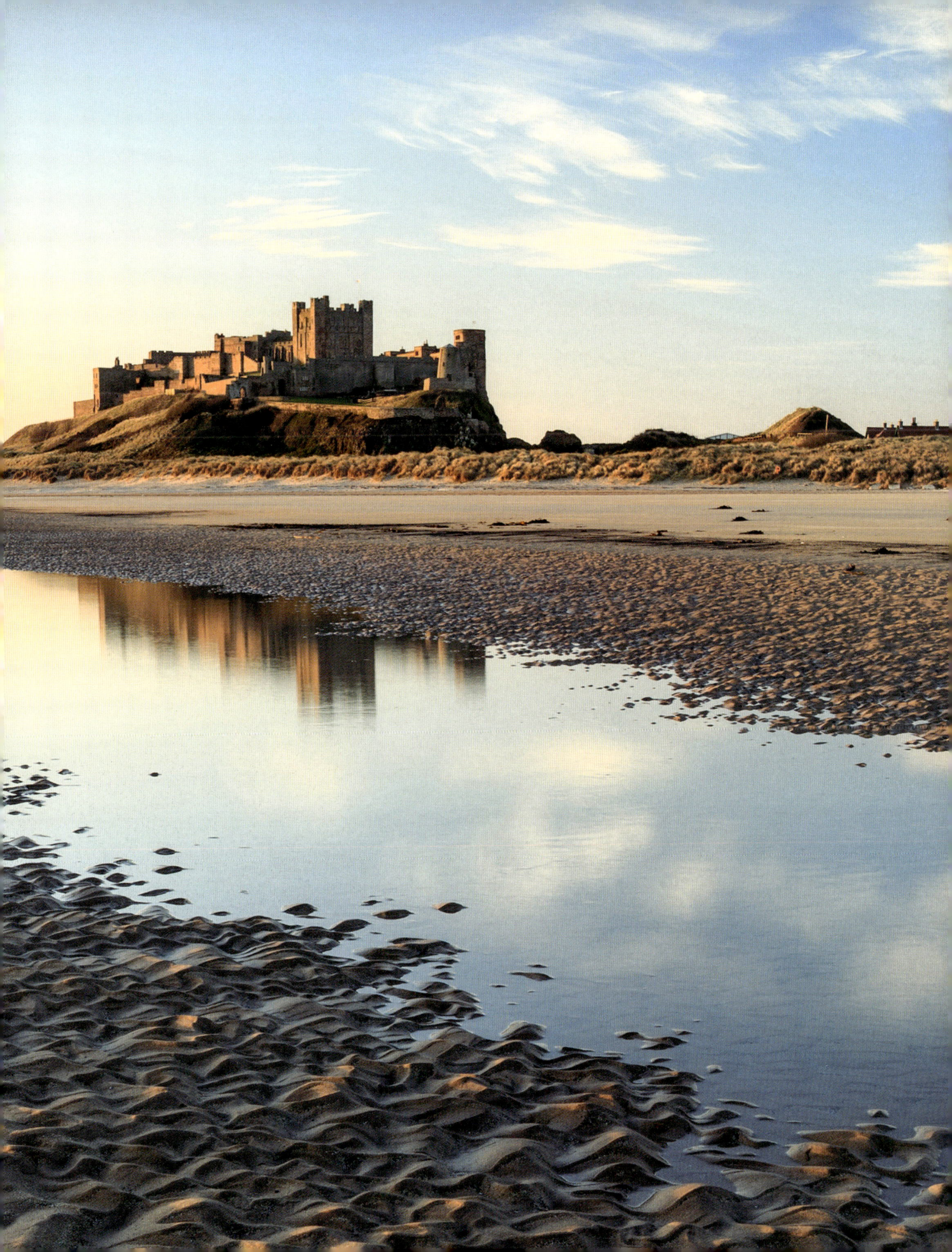

Ci-dessus : Le château de Bamburgh. En bas à droite : Ruines du château de Dunstanburgh. La côte de Bamburgh est connue pour ses grandes plages de sable et ses dunes herbeuses ; malgré son air accueillant, les vents qui soufflent de la mer du Nord peuvent y être redoutables.

▶ aiment l'extérieur sous toutes ses formes. Ce que réserve Mère Nature est toujours une surprise. Dans le ciel, soleil ou pluie (ou bien les deux). Sous vos pieds, plages, dunes ondoyantes, éboulis et rochers. Préparez-vous à avoir du sable dans les chaussures, du vent dans les cheveux et, malgré tout, de l'amour pour la nature dans le cœur.

Alors que les participants progressent vers le sud depuis Bamburgh en gardant la mer à leur gauche, ils voient défiler de nombreux sites préservés, dont deux réserves naturelles nationales. Monuments historiques et points de vue sont aussi légion ; les coureurs de l'ultra remarqueront les ruines du château de Dunstanburgh (XIVe siècle) à l'approche du point le plus méridional du circuit. Le meilleur moment ? Ceux qui suivent le tracé le plus long atteindront un point juste au nord de la ville de Craster avant de faire demi-tour vers Bamburgh ; selon la distance à laquelle ils se trouvent à l'avant, ils croiseront tous les coureurs qui sont derrière eux sur le chemin du retour vers le nord.

Ici, il n'y a pas des dizaines de milliers de participants. Lorsque vous affronterez tant bien que mal les collines de cette côte aride, vous serez seul avec vous-même. C'est de la belle course à pied. Il n'y aura probablement pas grand monde pour vous encourager, mais l'équipe de course et les postes de secours bien équipés ne sont jamais loin. À chaque checkpoint, un juge muni d'un bloc-notes et d'un stylo enregistrera avec le sourire votre arrivée et votre départ.

La série de trails côtiers Endurancelife est bien établie et très appréciée sur la côte britannique, proposant des événements dans la péninsule de Gower, le Dorset et les North York Moors. Celle du Northumberland est connue depuis longtemps pour une raison bien précise : c'est l'une des meilleures. ■

Distance : 10 km, 21,1 km, 42,2 km ou 52 km

Lieu : château de Bamburgh, Royaume-Uni

Date : février

Type : trail/côtier

Température Ø : 8 °C

C'est une course pour ceux qui aiment l'extérieur sous toutes ses formes. Ce que réserve Mère Nature est toujours une surprise. Dans le ciel, soleil ou pluie (ou bien les deux). Sous vos pieds, plages, dunes ondoyantes, éboulis et rochers.

Ici, il n'y a pas des dizaines de milliers de participants. Lorsque vous affronterez tant bien que mal les collines de cette côte aride, vous serez seul avec vous-même. C'est de la belle course à pied.

Ci-dessus : Ceux qui terminent une des courses des Endurancelife Coastal Trail Series – il y en a douze pour l'instant au Royaume-Uni – reçoivent une médaille marquée de l'année et du lieu pour les efforts accomplis.
À gauche : Le pittoresque village de Bamburgh, avec son château en arrière-plan.

ENDURANCELIFE NORTHUMBERLAND

Battre le pavé : des parcours exaltants en pleine ville

Il n'y a pas que les marathons dans la course à pied ! Courir en ville est une autre façon d'explorer un nouveau pays. Certains des plus beaux parcours se trouvent là où on ne les attend pas. Ils combinent efforts physiques et expériences gastronomiques, architecturales et culturelles uniques.

Centre-ville d'Hanoï

Ce circuit à travers le centre-ville d'Hanoï vous fera faire une boucle autour du beau lac de l'Ouest en vous permettant d'échapper à l'animation effrénée des rues.

En partant du temple Quán Thánh, prenez le lac dans le sens inverse des aiguilles d'une montre. Vous passerez devant la belle pagode Trấn Quốc – la plus ancienne de la ville – et les marchés de rue animés. Il fait chaud et humide, donc hydratez-vous suffisamment. Si vous avez besoin d'un petit regain d'énergie, ne manquez pas le célèbre café vietnamien. Les deux-roues étant le principal mode de transport ici, ne soyez pas surpris par le nombre de klaxons.

Si vous courez la distance d'un marathon, cherchez le Marathon Café et faites-vous tirer le portrait. Il sera affiché au mur !

Hanoï compte une myriade de circuits de course à pied, en particulier autour de ses nombreux points d'eau. Faites le tour du lac Hoàn Kiếm, dans le centre-ville, puis plongez dans le centre historique aux rues étroites et animées.

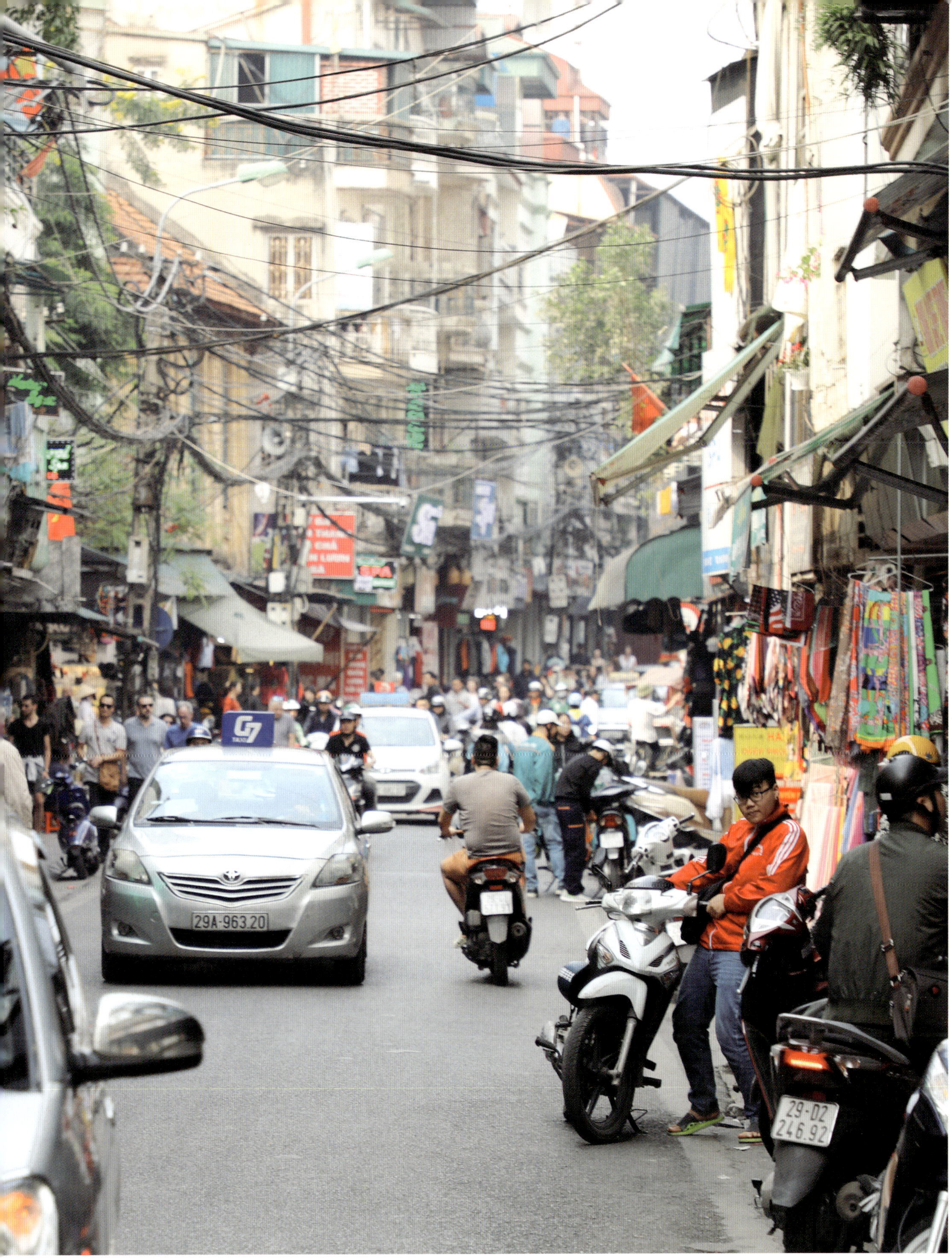
G7
SPA
29A-963.20

Monaco

Accueillant l'une des courses les plus exaltantes du monde automobile, les minuscules rues sinueuses de Monaco présentent de nombreuses montées et descentes, des passages étroits, des ponts, des tunnels. Sans oublier la célèbre marina qui abrite les yachts les plus impressionnants. Il n'y a pas beaucoup d'endroits où l'on peut courir sur un circuit de formule 1 – dans un pays entier, en réalité ! – et rentrer à temps pour prendre un petit déjeuner luxueux dans une brasserie ou un restaurant sur le front de mer.

Choisissez la distance qui vous convient. Quoique peu étendue, la ville offre plusieurs petits parcours impressionnants et difficiles, comme celui qui monte au palais princier, sur la colline, et regagne la rue principale et ses magasins quelque peu excentriques. Vous pouvez aussi courir le long des pontons pour voir les bateaux de près. Si vous demandez gentiment, on vous laissera même peut-être jeter un œil à l'intérieur.

Ce micro-État huppé de la Riviera française n'est pas seulement idéal pour courir : en quelques minutes de marche, vous vous retrouverez sur la côte française. Un endroit parfait en été pour une escapade alliant entraînement et délicieuse gastronomie.

Pristina

Le Kosovo et sa capitale, Pristina, ne font pas souvent partie des incontournables du globe-trotteur. C'est dommage, car la culture kosovare des cafés, la magnifique campagne et l'hospitalité des habitants en font une destination réellement unique.

Du centre-ville, courez vers le nord-est. Votre point de départ, le monument Newborn, dévoilé en 2008, célèbre la déclaration d'indépendance entre la Serbie et le Kosovo, qui est donc le plus jeune pays d'Europe (pour les pays qui le reconnaissent comme tel). Une fois sorti du centre et après avoir dépassé la bibliothèque nationale du Kosovo – dont l'aspect ne fait pas l'unanimité –, vous arrivez sur les chemins qui entourent la ville.

Le paysage est austère en hiver, mais splendide en été : choisissez donc vos dates de façon à profiter de la campagne, des chemins ruraux et des pistes qui entourent la ville. On y trouve des hébergements pour tous les budgets et de la cuisine traditionnelle, dont les poivrons farcis et le kebab de bœuf, d'agneau ou de poulet.

Mettez Pristina sur votre liste ; vous aurez certainement envie d'y revenir !

Ci-dessous : Vue aérienne révélant l'étendue de Pristina, au Kosovo. Ci-dessus à droite : La principauté de Monaco s'élève au-dessus du port Hercule. En bas à droite : Un coureur devant les tours Petronas à Kuala Lumpur.

COURIR EN VILLE 41

San Francisco

Située au nord de la Californie, entre la baie de San Francisco et l'océan Pacifique, San Francisco est l'une des villes les plus visitées au monde. Notre itinéraire vous permettra de voir en une seule fois tous les passages obligés !

En partant de Fisherman's Wharf, contemplez les otaries qui font la manche sur le ponton, puis prenez au sud vers Powell Street – l'endroit parfait pour voir passer les tramways. Ensuite, cap à l'ouest parmi les maisons victoriennes afin de faire la connaissance des Painted Ladies (les demeures de styles edwardien et victorien dignes d'une carte postale qui font la renommée de la ville). Virez au nord vers le pont du Golden Gate ; si, avec un peu de chance, le brouillard est levé, vous l'apercevrez dans toute sa splendeur. Enfin, prenez vers l'est pour retrouver Fisherman's Wharf, d'où l'on aperçoit l'île d'Alcatraz, et accordez-vous un encas bien mérité !

Si tous les autres circuits de cette ville sont spectaculaires, celui-ci, de 16,1 km, est parfait pour les coureurs avides d'exploration. Plutôt plat autour de la baie, il convient à tous les niveaux.

Kuala Lumpur

« KL » pour les intimes est la plus grande ville de Malaisie avec son 1,8 million d'habitants.

C'est probablement dans le KLCC Park, au pied des célèbres tours Petronas, que vous courrez. Vous progresserez avec les autres habitués sur une piste asphaltée au milieu de la végétation, entre lac, cascades, fontaines et bassins, avec les deux gratte-ciel de 452 m de haut en arrière-plan. Sinon, rendez-vous dans le KL Forest Eco Park ou, pour les mordus de marathon, participez à celui qui se déroule chaque année en octobre dans toute la ville.

Le soir, rendez-vous sur l'un des nombreux rooftops avec bar chic ou piscine, et contemplez les lumières tout en sirotant la boisson de votre choix pendant que le soleil se couche derrière les deux impressionnantes tours.

Pour en voir un peu plus, vous pouvez courir sur le tronçon de 15 km qui sépare les tours Petronas des grottes de Batu et se termine par une montée raide de 272 marches multicolores.

Ci-dessous : Un Franciscanais faisant son jogging matinal près du pont du Golden Gate.
À droite : Titiwangsa Lake Gardens, également dans le centre-ville de Kuala Lumpur, est un parc de loisirs bien connu des joggeurs.

Courir en ville : l'essentiel

Centre-ville d'Hanoï
Vietnam
Itinéraire :
tour du lac de l'Ouest
Distance :
17 km

Monaco
Itinéraire :
variable
Distance :
variable

Pristina
Kosovo
Itinéraire :
variable
Distance :
variable

San Francisco
Californie, États-Unis
Itinéraires :
Fisherman's Wharf – Powell Street – Golden Gate Bridge
Distance : 16,1 km

Kuala Lumpur
Malaisie
Itinéraires :
KLCC Park ;
KL Forest Eco Park ;
ou tours Petronas – grottes de Batu
Distance :
variable

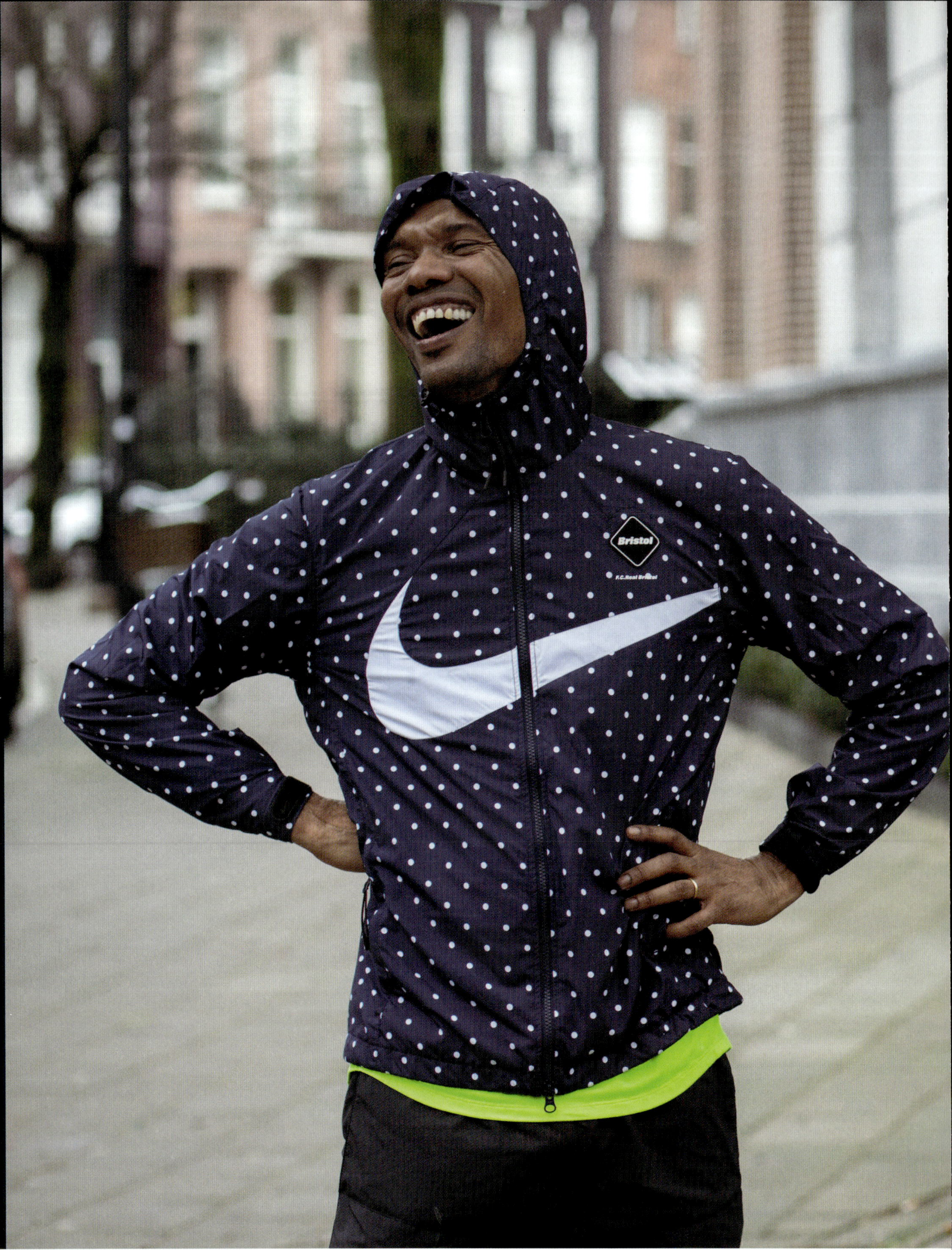
Bristol

Courir jusqu'à l'épuisement avec le pionnier du streetwear Edson Sabajo

En 2010, Edson Sabajo crée la Patta Running Team pour ceux qui souhaitent courir sans faire une croix sur leur style (ou leurs vices).

« Je fume et je bois, dit Edson Sabajo dans une vidéo de 2017 à propos de sa philosophie de la course. Et j'ai 45 ans. Si je peux le faire, bon sang, vous pouvez tous le faire ! » Il est le fondateur de la Patta Running Team, basée à Amsterdam, une équipe atypique : ses membres ont plusieurs casquettes – tatoueurs-DJ, designers-photographes, écrivains activistes – et, en prime, ils courent. Certains sont des *Mokummers* (terme familier pour définir les habitants d'Amsterdam) comme lui, mais beaucoup viennent d'ailleurs. À les voir ensemble avant ou après une session, on les prendrait davantage pour des passionnés de sneakers en pause cigarette.

Sabajo a introduit aux Pays-Bas le *sneaker drop* (sorties de sneakers). Dans les années 1990, il ramenait de New York des sacs entiers d'articles introuvables en Europe pour les revendre avec une petite marge à un groupe de passionnés d'Amsterdam – la sous-culture commençait juste à prendre à l'extérieur des États-Unis. C'était bien avant que la revente de chaussures ne soit un commerce viable. Le terme *hypebeast* (bête de la mode) pour qualifier un obsédé des tendances n'existait pas encore. En 2004, Sabajo ouvre avec son ami de longue date Guillaume « Gee » Schmidt une boutique dans le Quartier rouge. Ils lui donnent le nom de Patta, qui signifie « chaussure » au Suriname, le pays de leurs ancêtres.

Après quelques années, le magasin collabore avec nombre de marques comme Nike, repérées par Sabajo dans ses safaris du sneaker. Il commence aussi à prendre la course au sérieux. « Je jouais au football depuis longtemps mais, à un moment donné, mes pieds n'obéissaient plus à ma tête, donc j'ai arrêté et je me suis mis à courir. » En 2010, un collaborateur de chez Nike lui demande s'il veut créer une équipe. « J'ai dit OK, mais à notre manière. » Sa manière, c'était Eric B. & Rakim et bagues en or plutôt qu'*Eye of the Tiger* et couleurs flashy. Sabajo y a vu l'opportunité d'attirer dans ce sport des gens qui n'adhéraient pas à son esprit ascète. Des non-athlètes en forme. Le contraire du sportif décérébré. Artistes, skateurs, boxeurs, rappeurs. Des battants, comme Sabajo et Schmidt. « La course à pied ne s'adresse pas seulement aux gens qui veulent changer totalement de mode de vie. Elle est et restera pour tout le monde. »

Les équipes urbaines de course à pied sont maintenant en vogue, mais il y a 10 ans, quand les Patta débarquaient dans les ▶

► courses, on les prenait pour des extraterrestres. « Au début, quand on participait à des compétitions sportives, on venait tous habillés avec des fringues tendance, et les gens nous regardaient comme pour dire : "Qu'est-ce qu'ils foutent là ?" Nous, on veut juste courir et, si on peut aussi avoir l'air cool, on ne va pas s'en priver ! » À chaque compétition, Patta est l'équipe dont les membres sont les mieux habillés, souvent d'une tenue conçue de la tête aux pieds pour l'occasion. Le style est un élément fondamental de leur identité. La musique et les fêtes font aussi partie du catalogue des accessoires nécessaires : hip-hop avant la course et cognac Hennessy après. On n'a pourtant jamais l'impression que tout n'est qu'une farce. « Avant toute chose, nous adorons ce que nous faisons, déclare Sabajo. Si vous aimez plein de trucs, pourquoi ne pas les associer plutôt que les séparer ? Restez simple. Si vous n'aimez pas quelque chose, n'insistez pas. Vous n'en sortirez pas plus grand ni meilleur. Soyez vous-même, et faites ce qui vous ressemble. »

Pour lui, « ne pas faire carrière de sa passion » est un très mauvais conseil. Le travail de sa vie, c'est simplement sa vie. Courir, c'est sa façon de méditer sur le boulot. « J'utilise la course comme un outil pour me vider la tête et me préparer mentalement et physiquement à apprécier l'existence. En fin de compte, on se sent victorieux à chaque fois. Vous ne pouvez pas me dire le contraire. » Aujourd'hui, Patta compte plus de 100 membres. Ils viennent de milieux différents et ont tous une vocation créative. Certains cherchent à s'échapper de leur vie quotidienne, d'autres à l'enrichir. L'une des initiatives récentes consiste à entraîner un groupe de jeunes à courir un semi-marathon le long des dunes et des plages de la côte hollandaise. « Il nous semble important de donner des outils à la jeunesse. Nous essayons de créer un héritage, alors on embarque des gens avec nous dans l'aventure. »

Celle-ci a mené la Patta Running Team dans le monde entier, de Moscou à Hong Kong, pour une tournée de « on-court-on-fait-la-fête-et-on-recommence » appelée Bridge the Gap. Créé par les capitaines des Bridge Runners de New York et du Run Dem Crew londonien, cet événement invite des équipes de course du monde entier à occuper la ville de l'équipe hôte. Le dimanche matin, elles courent ensemble un marathon ou un semi-marathon. La plupart des équipes sont sponsorisées par des marques comme Nike, Puma ou Adidas, qui fournissent les dossards de la course. « Je pense que, avec Bridge the Gap, Run Dem Crew et Bridge Runners ont façonné la course à pied en ville dans le monde entier, explique Sabajo. Et, par chance, on était là au bon moment. » Parmi les étapes phares de la tournée, citons Berlin, Belgrade, Paris, Copenhague, Bali, Séoul, Tokyo, Tel-Aviv et Johannesburg. « Montre-moi où tu bois, où tu manges et tes parcours, je te montrerai les miens. »

Finalement, les gens choisissent de courir avec Patta pour une raison simple : parce que c'est amusant. « Je suis toujours surpris qu'ils veuillent participer à mes idées folles, mais je les adore pour ça. » La course de fond peut aussi être un cauchemar. Se motiver n'est pas toujours facile. Le remède de Sabajo ? L'amour de l'équipe. « Cette envie de gagner avec ses proches. Ça ressemble à un sport solitaire, mais on le fait en équipe. » S'unir pour mieux régner. ∎

« *Au début, quand on participait à des compétitions sportives, on venait tous habillés avec des fringues tendance, et les gens nous regardaient comme pour dire "Qu'est-ce qu'ils foutent là ?" Nous, on veut juste courir et, si on peut avoir l'air cool, on ne va pas s'en priver !* »

À droite et en haut à gauche : Au vu des nombreuses photos, il est clair que, pour l'équipe de Sabajo, l'amour de la vie et de la camaraderie prime. Ci-dessus : Edson lors de l'épreuve « 10 English mile » (16 km) à Maastricht.

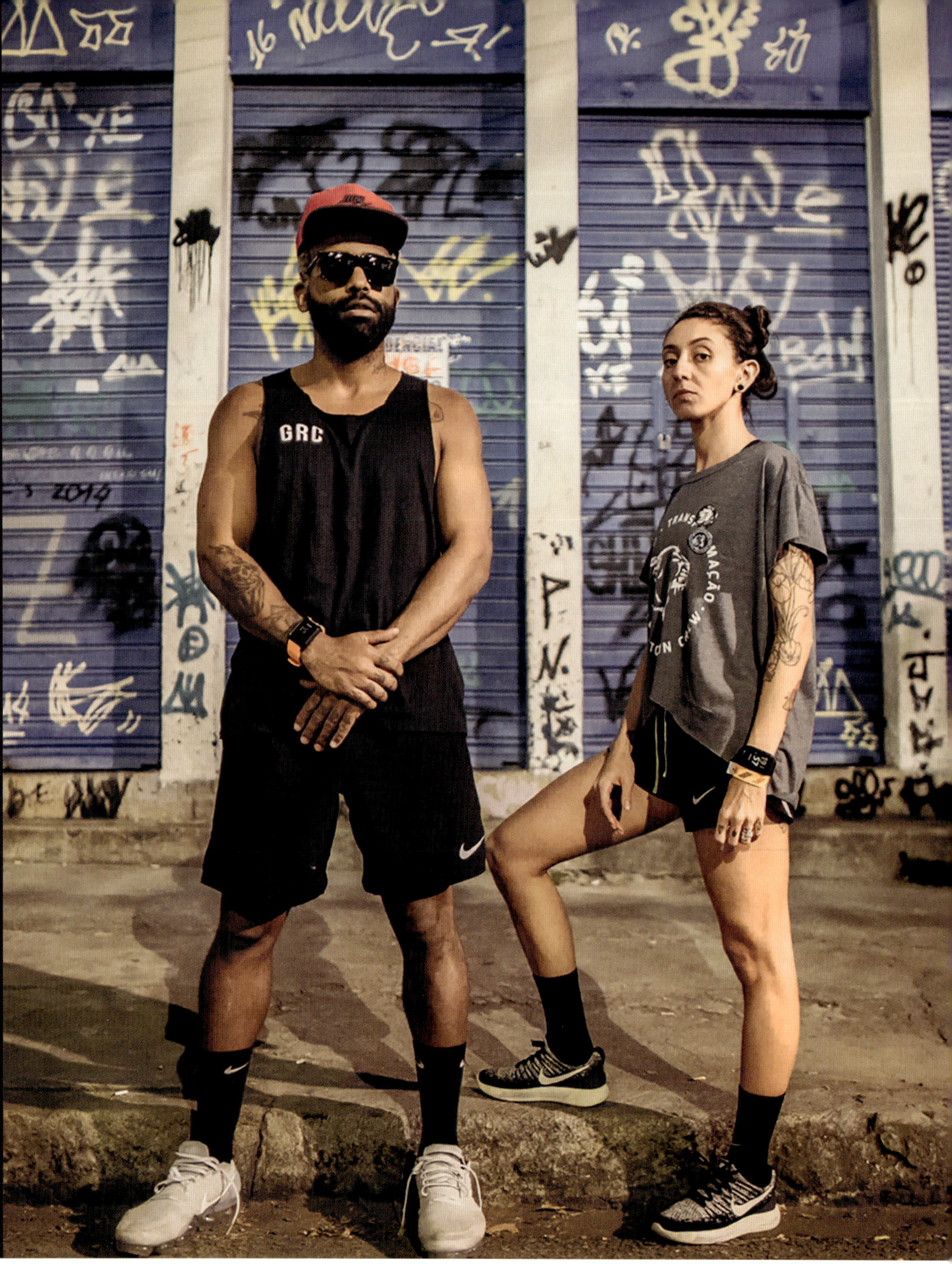
GRC

Investir les rues avec Júnior Negão et Gisele Nascimento

Il n'est guère recommandé de courir la nuit dans les favelas de Rio de Janeiro, mais le Ghetto Run Crew est là pour changer les choses.

Ce n'est pas vraiment du goût de la police que des jeunes vêtus de noir courent la nuit dans les favelas. Raison de plus, pour Júnior Negão et son équipe, d'occuper les rues. « Nous ne sommes pas un club mais un collectif, des résistants culturels », affirme Negão, qui a fondé le Ghetto Run Crew en 2013 après un footing nocturne avec son épouse, Gisele Nascimento. Aujourd'hui, leurs sessions commencent généralement à minuit. « Courir la nuit permettait de prendre part à d'autres activités culturelles non pratiquées en journée, comme la samba, le skateboard et le graffiti. » L'équipe a d'abord subi de nombreuses interventions de la police, surtout parce que celle-ci ne trouvait pas acceptable de courir la nuit dans les favelas. Pourtant, en faisant preuve d'obstination et de détermination, ses membres ont réussi à créer un mouvement.

Negão ne s'était jamais imaginé en coureur. « Quand on vit dans les favelas, qui sont souvent situées en haut de montagnes ou de collines, courir fait partie du quotidien… Mais j'ai décidé d'en faire un outil de valorisation sociale. » Les habitants de ces quartiers sont constamment méprisés par le reste de la société et doivent lutter pour survivre. Particulièrement les femmes. « Ma mère, mon épouse et tant d'autres sont toujours sous-estimées, alors qu'elles sont de vraies héroïnes du quotidien, dit Negão. L'idée de Ghetto Run était de rassembler ces femmes et de leur donner, avec la course à pied, les moyens de s'affirmer en tant qu'individus. » Courir est devenu une porte d'accès vers la confiance en soi, celle qui va au-delà du sport. « Vous pouvez relever n'importe quel défi dans n'importe quel domaine de votre vie, explique Gisele Nascimento. Que ce soit en tant que professionnelle, que mère ou que fille, j'apprends à devenir un meilleur être humain. Et cela ne dépend de personne d'autre. Seulement de soi. »

L'indépendance est la sève des communautés artistiques brésiliennes, mais beaucoup la pensent menacée par les tentatives du président Jair Bolsonaro de façonner le pays selon ▶

« *Nous incarnons une contre-culture parce que nous autorisons d'autres corps, d'autres modes de vie à prendre part aux formes traditionnelles de la course à pied. Nous n'en faisons pas une compétition, mais un outil de représentation culturelle.* »

▶ des valeurs conservatrices. Le jour de son investiture en janvier 2019, il a dissous le ministère de la Culture. Il a ensuite été annoncé que les financements publics pour l'art seraient limités aux projets bénéficiant de l'aval du gouvernement. Comme l'explique Nascimento : « Nous vivons dans une société dont l'objectif est d'assassiner la culture, les racines ancestrales et la créativité du peuple. Le Ghetto Run Crew est devenu ce qu'il est sans l'aide d'un gouvernement, sans autorisation, sans local ni investissement. On le fait donc à notre manière – les pieds sur terre et en planifiant tout, étape par étape. »

Negão donne à ce processus le nom de « solutions citoyennes ». Celles-ci, qui émanent souvent des favelas, ont produit certaines des sous-cultures les plus reconnues et qui font désormais partie intégrante du capital artistique du pays. Júnior a grandi dans une favela de la zone nord de Rio, où le Ghetto Run Crew organise la plupart de ses rencontres. Il voit comme un privilège le fait de représenter les cultures qui contribuent à l'économie culturelle de la ville. « Il ne s'agit pas uniquement de notre propre évolution. Il s'agit d'emmener notre communauté et notre société dans notre aventure. Je n'ai jamais voulu être un leader. J'ai créé le Ghetto Run Crew pour aider d'autres mouvements à raconter une histoire. »

Et avec les 15 autres conteurs d'histoires du Ghetto Run Crew et une famille élargie comptant des centaines de membres (rappeurs, skateurs, graffeurs, danseurs, DJ et poètes), ils ont créé un espace où ils peuvent s'exprimer. « Nous incarnons une contre-culture parce que nous autorisons d'autres corps, d'autres modes de vie à prendre part aux formes traditionnelles de la course à pied. Nous n'en faisons pas une compétition, mais un outil de représentation culturelle. »

Une partie de la mission de Negão consiste à accroître la visibilité des Afro-Brésiliens dans le monde de la course, qui, selon lui, n'est pas exempt de racisme. « Combien de Noirs ont changé, changent et changeront la course à pied ? Combien ont construit, construisent et construiront de solides ponts avec leur passion sans que l'on retienne leurs noms ? Si le meilleur coureur du monde était blanc et s'appelait Rick Springfield et non Eliud Kipchoge, l'histoire serait différente. » En fin de compte, les jeunes doivent comprendre que, dans ce monde, ils peuvent obtenir le respect grâce à l'art, au sport et à l'engagement social. L'objectif du Ghetto Run Crew est de créer des modèles en leur offrant un espace. « On connaît Jesse Owens, Tommie Smith, John Carlos, Aída dos Santos, Colin Kaepernick, Charlie Dark et beaucoup d'autres qui prouvent la valeur du Black Power. Un jour, nous serons aussi sur cette liste. » ∎

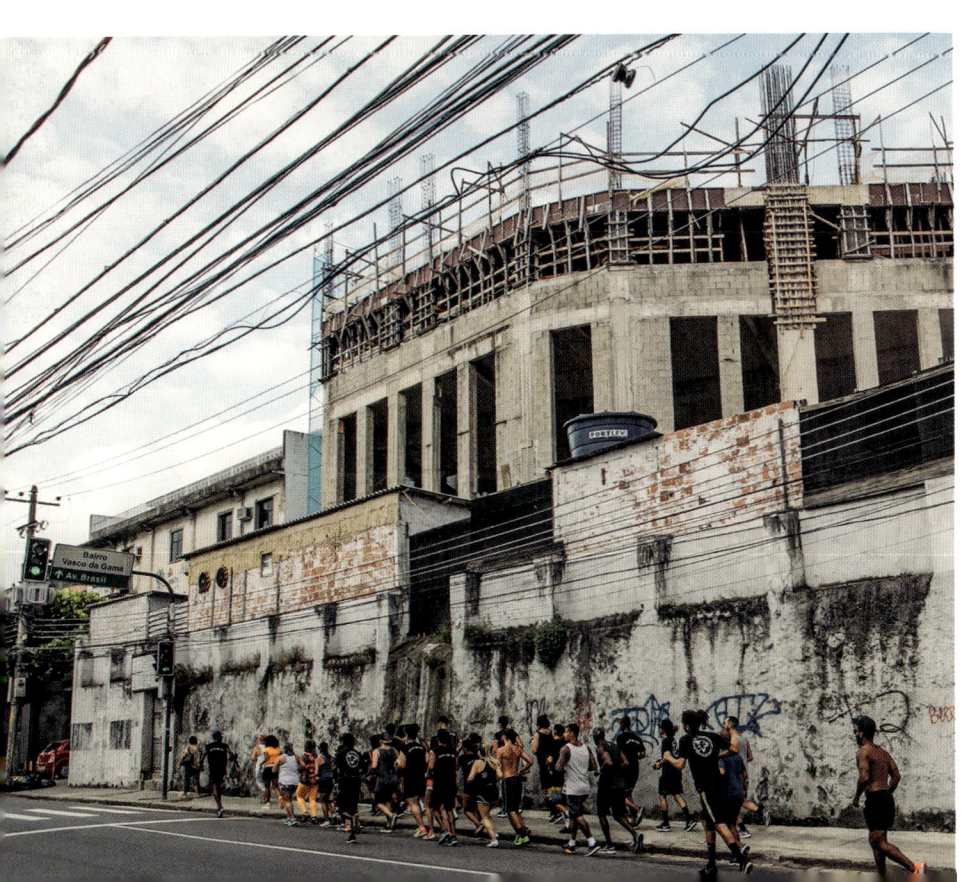

À l'origine, le Ghetto Run Crew s'adressait aux jeunes femmes, sous le nom de Ghetto Run Girls. L'idée était de les aider à se sentir à leur place dans la société et à s'émanciper en se regroupant pour investir les rues et signaler leur présence.

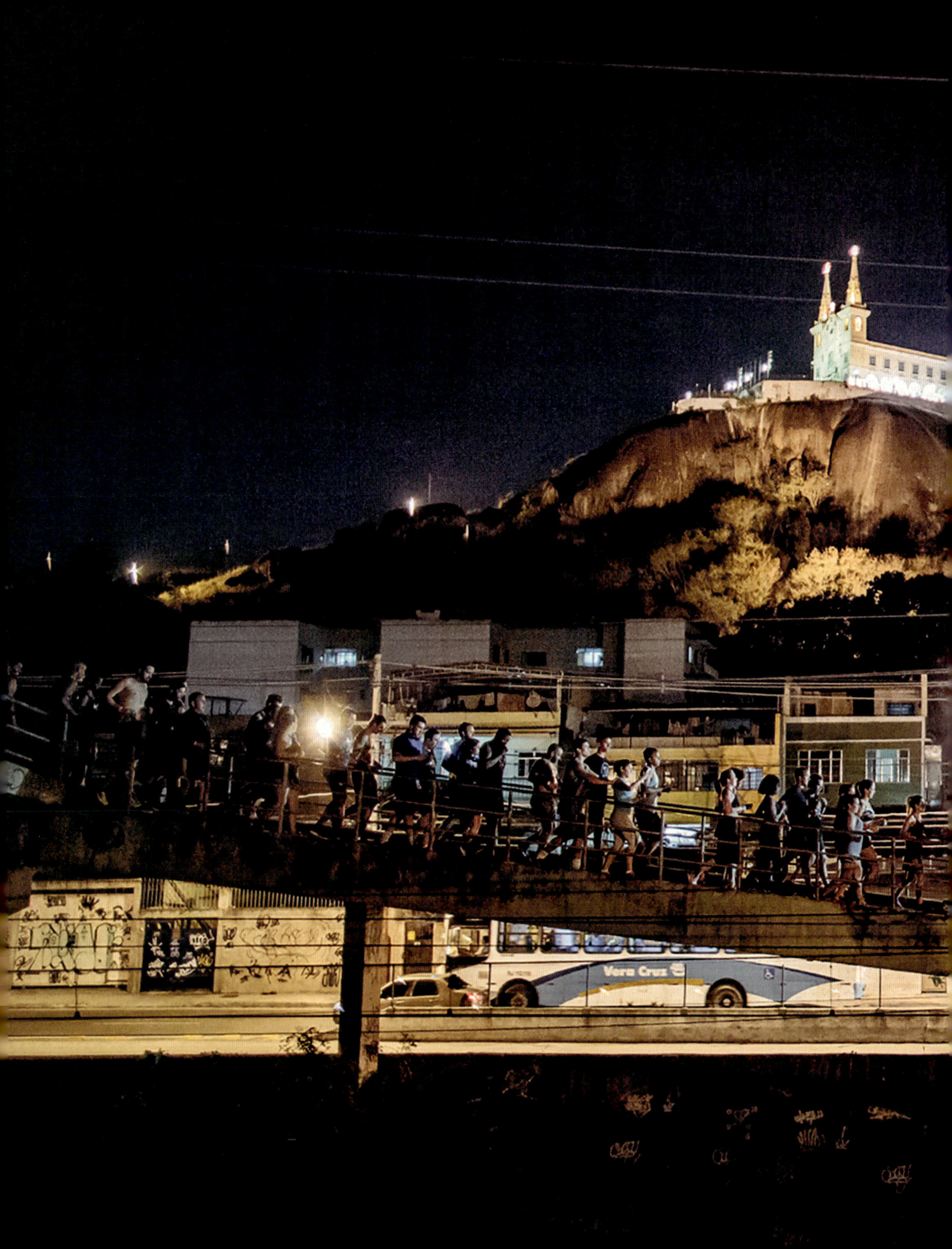
Vera Cruz

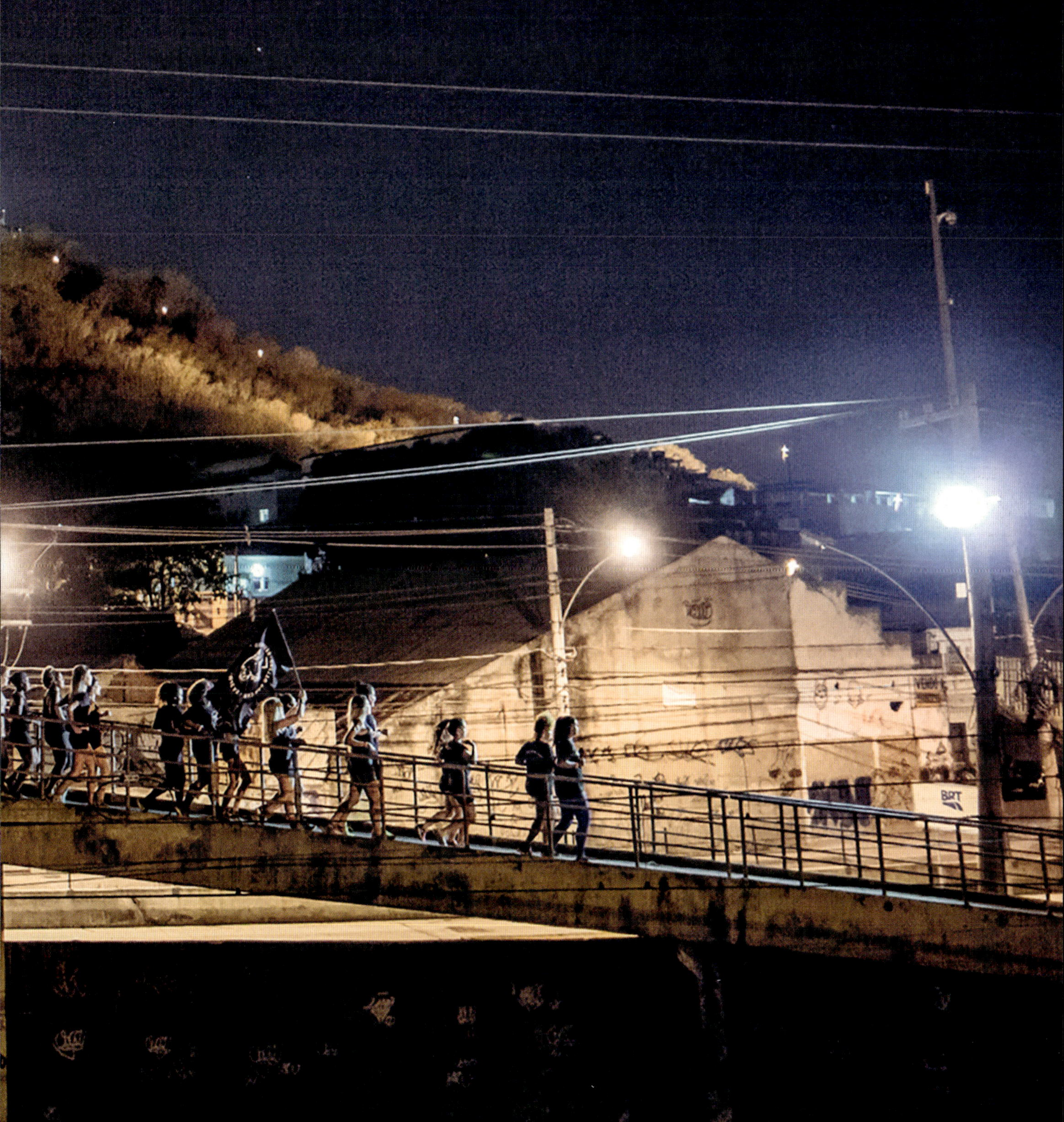
BRT

MARATHON DE LA JUNGFRAU

Les Alpes suisses vous offrent le marathon de la Jungfrau, unique en Europe : joueurs de cor des Alpes, sommets enneigés et, à partir du dixième kilomètre, presque uniquement de la montée. Joignez-vous aux 4 000 inconscients qui avancent péniblement dans les nuages !

Annoncé comme « le plus beau marathon du monde », c'est aussi l'un des plus prisés malgré les nombreuses difficultés qu'il présente. Par conséquent, les places s'arrachent comme des petits pains.

Partant d'Interlaken, une station perchée dans l'Oberland bernois, en Suisse occidentale, les participants courent jusqu'à la ligne d'arrivée, située au col de Kleine Scheidegg, à près de 2 000 m d'altitude. En chemin, très peu de descente. La montée, incessante, est compensée – ou, en tout cas, rendue supportable – par l'extraordinaire beauté de la région, l'enthousiasme des supporters locaux et la promesse de l'une des vues les plus spectaculaires du monde de la course. Ceux qui atteignent les derniers kilomètres affrontent l'impitoyable tronçon qui passe devant le Jungfrau, l'Eiger et le Mönch, trois sommets suisses emblématiques. ▶

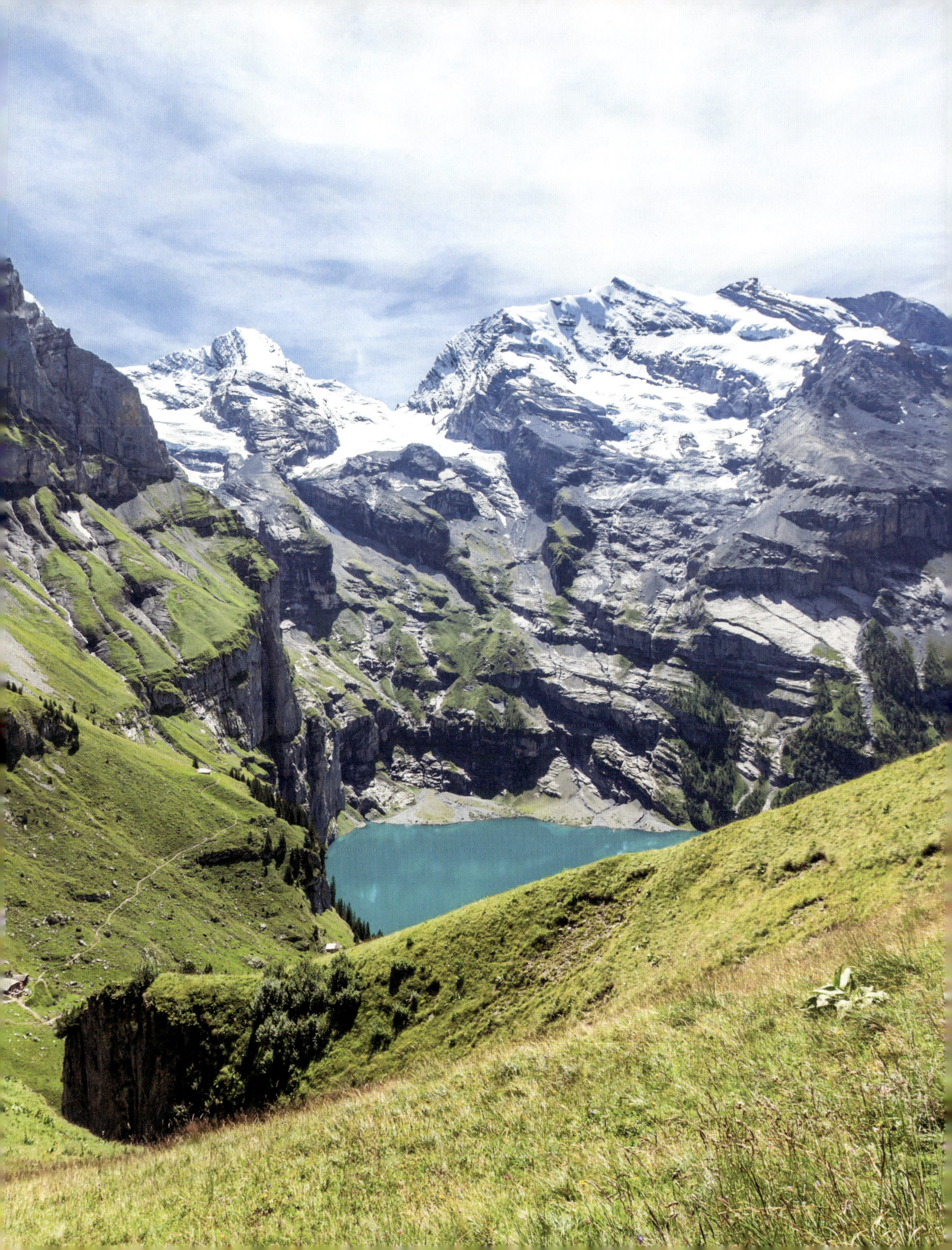

La montée, incessante, est compensée – ou, en tout cas, rendue supportable – par l'extraordinaire beauté de la région, l'enthousiasme des supporters locaux et la promesse de l'une des plus spectaculaires vues du monde de la course.

Ci-dessus : Ce marathon suisse, où l'on croise même des porte-drapeaux en costume régional, est vraiment festif.
En haut à gauche : Le Jungfrau-Minirun est une course pour les enfants (jusqu'à 16 ans) dont les distances sont comprises entre 200 m et 1,6 km.
En bas à gauche : Des joueurs de cor des Alpes contribuent à l'ambiance.

▶ Si le panorama final est sans doute le plus impressionnant, l'itinéraire donne à voir de nombreux sites dignes d'intérêt. La région est une destination touristique prisée, tournée vers les activités en extérieur, et il est facile de voir pourquoi. Durant les 10 premiers kilomètres, relativement plats, on longe brièvement les berges du lac turquoise de Brienz. On traverse ensuite des villages traditionnels pour continuer sur des sentiers forestiers jusqu'au magnifique village de Lauterbrunnen, entouré de parois rocheuses spectaculaires que dévalent d'immenses chutes d'eau. Les choses sérieuses commencent avec la traversée du pittoresque village de Wengen pour atteindre le point le plus haut de l'itinéraire, l'Eigergletscher (2 320 m). Seuls les deux derniers kilomètres sont en descente ; les coureurs franchissent la ligne d'arrivée sous la célèbre face nord de l'Eiger.

En partie sur route, en partie sur sentier, cette course globalement éreintante est un défi pour tous les participants. Dans la catégorie élite, les temps oscillent entre 3 h et 3 h 30 ; le record a été établi en 2003 par le Néo-Zélandais Jonathan Wyatt. Cependant, même les amateurs sont soumis à des règles strictes : un temps supérieur à 5 h et 35 min au 38e kilomètre est éliminatoire. Si l'on prend en compte, en prime, la difficulté du terrain, cette épreuve est peu adaptée aux novices, mais elle mérite totalement son statut de « course culte » et reste un classique. ∎

Distance : 4,2 ou 42,2 km

Lieu : Interlaken, Suisse

Date : septembre

Type : trail/montagne

Température Ø : 10-20 °C

MARATHON DE LA JUNGFRAU

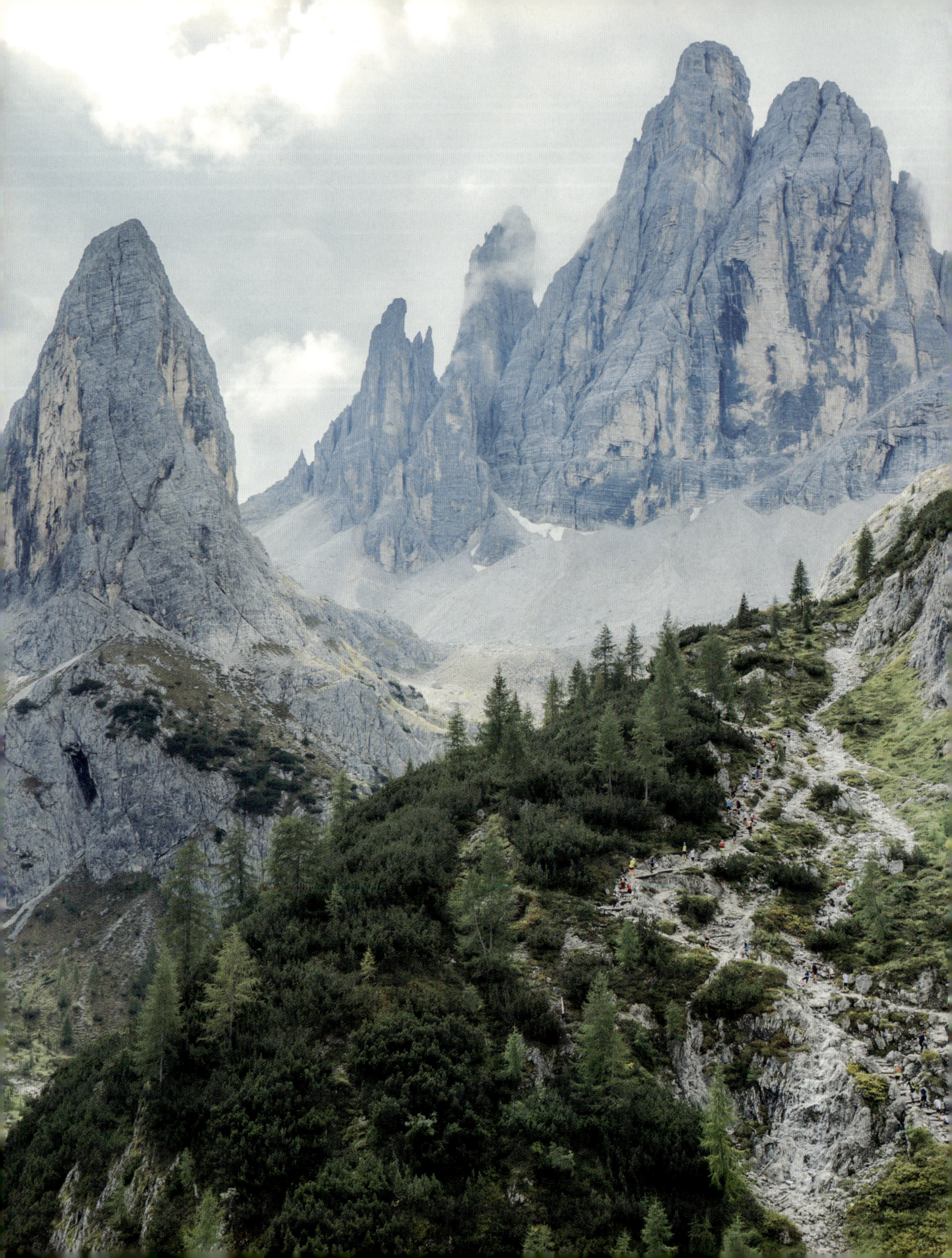

SUD-TYROL : DREI ZINNEN ALPINE RUN

Plus haut, encore plus haut, encore plus loin ! Du minuscule village italien de Sexten au parc naturel réputé des Tre Cime (sur la frontière autrichienne) en passant par les forêts de grands pins des contreforts des Dolomites, le parcours ne totalise que 17 km. Pourtant, il semble en faire 100. Fort heureusement, on est récompensé de chaque pas douloureux par le panorama.

Avec une distance de 17 km pour une différence d'altitude de 1 333 m, la Drei Zinnen Alpine Run du Sud-Tyrol demande un très bon niveau physique. Quelle que soit votre expérience de ce type de course, le souffle vous manquera avant la fin du premier kilomètre. La course en montagne comprend en général un minimum de descente, mais ici, pas de chance : de la montée, de la montée et encore de la montée !

    Le village de Sexten (Sesto), point de départ de la course, est niché dans les Dolomites, dans le Sud-Tyrol italien. Si vous avez vu des photos du secteur sur Instagram, vous projetez sans doute déjà de vous y rendre. Les sommets sauvages et acérés font partie d'un site classé au patrimoine mondial par l'Unesco, dont le clou du spectacle est le parc naturel des Tre Cime. Visibles depuis la ligne d'arrivée, les trois sommets qui donnent son nom à la course, Kleine ▶

À la ligne de départ, l'ambiance est fantastique (en grande partie grâce à la fête des ravioles de la veille au soir), et les coureurs particulièrement déterminés.

Ci-dessus : Des participants heureux d'avoir terminé la course.
Ci-dessous : Les coureurs régulent leur allure lorsqu'ils attaquent la montée ; derrière eux, les cinq sommets des Dolomites appelés le « cadran solaire » de Sesto.

Zinne (Cima Piccola), Grosse Zinne (Cima Grande) et Westliche Zinne (Cima Occidentale), culminent à près de 3 000 m d'altitude.

À la ligne de départ, l'ambiance est fantastique (en grande partie grâce à la fête des ravioles de la veille au soir), et les coureurs particulièrement déterminés. Ils font le tour du village avant de mettre le cap sur le Fischleintal (val Fiscalina), non loin. Les vertes prairies alpines où paissent les vaches sont surplombées par les montagnes. Avant même d'avoir trouvé son rythme de course, on a le souffle coupé par la raide montée. Le parcours commence sur route, mais au bout de quelques kilomètres il est jalonné d'imposants rochers et de pierres à éviter.

Les 800 athlètes suivent le même itinéraire qu'à la création de la course il y a plus de 20 ans : il zigzague sur des sentiers en reliant une succession de refuges jusqu'au point culminant du Büllelejoch (Forcella Pian di Cengia), à 2 522 m d'altitude, puis se poursuit au-dessus de deux superbes lacs, les Laghi dei Piani, jusqu'à la ligne d'arrivée, située au Rifugio Antonio Locatelli (refuge de montagne Sepp Innerkofler).

Avec une arrivée située aussi haut, tous les coureurs en tête du peloton peuvent encourager les suivants. Une fois la course terminée, les participants se mettent lentement en route pour redescendre au village, les genoux douloureux. Le trajet prend deux fois plus de temps que la montée, mais ils sont accueillis par une *pasta party* très appréciée.

Cette course typiquement italienne, aux frais d'admission raisonnables, est incroyablement belle, particulièrement par temps dégagé. L'altitude et la raideur de la pente ne pardonnent pas : étant donné le nombre de kilomètres, ne faites pas l'erreur de lésiner sur l'entraînement. Mais n'oubliez pas, c'est la meilleure façon de voir les Dolomites de près ! ∎

Distance : 17 km (en 2019)

Lieu : Sexten (Sesto), Italie

Date : septembre

Type : route/ville

Température Ø : 12-25 °C

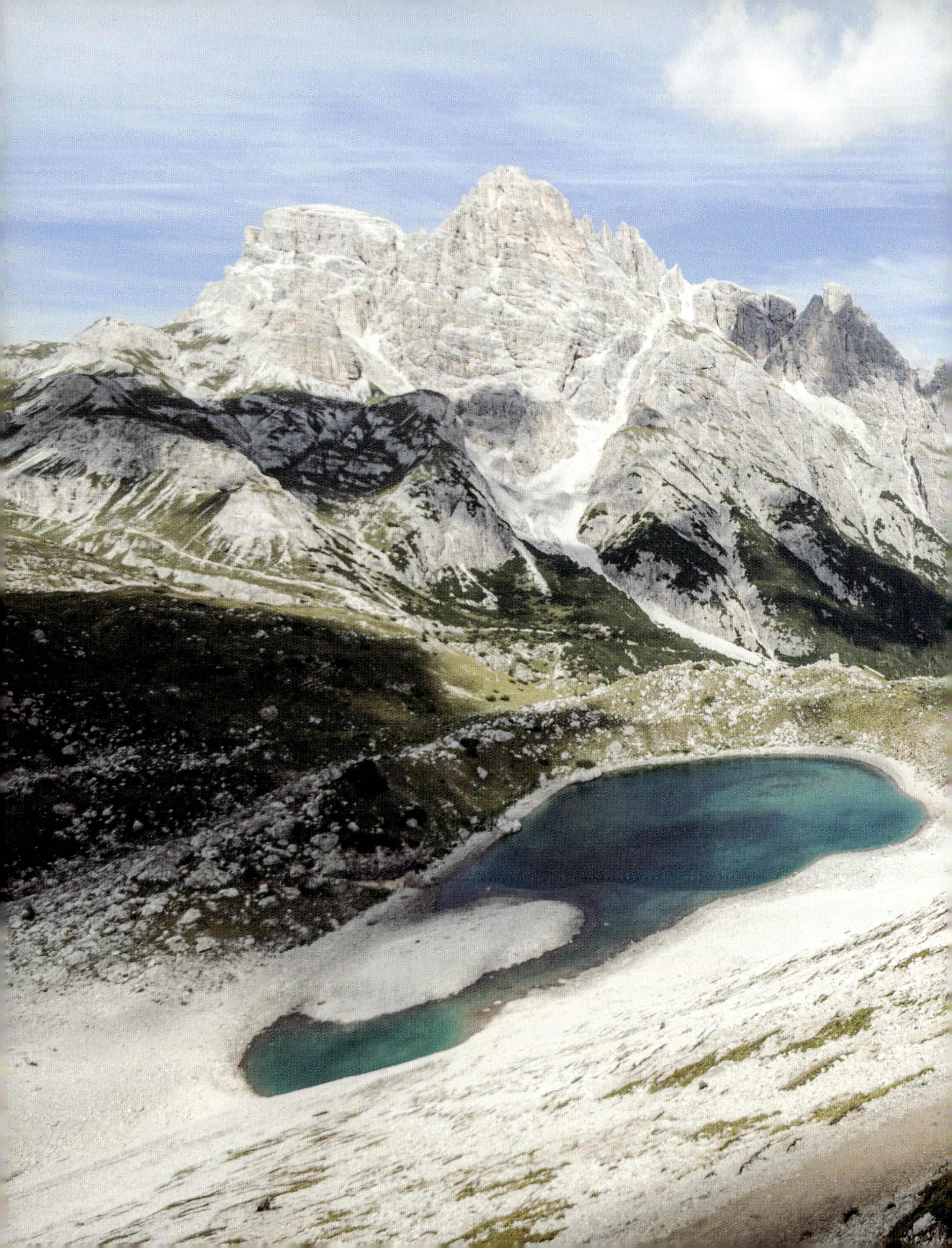

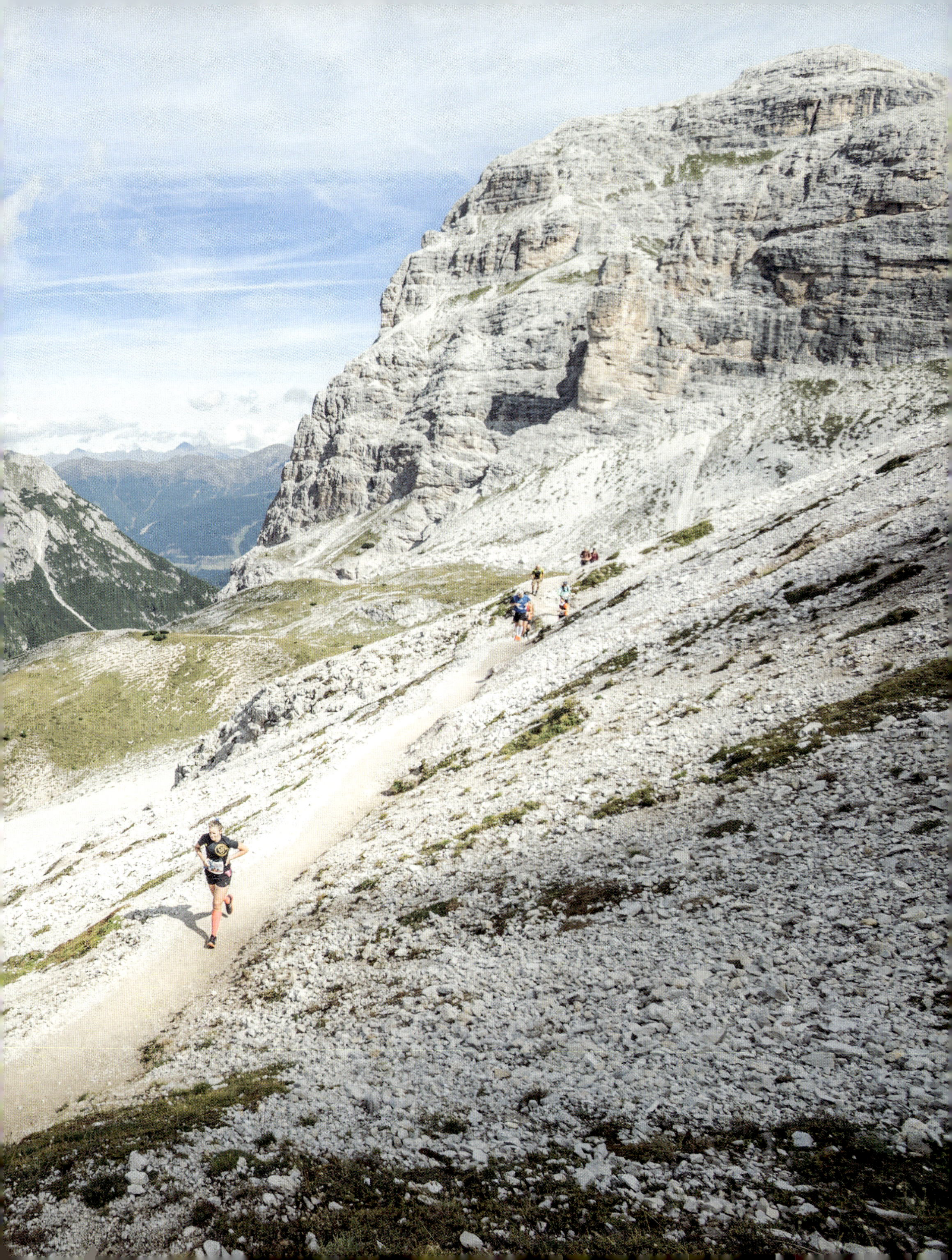

En plus des panoramas saisissants sur les trois montagnes acérées qui ont donné son nom à la course, une médaille attend tous ceux qui franchissent la ligne d'arrivée au Rifugio Antonio Locatelli (refuge Sepp Innerkofler).

SUD-TYROL : DREI ZINNEN ALPINE RUN

L'altitude et la raideur de la pente ne pardonnent pas : étant donné le nombre de kilomètres, ne faites pas l'erreur de lésiner sur l'entraînement. Mais n'oubliez pas, c'est la meilleure façon de voir les Dolomites de près !

Prendre de la hauteur : des courses d'altitude à couper le souffle

Courir en altitude n'est pas forcément synonyme de pénible endurance. Ces lieux offrent des paysages d'une intense beauté et procurent un sentiment d'aventure et de sérénité, loin de la vie quotidienne et de ses difficultés (et de la culture de la course urbaine), particulièrement dans les montagnes du Bhoutan et du Népal.

Ci-dessus : Coureuse sur les rives du lac glaciaire de Moraine, dans le parc national de Banff.
À droite : L'un des sentiers du parc permet de gravir une colline qui offre une vue dégagée sur le lac Moraine et la vallée des Dix Pics.

Parc national de Banff

La région des Rocheuses canadiennes – et en particulier ce parc national, le plus ancien du pays – déroule des kilomètres de paysages montagneux ponctués de lacs glaciaires bleu azur, de villes et villages dignes de cartes postales et de magnifiques points de vue. En été, on y trouve des lacs étincelants et des forêts luxuriantes, mais, en hiver, c'est un saisissant paradis glaciaire, parfait pour pratiquer des sports originaux comme le hockey sur glace.

Choisissez la boucle complète de 20 km non loin du mont Sulphur, avec un dénivelé de près de 900 m. Pour un parcours plus long – mais rude –, rejoignez le lac Shadow depuis Sunshine Village ; il équivaut à peu près à une distance de marathon, avec environ 2 000 m d'ascension.

Autre option : l'itinéraire de 10 km entre le hameau de Lake Louise et le mont Fairview (1 000 m de montée). Après la traversée d'une jolie forêt de mélèzes, vous serez récompensé au sommet par la vue sur la plaine des Six Glaciers et le mont Temple. Montez à l'aube ou au crépuscule avec une lampe frontale : vous aurez droit aux trésors de la haute altitude.

Montagnes Bleues

Ce paradis des sentiers est célèbre dans le monde entier. Les terres sauvages et embrumées de la région des montagnes Bleues, en Nouvelle-Galles du Sud (Australie), sont connues pour leurs paysages spectaculaires. Forêts d'eucalyptus, falaises abruptes, chutes d'eau et villages reculés peuplent cette région à laquelle on accède par la charmante ville de Katoomba, facilement accessible en train depuis Sydney. Avec ses campings et ses auberges de jeunesse, c'est le camp de base parfait pour de nombreuses aventures en course à pied et une expédition dans l'Australie sauvage sans se ruiner. ▶

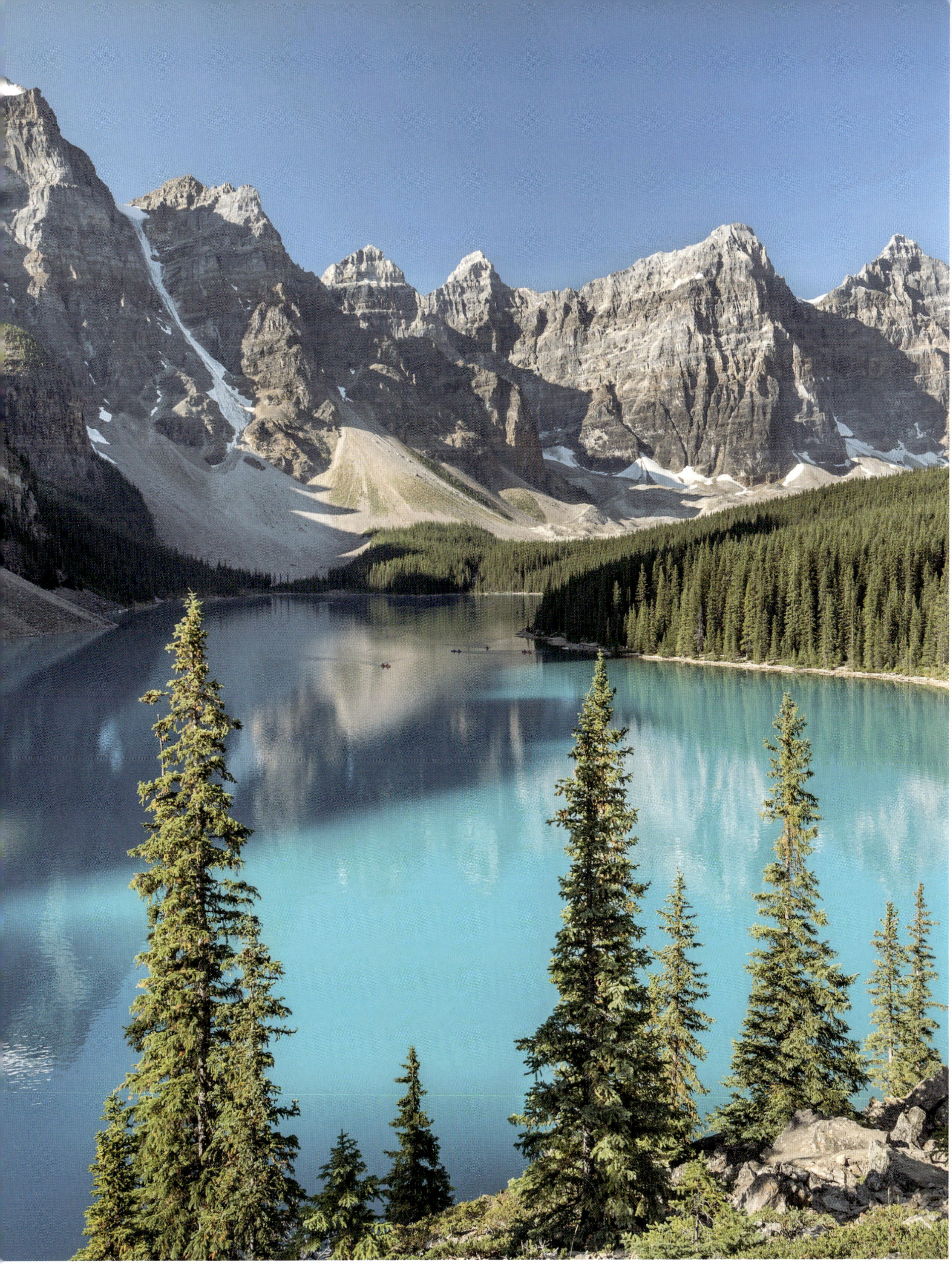

COURIR EN MONTAGNE

▶ Attention aux serpents et au terrain accidenté ! Si de nombreux sentiers sont en parfait état, certains sont techniques. Partez de Katoomba avec une carte et descendez les Furber Steps ; d'en bas, des sentiers mènent un peu partout. Laissez-vous guider par l'aventure, mais gardez un œil sur la météo.

Volcan Masaya

Il est rare de pouvoir visiter un volcan actif et s'asseoir pratiquement au bord de son cratère. On atteint celui-ci, situé à 20 km de Managua, la capitale du Nicaragua, après avoir contourné de nombreux lagons spectaculaires.

Au terme d'une longue ascension sur route goudronnée, on a tout loisir de contempler le spectacle de la lave rouge et du nuage de fumée blanche dans la cheminée du volcan, qui fait partie d'un réseau plus vaste de cratères et de calderas. Privilégiez l'ascension de nuit pour immortaliser au mieux les langues rouges et orange qui lèchent la roche. Non loin de là, on peut aussi courir le long de l'immense et célèbre lac Nicaragua, ou Cocibolca, qui abrite des requins-bouledogues, adeptes de l'eau douce. Avec un périmètre de près de 425 km, c'est le plus grand plan d'eau d'Amérique centrale. N'espérez donc pas en faire le tour en une journée !

Si vous avez envie d'un steak après l'effort, sachez que le centre-ville compte quantité de bonnes adresses à des prix abordables.

Montagnes du Bhoutan (Thimphou)

S'entraîner au petit matin, récupérer le dossard le jour de la course, affronter les foules de spectateurs des grandes villes… Pour échapper à tout cela et atteindre la sérénité, rendez-vous au Bhoutan ! Il est relativement simple d'obtenir par écrit la permission de visiter ce pays, qui en vaut vraiment la peine.

Sa capitale, Thimphou, est la cinquième plus haute du monde. Les arbres les plus grands sont souvent dans les nuages, le terrain s'apparente partout à celui d'un trail, même sur route, et les collines sont légion. Entraînez-vous sérieusement pour pouvoir supporter l'altitude, qui peut atteindre 2 255 m.

De l'arrivée sur la minuscule piste de Thimphou jusqu'à la fin du voyage, vous ressentirez la paix et l'harmonie propres à ce pays. Certains des sentiers, pistes et chemins abandonnés, les meilleurs pour la course, ne sont qu'à quelques pas du paisible centre-ville. Quelle que soit la distance choisie, mieux vaut emporter de la nourriture et un sac rempli du matériel indispensable : vous croiserez probablement peu de monde. Gardez également sur vous vos documents d'entrée, de façon à ne pas avoir à écourter votre course.

Il fait chaud en été, mais très froid en hiver. Si vous voyagez à cette saison, couvrez-vous d'au moins cinq couches.

Ci-dessous : Trail sur le terrain imprévisible de la région des montagnes Bleues en Australie.
À gauche : Muret marquant le bord du cratère du volcan Masaya, au Nicaragua.

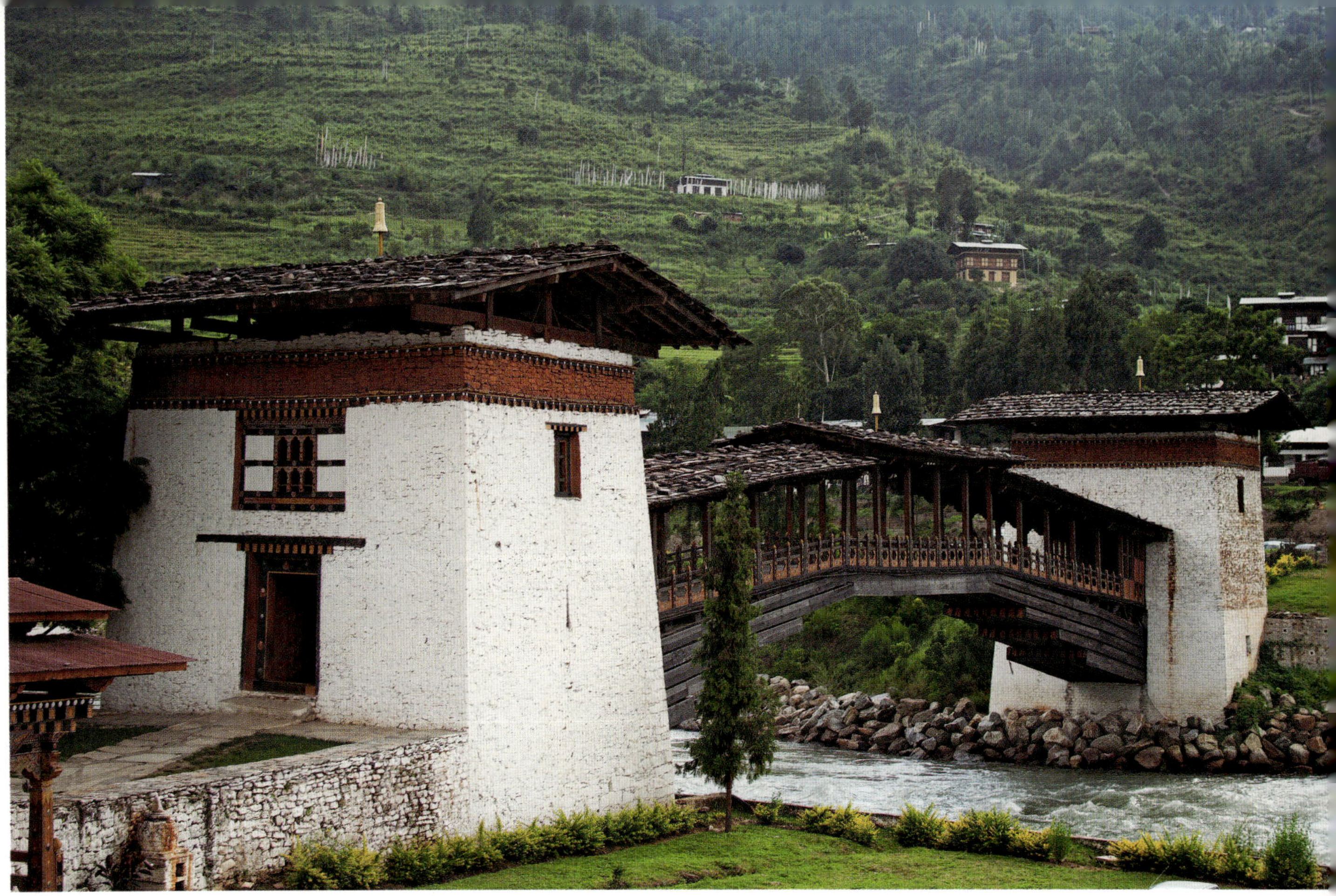

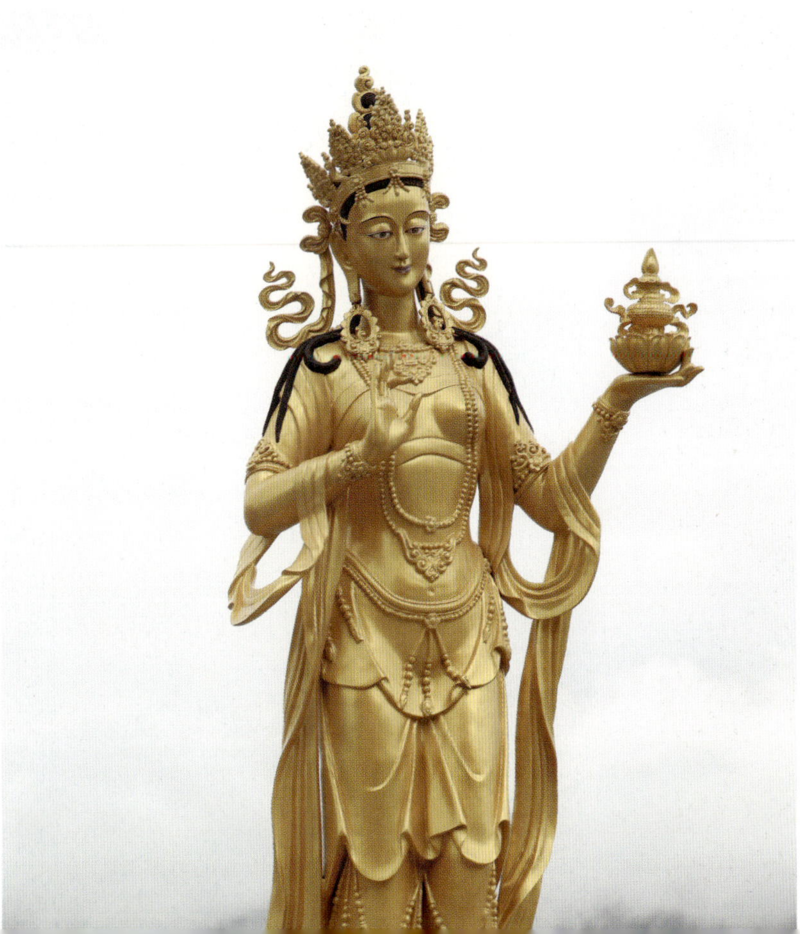

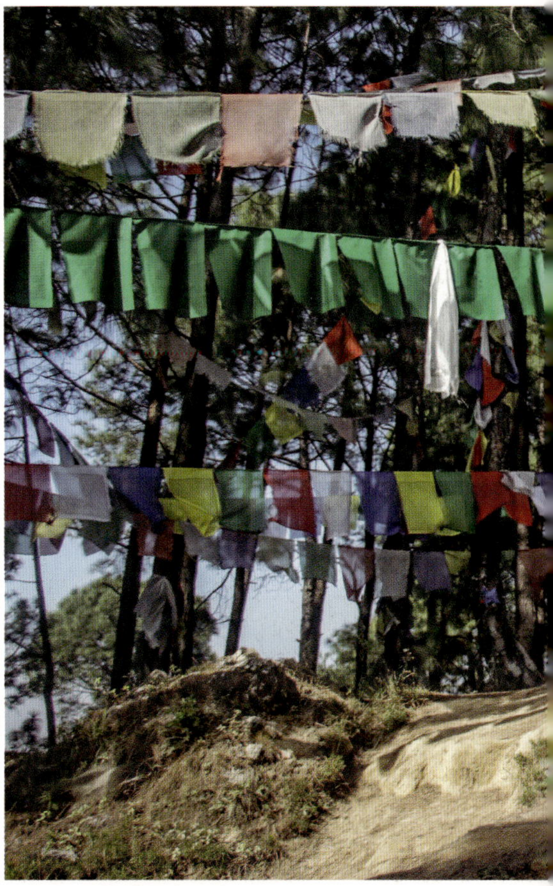

Katmandou

Le Népal n'a pas qu'une seule corde à son arc. Certes, il abrite l'incroyable mont Everest, mais, si vous n'avez pas les moyens de faire un trek au camp de base, pas d'inquiétude : le pays compte une multitude d'autres panoramas époustouflants.

Des randonnées dans l'Himalaya à la découverte des rues animées de Katmandou, le Népal a beaucoup à offrir. Si c'est la montagne qui vous anime, optez pour le circuit de l'Annapurna qui fait le tour du sommet enneigé du même nom et de ses voisins, le Machapuchare et le Mardi Himal, pour n'en citer que quelques-uns. En chemin, vous pourrez vous arrêter dans de pittoresques salons de thé et profiter de la beauté unique des paysages.

Pour découvrir la culture locale, faites donc un jogging dans les rues de Katmandou. Les bâtiments sont ornés de fanions, et des moulins à prière bordent les rues ; faites-les tourner de la droite vers la gauche pour vous porter chance ! Quant aux marchés, ils empliront vos sens de couleurs et de parfums.

Cocktail de culture vivante et de nature spectaculaire, le Népal est apprécié autant des photographes que des coureurs.

Ci-dessous : Tout à côté de Katmandou, le parc national de Shivapuri Nagarjun et les vertes collines au sud de Lalitpur sont des endroits prisés pour le trail. Au détour des sentiers et des pistes de terre battue qui relient de petits villages, vous découvrirez d'anciens temples et des scènes de la vie traditionnelle.

Courir en montagne : l'essentiel

Parc national de Banff
Alberta, Canada
Itinéraires :
Mont Sulphur (boucle) ; Sunshine Village – lac Shadow ; trail du mont Fairview
Distances :
10, 20 ou 43 km

Montagnes Bleues
Nouvelle-Galles du Sud, Australie
Itinéraire :
variable ; point de départ : Katoomba
Distance :
variable

Volcan Masaya
Masaya, Nicaragua
Itinéraire :
Managua – volcan Masaya – Managua
Distance :
44 km

Thimphou
Bhoutan
Itinéraire :
ville de Thimphou et montagnes du Bhoutan
Distance :
variable

Katmandou
Népal
Itinéraires :
circuit de l'Annapurna ; ville de Katmandou
Distance :
variable

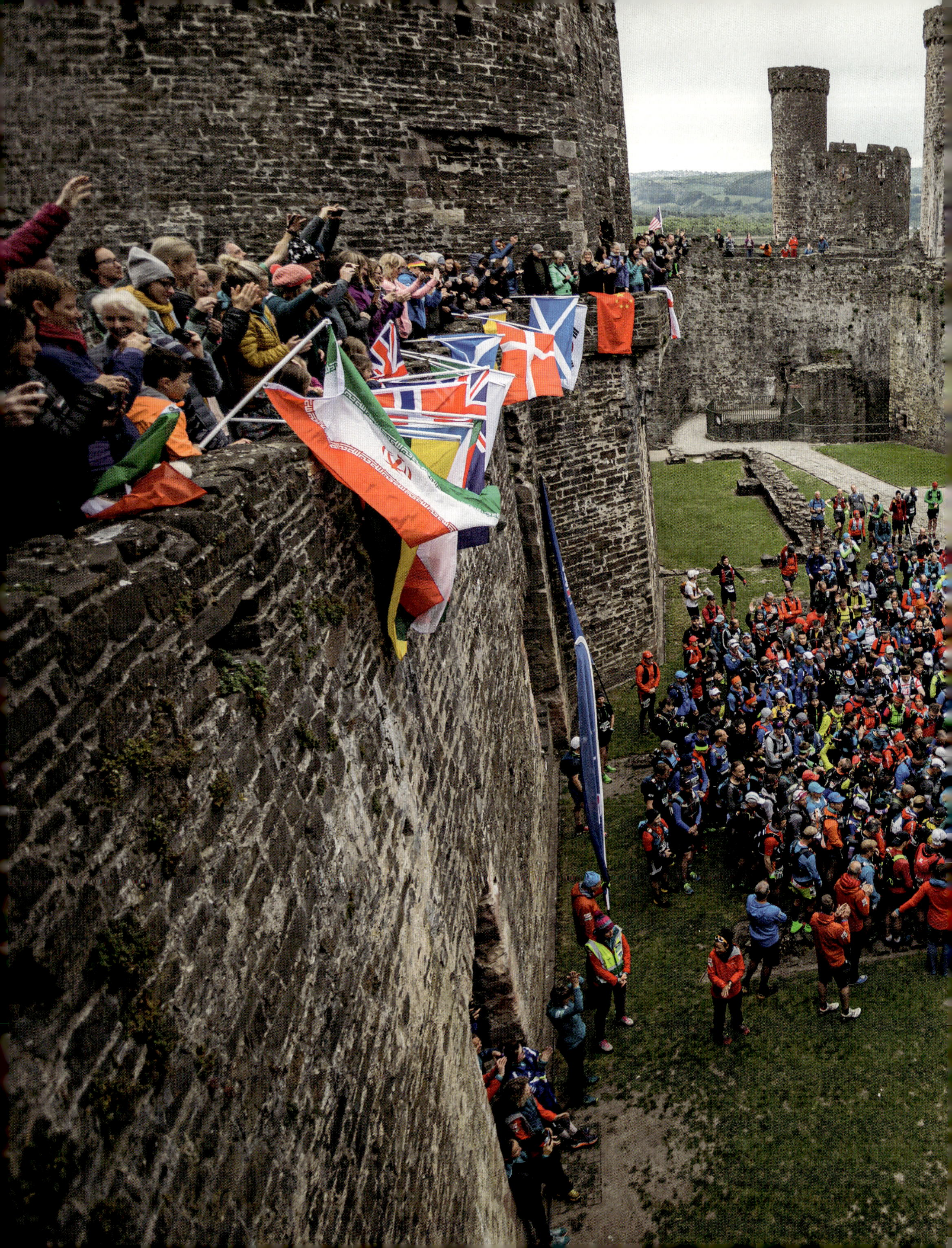

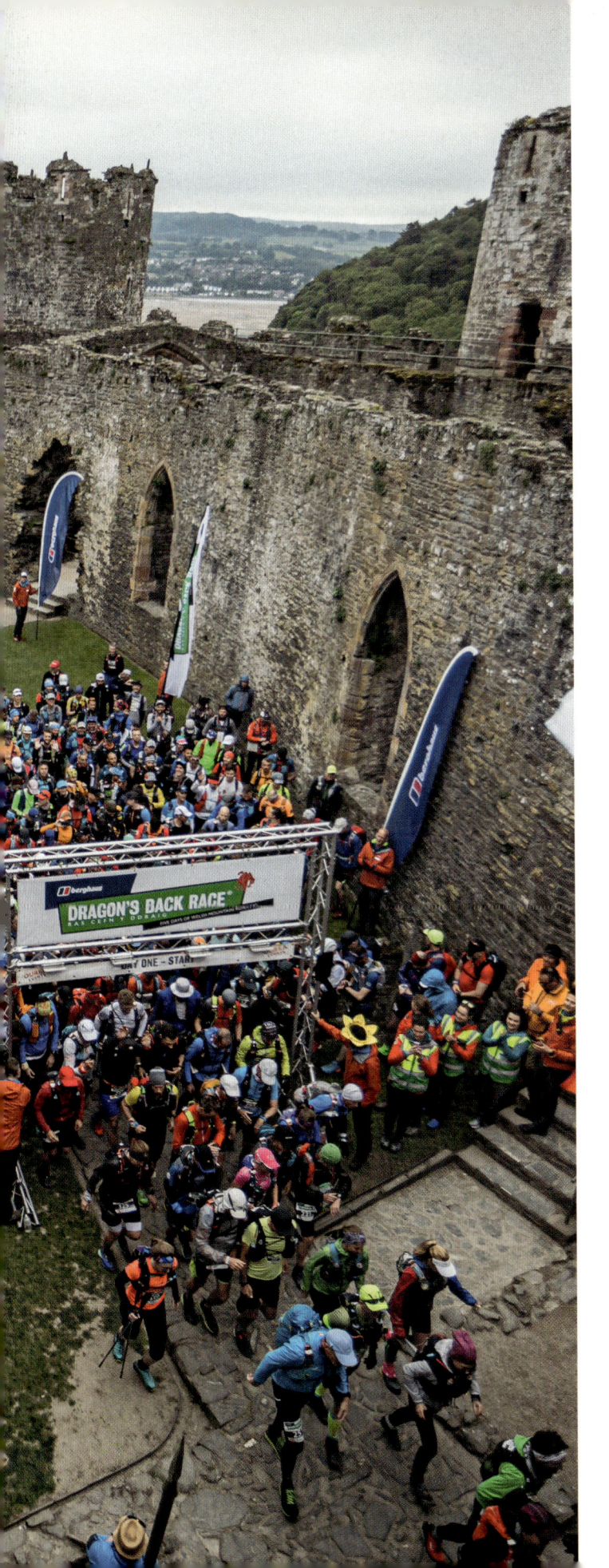

DRAGON'S BACK RACE

Préparez-vous à enfourcher le dragon aussi longtemps qu'il vous le permettra ! Joignez-vous au groupe éclectique de débutants et de coureurs en montagne endurcis qui se fraient un chemin sur la colonne vertébrale du pays de Galles. Espérons que la météo soit avec vous et que votre campement soit dépourvu de boue…

Cette course légendaire – organisée pour la première fois en septembre 1992 et reprise 20 ans plus tard – inspire aux coureurs en montagne à la fois crainte et émerveillement. Connue pour son organisation « à l'épreuve des balles » ainsi que pour son niveau de difficulté incroyablement élevé, elle est devenue annuelle en 2021 (elle était bisannuelle depuis 2017).

Totalisant 380 km répartis sur six jours de course, ses étapes font entre 50 et 70 km. L'itinéraire complet, non balisé, compte exactement 17 400 m de dénivelé positif cumulé, sur un terrain sauvage et reculé. Les participants doivent s'aider d'une carte et/ou de leur GPS pour trouver le tracé le long des hautes crêtes des montagnes galloises. Sans surprise, cette course en montagne est réputée pour être l'une des plus dures du monde – le dragon pointe souvent le bout de son nez ! ▶

73

► Tout coureur doit être prêt à affronter le terrain très technique du nord de Snowdonia le premier jour, et celui de la chaîne de Rhinogydd le deuxième. Même si vous avez de l'expérience sur sentier ou sur route, les organisateurs conseillent de faire des excursions d'un week-end au préalable pour se préparer et s'échauffer. La plus grande difficulté n'est pas la distance quotidienne, mais l'épuisant dénivelé de 3 100 m par jour en moyenne, six jours de suite. De la même façon, pas de montées sans descentes, et celles-ci sont périlleuses. Si vous n'avez pas le pied sûr ou que vous êtes sujet au vertige, cette course n'est peut-être pas pour vous.

À chaque étape, les coureurs découvrent un nouveau campement éphémère où on leur offre un encas, un dîner et un copieux petit déjeuner. L'occasion de côtoyer les autres participants, de consulter un médecin et de faire une bonne nuit de sommeil réparatrice. La course est réputée pour sa fantastique organisation, qui comprend, entre autres, le transport d'un campement à l'autre et rend l'effort plus supportable. Des gens très divers participent à la Dragon's Back Race. Vous pourrez donc partager vos expériences de course avec des personnes de tous âges, milieux, niveaux et nationalités. En général, l'ambiance est très conviviale et solidaire. Tous les coureurs le savent, la course à pied est un sport d'équipe. De nombreux participants courent ensemble sur de longues portions du tracé, nouant ainsi des amitiés pour la vie.

C'est une course rare et difficile, mais le dragon donne autant qu'il prend. Les montées brutales sont compensées par les vues inoubliables, la rude météo par les campements éphémères, et le terrain cailloux, traître pour les chevilles, par l'esprit de solidarité. Avec une bonne préparation, toute personne prête à souffrir suffisamment longtemps a une chance de terminer le parcours. ■

Distance : 380 km

Lieu : pays de Galles

Date : septembre

Type : trail/par étapes/montagne

Température Ø : 10-17 °C

La plus grande difficulté n'est pas la distance quotidienne, mais l'épuisant dénivelé de 3 100 m par jour en moyenne, six jours de suite.

Une grande partie du pays de Galles est inhabitée, et les paysages y sont sauvages et rudes. Sur la première moitié du parcours, de Crib Goch (à gauche), dans le parc national de Snowdonia, à Abergwesyn Common (en bas), les participants peuvent s'attendre à tout, des rochers escarpés aux landes ouvertes.

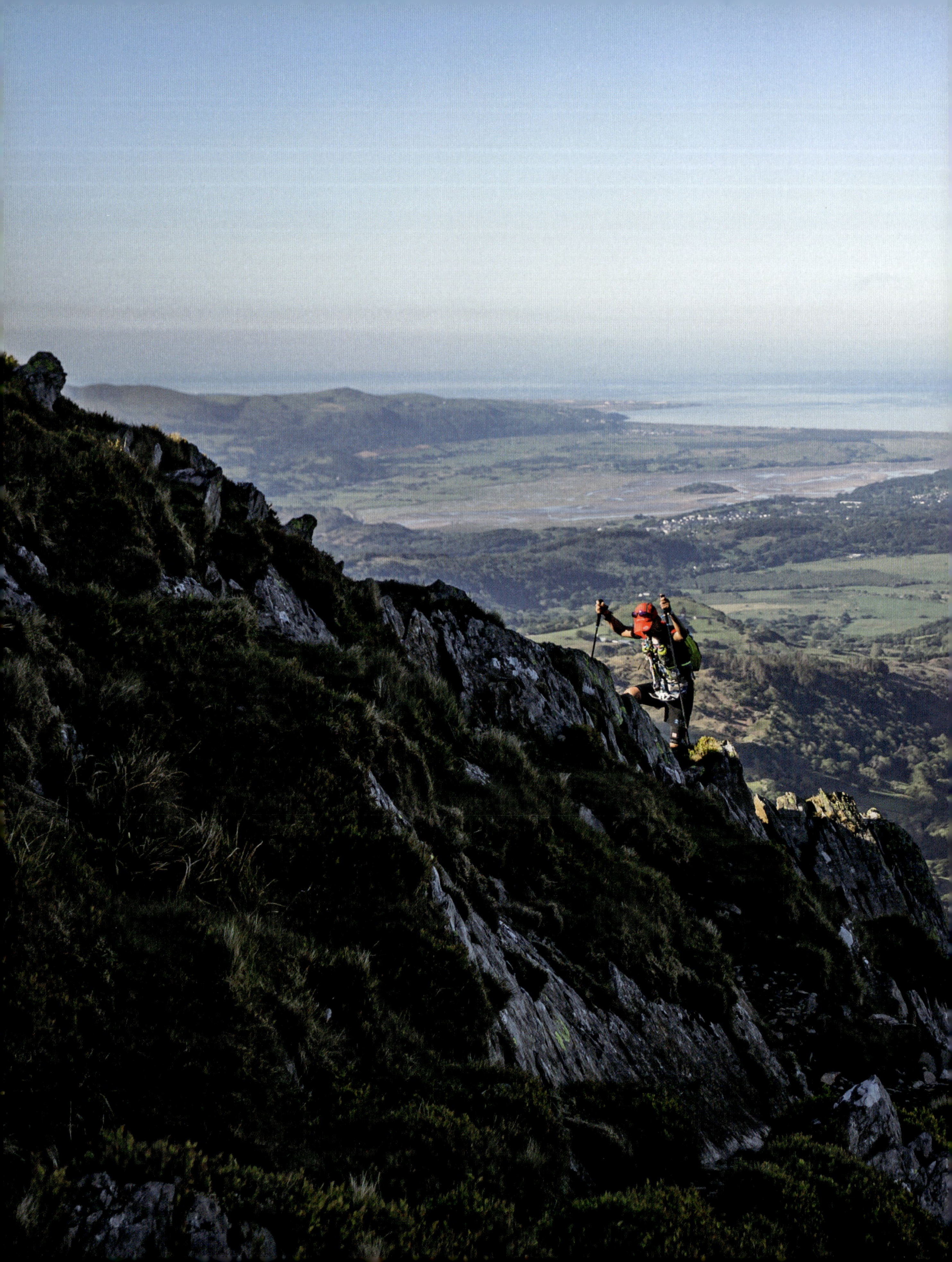

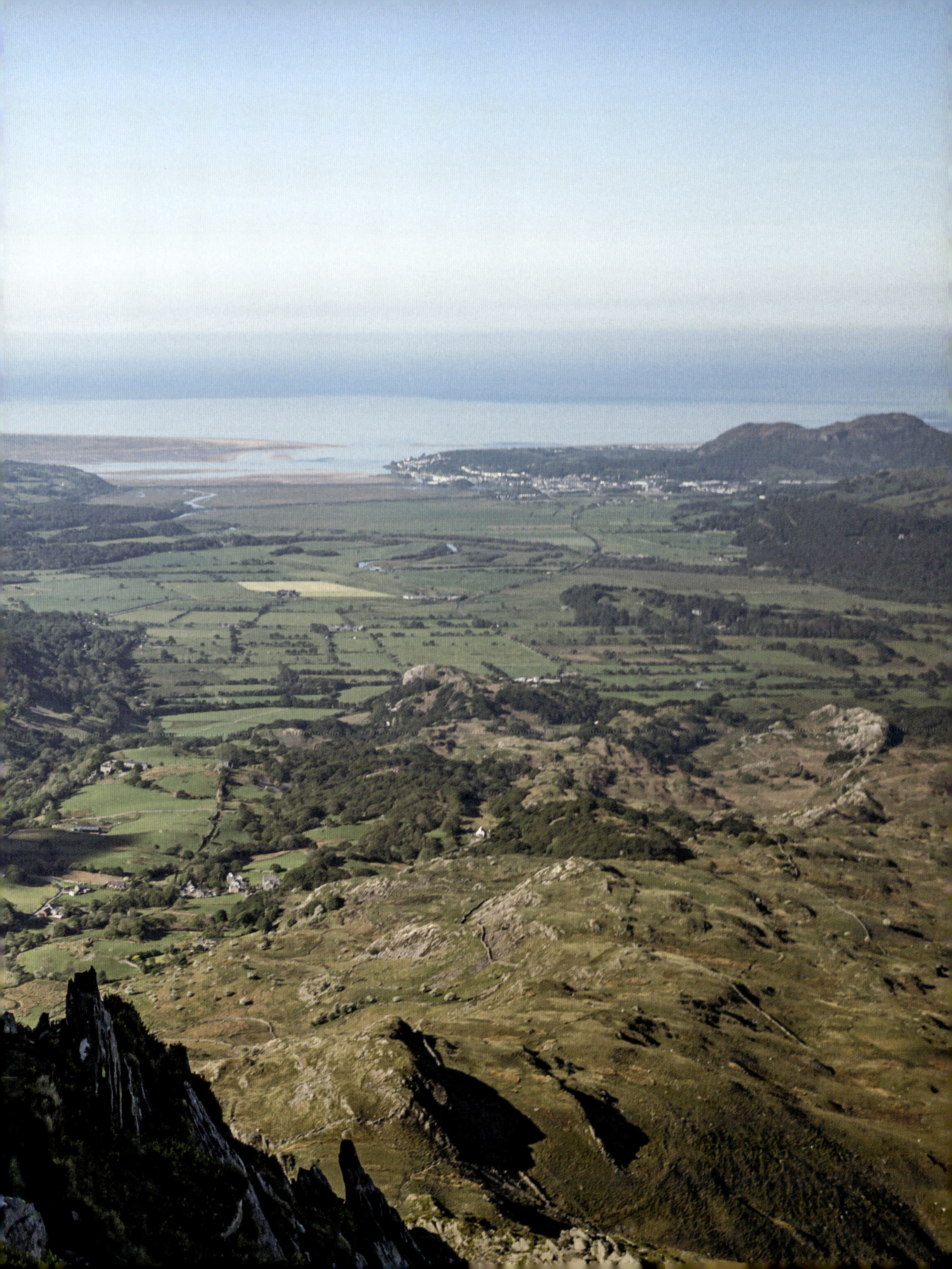

À gauche : La course s'étend sur toute la longueur du pays de Galles, de Conwy Castle, au nord, à la ligne d'arrivée près de Cardiff, au sud.
À droite : Les tronçons de loin les plus traîtres sont ceux au nord de Snowdonia.

DRAGON'S BACK RACE

À chaque étape, les coureurs découvrent un nouveau campement éphémère où on leur offre un encas, un dîner et un copieux petit déjeuner. L'occasion de côtoyer les autres participants.

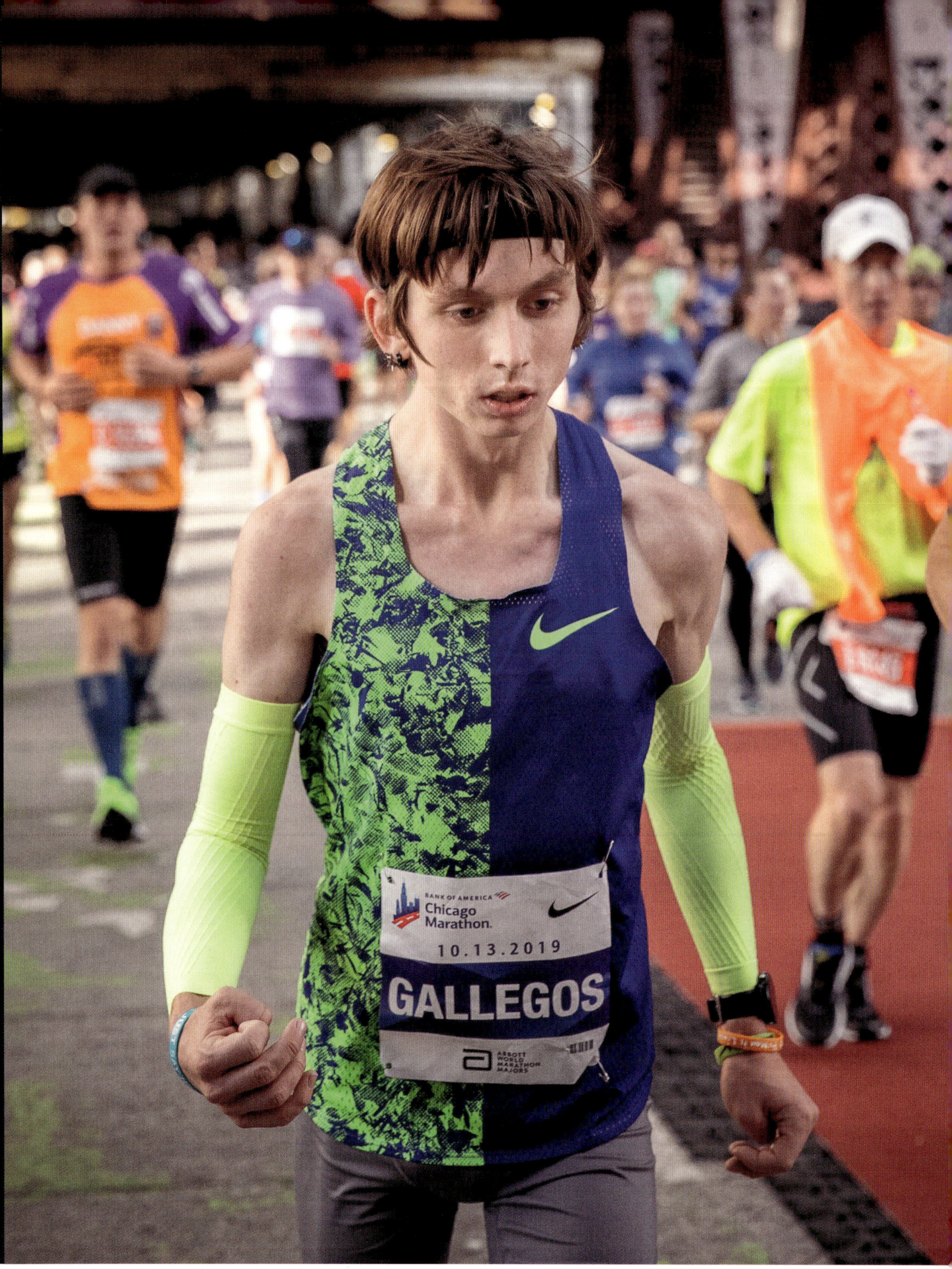
BANK OF AMERICA
Chicago Marathon
10.13.2019
GALLEGOS

Redéfinir comment le corps doit bouger avec Justin Gallegos

Ce coureur d'une vingtaine d'années ne manquait pas d'excuses pour arrêter le sport. Il est pourtant devenu le premier athlète professionnel atteint de paralysie cérébrale à signer avec Nike.

Pour faire ses premiers pas, Justin Gallegos a eu besoin d'un déambulateur. Né avec une paralysie cérébrale, il peinait à plier les genoux et à lever les jambes. Quand, après l'école maternelle, il décide de marcher seul et sans appareil, ses membres ont du mal à s'adapter à cette liberté fraîchement acquise. Il tombe souvent. Au fil des années, ses muscles se développent, ses chutes deviennent moins fréquentes. Justin participe à des programmes de karaté et d'équitation pour les enfants handicapés. À son arrivée au lycée en 2012, il décide qu'il n'a plus besoin d'aménagement spécial. Le football est au programme, mais son médecin se prononce contre. Un avis médical raisonnable, surtout pour une personne en situation de handicap. Encouragé par son père à rejoindre l'équipe de cross-country, Gallegos a au départ un avis mitigé sur la course à pied. Il se souvient encore de sa première fois. « Je suis beaucoup tombé. Vraiment beaucoup. » Mais il ne se décourage pas : tomber et se relever, il a fait ça toute sa vie. L'objectif qu'il s'est fixé pour la première saison, courir 5 km en moins d'une demi-heure, est atteint lors de sa première course. Plus il court, plus ses muscles répondent à son cerveau. Son équilibre s'améliore. Marcher n'est plus une épreuve. « Courir m'a vraiment aidé à améliorer ma qualité de vie. » En novembre 2015, il prend part à sa dernière course lycéenne (5 km), postulant cette fois pour l'équipe universitaire. Il atteint la ligne d'arrivée en 26 min, 23 s et 71/100. Ce sera sa dernière course à Santa Clarita (Californie), sa ville natale.

L'été suivant, il part étudier la publicité à l'université d'Oregon, à Eugene, plus au nord sur la côte. Il intègre le club de course, devient ambassadeur de la marque Nike et aide à concevoir une chaussure pour les coureurs atteints de handicap. Pour lui, ce partenariat est l'occasion de sensibiliser l'opinion à la paralysie cérébrale. « Beaucoup la confondent avec une maladie mentale, dit Gallegos. On m'a dit d'oublier l'université, alors que mes notes étaient suffisamment bonnes pour que j'y aille. »

Il est difficile de décrire la vie avec une paralysie cérébrale. Selon un internaute, « c'est comme si, à la place de vos muscles, ▶

> « *Je crois à la mentalité* no limit. *Je veux qu'on se souvienne de moi comme quelqu'un qui a fait la différence, qui a montré que ce qui, un jour, semblait impossible est possible.* »

▶ des boas constricteurs comprimaient aléatoirement vos os pour les réduire en miettes… Un démon branché sur votre ADN. » Le truc avec les serpents et les démons, c'est qu'on peut les vaincre. En avril 2018, Gallegos termine son premier semi-marathon en un peu plus de 2 heures. Six mois plus tard, Nike lui propose un contrat professionnel : il est le premier athlète atteint de paralysie cérébrale à signer avec la marque. En octobre 2019, il termine sa course la plus éprouvante, le marathon de Chicago, inspiré par son héros, le Kenyan Eliud Kipchoge qui, la veille, avait été le premier à terminer un marathon en moins de 2 heures. Les murs de sa chambre s'ornent des posters de ses idoles : Muhammad Ali, Metallica et Steve Prefontaine, l'ancien coureur olympique originaire d'Oregon, dont la célébrité a fait de la discipline, dans les années 1970, un sport spectacle. « J'adore l'Oregon, dit Gallegos. Je m'y sens chez moi. Cet État occupe une place spéciale dans mon cœur. Je veux continuer à travailler avec Nike aussi longtemps que possible. »

Justin est toujours proche de sa famille, restée en Californie. Il est reconnaissant envers ses parents de lui avoir donné l'envie de prendre davantage que ce que son pronostic lui réservait. « Mon père a toujours cru en moi. Il m'a toujours poussé à faire plus et mieux. Il court à mes côtés et sait toujours voir le côté positif des choses. C'est un combattant et il se bat pour moi. » Gallegos évoque aussi les sacrifices de sa mère quand il trébuchait et qu'il souffrait à l'école. C'est le seul moment de l'entretien où il change de rythme, où l'émotion étouffe sa voix. « Bref, sans eux, je ne serais pas là. »

Gallegos court actuellement 322 km par mois. « Je crois à la mentalité *no limit*. Avant, je pensais ne pas pouvoir faire plus de 48 km par semaine et j'en fais actuellement 80. L'année prochaine, qui sait ? Ça pourrait être 115. Rien n'est hors de portée. Je veux qu'on se souvienne de moi comme quelqu'un qui a fait la différence, qui a montré que ce qui, un jour, semblait impossible est possible. » Le sportif, particulièrement prompt à rejeter la mentalité de victime souvent projetée sur les personnes atteintes de handicap, signe de nombreuses publications du hashtag #IAmNotAVictim sur Instagram. « Être une victime, ce n'est pas se réveiller un jour en se disant "Oh, je suis une victime". Ce sont les autres qui se sentent en droit de vous dire de quoi vous devez être victime. Je n'en suis pas une. Personne ne m'a fait de mal. Enfant, on me traitait comme si j'étais en sucre. "Fais attention à Justin", disait-on. En un sens, c'est de ça dont j'ai été victime. Mais j'ai refusé que cela me définisse. »

Gallegos est en train de devenir une figure de plus en plus visible dans la communauté de la course à pied, une «mini-célébrité», selon ses mots. Il accepte d'être un modèle. « Mon rôle va bien au-delà de celui de vitrine pour Nike. Il permet de sensibiliser à la paralysie cérébrale. » Son plus gros impact est de faire comprendre aux autres que, si on ne choisit pas de vivre avec un handicap, on choisit d'en souffrir. « La douleur est inévitable, la souffrance est optionnelle », écrit Haruki Murakami dans son ode à la course à pied. « Je peux être un porte-parole et avoir un rôle motivationnel, mais je ne peux pas aider les gens. Si une personne est enlisée dans sa vie quotidienne, il ne tient qu'à elle de changer. N'importe qui peut changer avec le bon état d'esprit. » Après l'obtention de son diplôme en 2020, Gallegos compte partir à l'étranger (il n'a encore jamais quitté les États-Unis) pour courir et diffuser son message, puis, dans quelques années, publier un livre sur la façon dont la course de fond a transformé sa vie. « J'espère pouvoir encourager les gens à réaliser leurs rêves et à ne pas laisser quoi que ce soit les retenir. Quand le travail acharné rencontre l'engagement, les résultats sont là. » ■

Ci-dessus : Gallegos au semi-marathon d'Eugene (Oregon) en avril 2019. Il a franchi la ligne d'arrivée en moins de 2 heures, classé 53e sur 90 dans son groupe d'âge. Son père, Brent, qui a aussi participé à l'événement, a terminé en même temps.

MIDNIGHT SUN MARATHON

Commencer la course en plein jour mais de nuit, dans une ville historique où, en juin, le soleil ne se couche jamais… Des coureurs du monde entier affluent dans le cercle arctique pour vivre cette expérience unique.

Il y a très peu d'endroits dans le monde où l'on peut courir un marathon en pleine nuit sous le soleil. Pendant le jour polaire ou « soleil de minuit », l'astre est visible 24 heures sur 24 et ne disparaît jamais à l'horizon. À Tromsø, en Norvège, à 350 km au nord du cercle arctique, le phénomène dure environ neuf semaines en été. Ainsi, si la météo a sans doute varié au cours des 30 années de l'histoire de ce marathon, le soleil s'est toujours montré. Cette course n'est ni en montagne ni technique, mais elle est spéciale.

Tromsø, qui accueille cette course géniale et originale, est la plus grande ville du nord de la Norvège et un pôle culturel majeur du cercle arctique. Elle est particulièrement réputée pour sa musique, son théâtre et ses festivals de cinéma. Le centre historique, sur l'île de Tromsøya, se distingue également par son héritage architectural : il compte un grand nombre de ▶

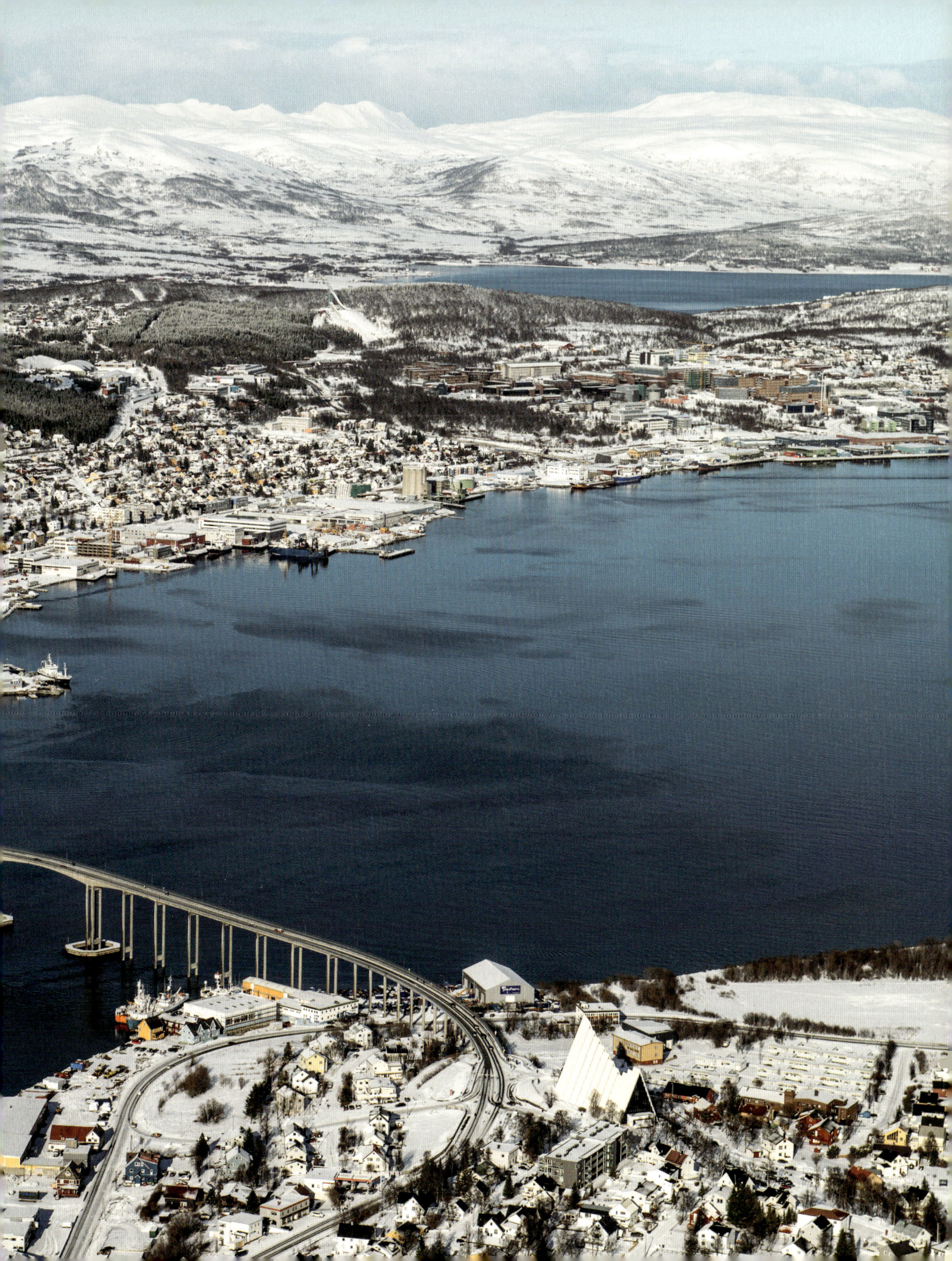

Ci-dessus : Le pont de Tromsø, avec la cathédrale arctique en ligne de mire.
En bas à droite : Mis à part le défi que représente la course à pied la nuit, l'itinéraire est relativement plat, suivant majoritairement les routes qui longent la côte.

▶ maisons traditionnelles en bois, dont certaines remontent au XVIIIe siècle. La spectaculaire cathédrale arctique, avec son toit pointu et ses immenses baies vitrées en verre dépoli, date de 1965. Impossible de la rater : les marathoniens passent deux fois devant.

Même sans l'ivresse du coureur, la ville vaut le détour. Les participants arrivent souvent quelques jours plus tôt afin de profiter de l'endroit dans toute sa splendeur : trajet en tramway jusqu'au sommet du magnifique mont Storsteinen, visite des musées, randonnée prémarathon… Ils peuvent aussi se retrouver autour d'un banquet la dernière « nuit » avant la course. L'occasion d'engloutir des lasagnes et de faire connaissance avec les autres compétiteurs.

Le départ est donné à 20 h 30. Les coureurs quittent l'animation du centre-ville, traversent le pont en direction de la cathédrale avant de faire demi-tour pour longer l'île jusqu'à l'aéroport de la ville. Ils retournent ensuite vers la ligne d'arrivée. Tromsøya est entourée d'eaux calmes et de montagnes sauvages et enneigées qui constituent de très beaux panoramas. L'itinéraire, majoritairement sur route, évite heureusement les sommets, mais il ne s'emprunte pas sans encombre. Le corps prêt à dormir doit endurer un marathon. Ce n'est donc pas ici qu'on battra son record personnel.

Le parcours ne présente pas de difficulté particulière, et l'ambiance est décontractée et positive. Les habitants s'impliquent dans cette course et participent aux célébrations, ce qui compense la désorientation entre le jour et la nuit de ceux qui viennent d'ailleurs. ■

Distances : 4,2 km, 10 km, 21,1 km ou 42,2 km

Lieu : Tromsø, Norvège

Date : juin

Type : route/ville

Température Ø : 7-13 °C

Il y a très peu d'endroits dans le monde où l'on peut courir un marathon en pleine nuit sous le soleil. Pendant le jour polaire ou « soleil de minuit », l'astre est visible 24 heures sur 24 et ne disparaît jamais à l'horizon.

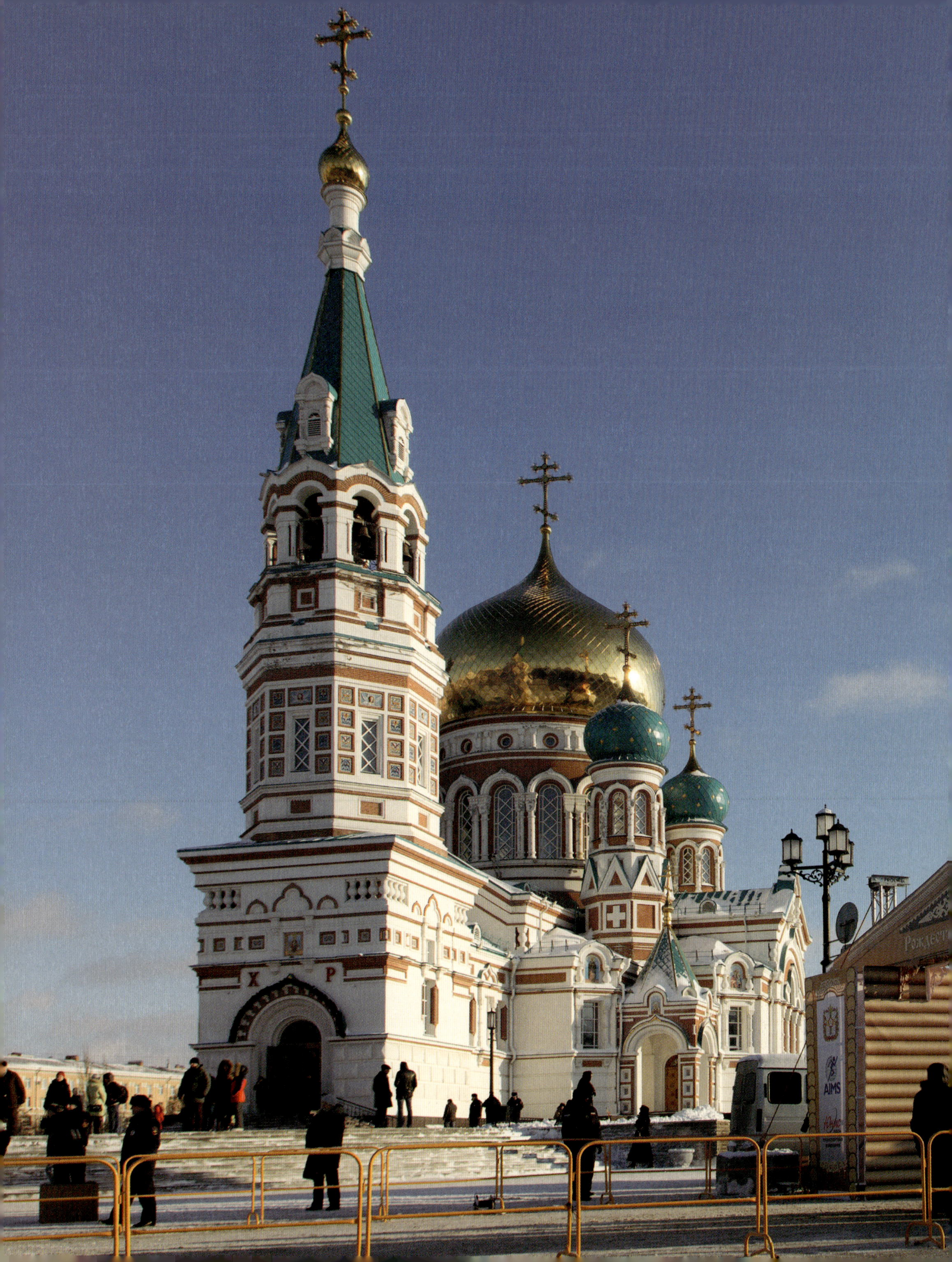
AIMS

SIBERIAN ICE HALF MARATHON

Neige, glace, chapkas et architecture sibérienne. Si vous vous en sentez le courage, attaquez-vous à ce semi-marathon qui se court au plus fort de l'hiver russe dans la merveilleuse ville d'Omsk. Avec des températures pouvant descendre jusqu'à - 45 °C, la technique des trois couches est recommandée. Peu importent les efforts physiques que vous fournirez, vous aurez froid !

Neige qui craque sous le pied, glace sur le visage, mains engourdies et cœur qui bat la chamade. Il va sans dire que la majorité des participants n'auront pas besoin de crème solaire – leur peau sera très peu exposée. Une course de fond en plein hiver sibérien. Où est le problème ?

Cette course étant l'une des plus froides du monde, on peut s'attendre à des températures aussi basses que -45 °C. En raison de ce climat extrême, aucune autre épreuve de fond n'est proposée en Russie à cette période de l'année. À Omsk, on voit souvent de la transpiration gelée autour du cou et sur les cils, et des stalactites incroyablement longues sur les barbes. Certains disent même que les yeux des coureurs se mettent à geler. Pour une fois, il est probablement plus agréable de participer à la course que d'en être le spectateur. Si de nombreux supporters et habitants bordent ▶

Cette course étant l'une des plus froides du monde, on peut s'attendre à des températures aussi basses que - 45 °C.
En raison de ce climat extrême, aucune autre épreuve de fond n'est proposée en Russie à cette période de l'année.

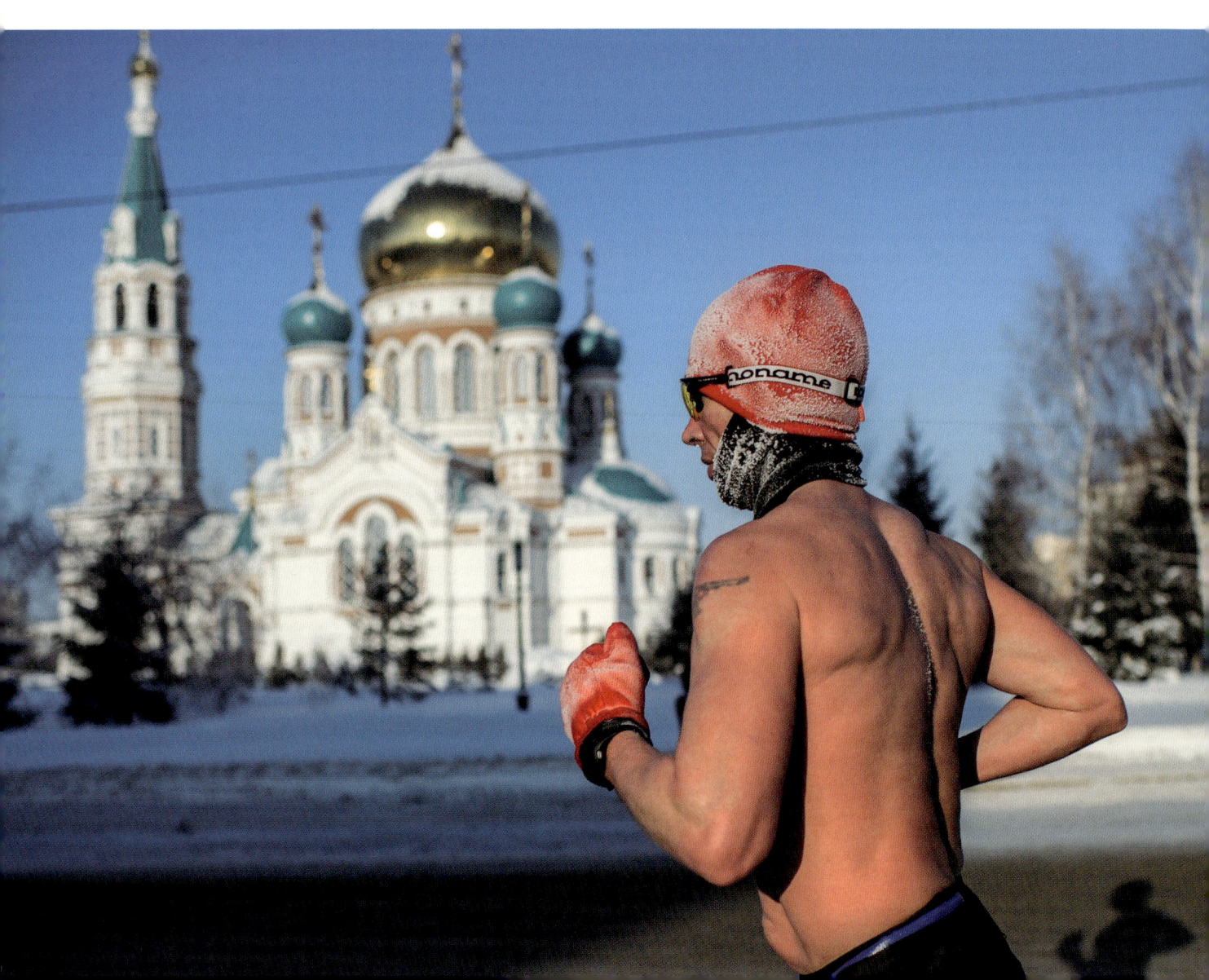

À gauche : Si la majorité des coureurs prennent la précaution de s'habiller chaudement, certains choisissent de porter des déguisements ou de courir torse nu. Un prix récompense les tenues les plus audacieuses.

▶ la ligne d'arrivée pour montrer leur soutien, ils ont tendance – et on les comprend ! – à ne pas s'attarder.

Omsk, située au sud-ouest de la Sibérie, est la neuvième plus grande ville de Russie. Elle se trouve sur les rives du fleuve Irtych (à l'emplacement de son plus vieux pont). Le tracé traverse le centre historique, où les maisons en bois côtoient une architecture Art nouveau, et suit le fleuve, même si les participants, avec leur capuche, leur écharpe et parfois même des lunettes en prévision des chutes de neige, ne profitent certainement pas beaucoup de la vue. À cette période de l'année, toute la ville est sous la neige. Les habitants affrontent le froid avec de vraies tenues d'hiver.

Après la course, cependant, il est possible de se réchauffer et de s'adonner à certaines activités sibériennes traditionnelles : traîneaux tirés par des huskies, tir au fusil, nage dans la glace – au cas où vous n'auriez pas déjà eu assez froid ! – ou relaxation dans un *banya* (sauna russe). Toute personne finissant la course reçoit un diplôme et une médaille sur laquelle on peut faire graver son nom, ainsi qu'un souvenir de Noël (la ville fête à ce moment-là le Noël russe orthodoxe), et les premiers reçoivent une prime.

En plus de tout cela, ceux qui la terminent entrent dans les 30 ans de l'histoire de ce semi-marathon qui attire plus de 1 000 athlètes endurcis du monde entier, prêts chaque année à s'affronter et à tenir tête au froid et à Mère Nature. ∎

Distance : 3 km, 10,5 km ou 21,1 km

Lieu : Omsk, Russie

Date : janvier

Type : route/neige

Température Ø : -15 à -6 °C

SIBERIAN ICE HALF MARATHON

Des cristaux de glace se forment sur les visages des coureurs pendant qu'ils effectuent des boucles de 3,5 km sur la berge de l'Irtych et dans le centre-ville d'Omsk. Des boissons chaudes attendent les participants à la ligne d'arrivée.

92 SIBERIAN ICE HALF MARATHON

Ceux qui terminent la course entrent dans les 30 ans de l'histoire de ce semi-marathon qui attire plus de 1 000 athlètes endurcis du monde entier, prêts chaque année à s'affronter et à tenir tête au froid et à Mère Nature.

Un grain de folie : des épreuves amusantes et insolites

Le monde de la course à pied ne manque pas de variété. Outre les épreuves classiques, il existe de nombreux défis avec des « extras » qui peuvent aller de la dégustation de vin au saut d'obstacles en passant par le port de déguisements. Créativité et enthousiasme pur et simple alimentent des événements tels que l'ascension de collines ou des visites culinaires guidées dans des villes.

Marathon des châteaux du Médoc

En quête de quelque chose d'un peu différent ? Ne cherchez pas plus loin ! Au programme du Marathon du Médoc, l'un des trails les plus longs et alcoolisés du monde : vignes à perte de vue, paysages incroyables et gastronomie. Fêtez votre victoire à l'avance en dégustant plus d'une vingtaine de vins et de spécialités (huîtres, fromage, steaks, glaces…) pendant la course elle-même.

Avec la fête des pâtes de la veille et le vin qui remplace la traditionnelle barre de céréales dans le sac offert à la ligne d'arrivée, le mot d'ordre de cet événement est « vin, sport, fun et santé ». En fait, les organisateurs encouragent vivement tout ce qui est habituellement déconseillé en course à pied !

Laissez de côté votre équipement habituel ; il est presque obligatoire de se déguiser, et l'ambiance n'en est que plus folle. Imaginez 10 000 coureurs costumés, du pot de pâte à tartiner à la barboteuse géante !

Préparez-vous à participer au marathon le plus étrange de tous. Vous vous inquiétez de courir avec alcool et nourriture dans le ventre ? Il semble n'y avoir qu'un seul conseil qui vaille : l'Imodium.

Red Bull 400

Vous pensez que 400 m, ce n'est pas grand-chose ? Détrompez-vous ! La série Red Bull 400 est l'une des plus intenses qui soient. L'itinéraire : une rampe de saut à ski de 400 m de long, à parcourir de sa base à son sommet. Organisée sur trois continents, cette course est réputée dans le monde entier pour le défi mental et physique qu'elle représente. Vous partirez à l'assaut de la montée par vagues, et seuls les meilleurs temps de chaque manche participeront à la suivante. Il n'y aura qu'un seul vainqueur.

Vous courrez sur une pente qui atteint les 37° (75 %), soit l'équivalent de 40 étages, votre rythme cardiaque passant de ▶

Ci-dessus : Compétiteurs du Marathon des châteaux du Médoc franchissant une succession de portiques composés de ballons. À droite : Le Red Bull 400 est un drôle de spectacle ; des participants progressent péniblement sur la pente raide tandis que d'autres finissent à quatre pattes.

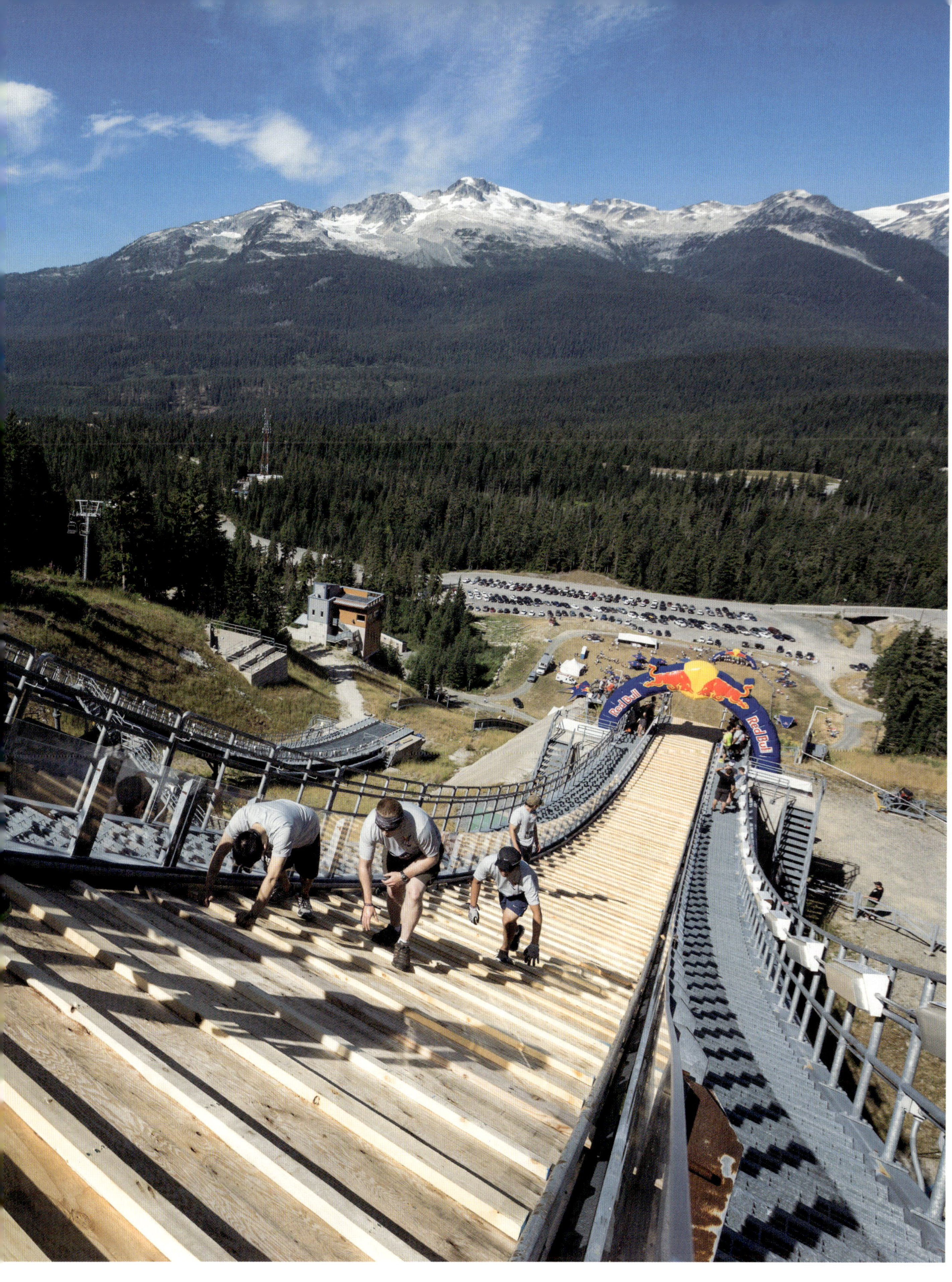
Red Bull
Red Bull

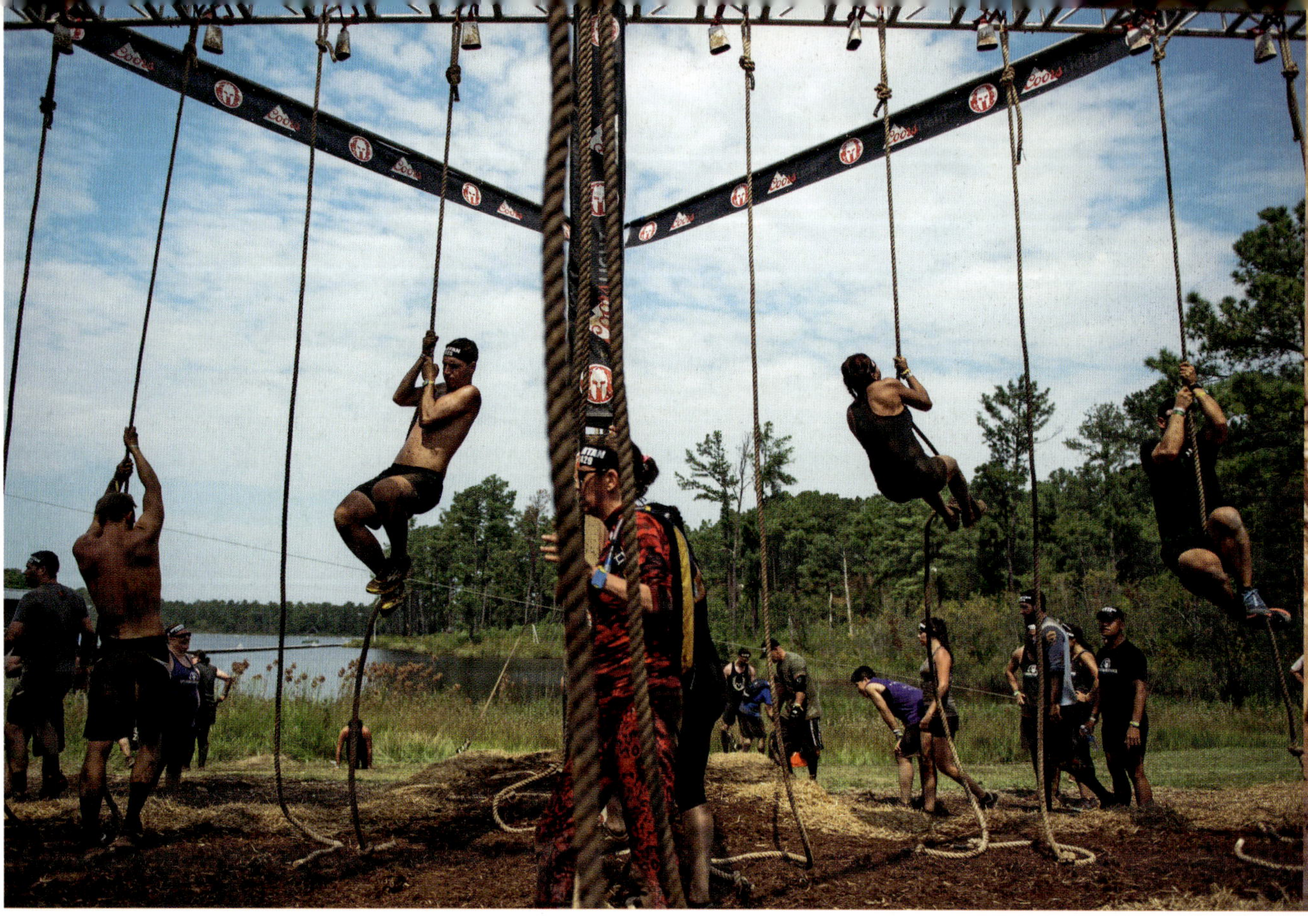

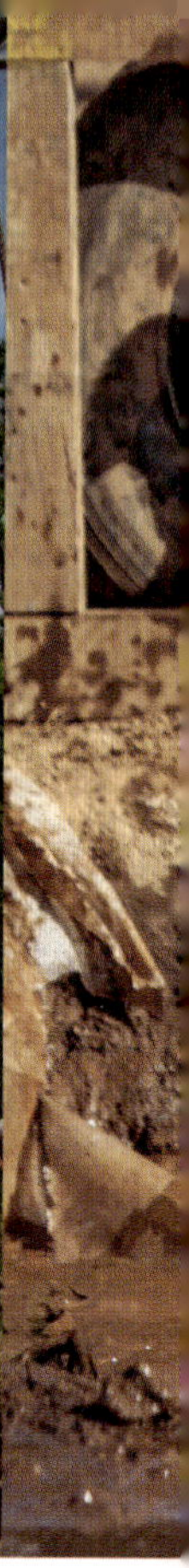

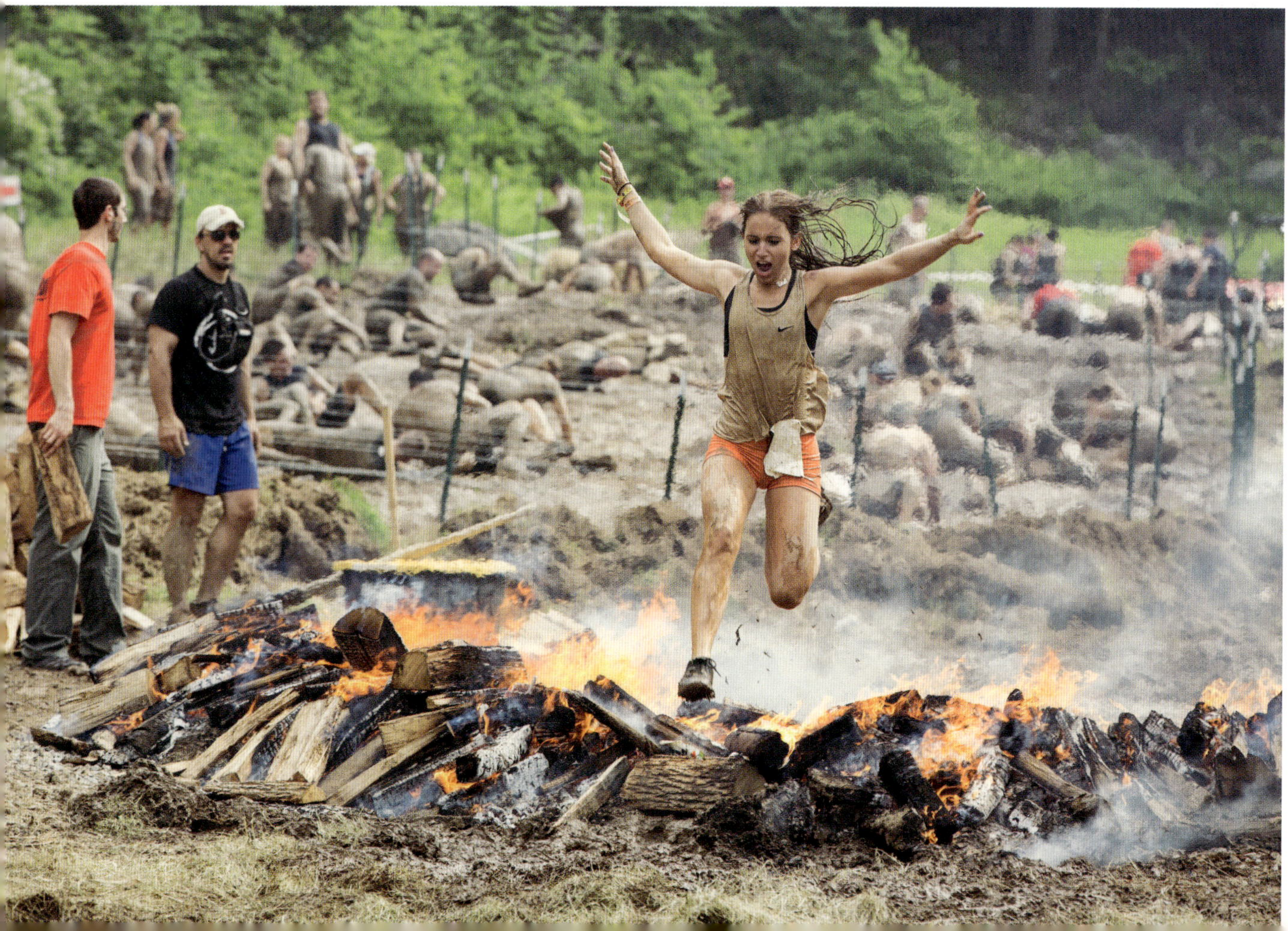

Ci-dessus et à gauche : Franchir d'énormes pneus à plat ventre, patauger dans la boue jusqu'aux genoux, grimper à la corde, sauter par-dessus un feu dont les flammes vous chatouillent les jambes… : voilà quelques-unes des épreuves loufoques qui font partie des compétitions Spartan Race organisées dans le monde entier.

▶ 70 à 200 battements par minute. La brûlure de l'acide lactique dans vos jambes sera accablante, et vous commencerez à « respirer du feu » quand votre corps fera tout pour augmenter la fréquence respiratoire. Vous finirez probablement la course à quatre pattes, mais quelles sensations !

Cette épreuve sur tremplin de ski olympique est unique. Si vous avez de bons poumons et une bonne endurance, lancez-vous sans hésiter !

Spartan Race

Pensez-vous avoir ce qu'il faut pour devenir un Sparte ? Avec ses compétitions organisées dans le monde entier, cet événement est considéré comme l'une des courses d'obstacles les plus difficiles au monde. Préparez-vous donc à devoir dépasser vos limites. Cette épreuve est un véritable challenge !

En raison de l'attrait de plus en plus fort pour cet événement, les options d'itinéraires ont été enrichies dans le monde entier. Du parcours de 5 km incluant 20 obstacles (le *sprint spart*) à l'ultra-marathon de 50 km et ses 60 obstacles, il y a de quoi faire.

C'est le test ultime en matière de courage, de détermination et de force. Avec des obstacles répartis en deux catégories, dont l'escalade et le portage ou le levage, les défis mettront votre corps entier à l'épreuve : escalade de murs ou de haies, lancer de javelot, saut de pneus, passage sous des barbelés… Mais pas d'inquiétude ! Comme les organisateurs aiment à le rappeler : « On ne laisse aucun Sparte sur le bord de la route. » Grâce à l'énergie générée par cette course, tout le monde est dans le même bateau et s'entraide. Montrez que vous êtes un vrai Sparte – vous détesterez l'expérience autant que vous l'adorerez !

Rifle Run

Tirée du *march and shoot* (« marcher et tirer »), un exercice militaire, cette épreuve organisée au Royaume-Uni au profit de l'ABF The Soldiers' Charity (l'organisation caritative nationale de l'armée du Royaume-Uni) se démarque par son format. Si vous aimez la course à pied et les fusils, alors cette course est pour vous.

Premier événement du genre, la Rifle Run, qui se tient en deux endroits différents au Royaume-Uni, combine trois concours de tir ▶

COURSES EXTRAVAGANTES

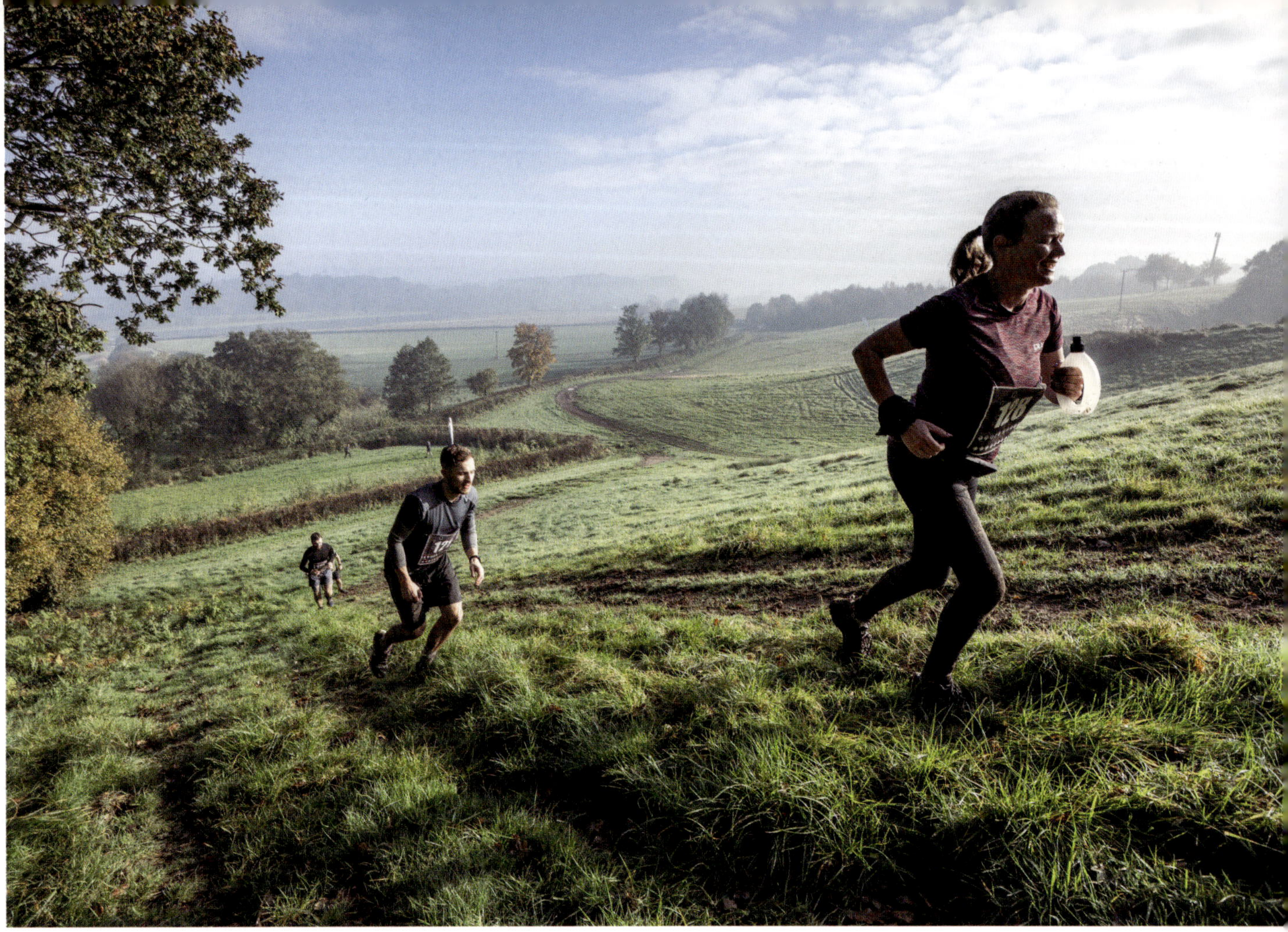

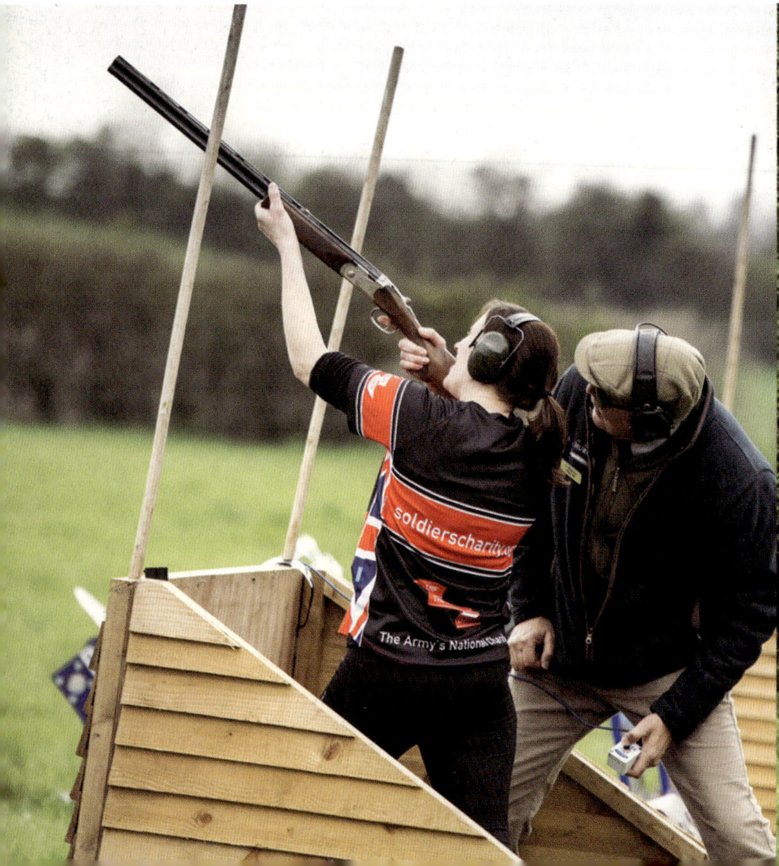

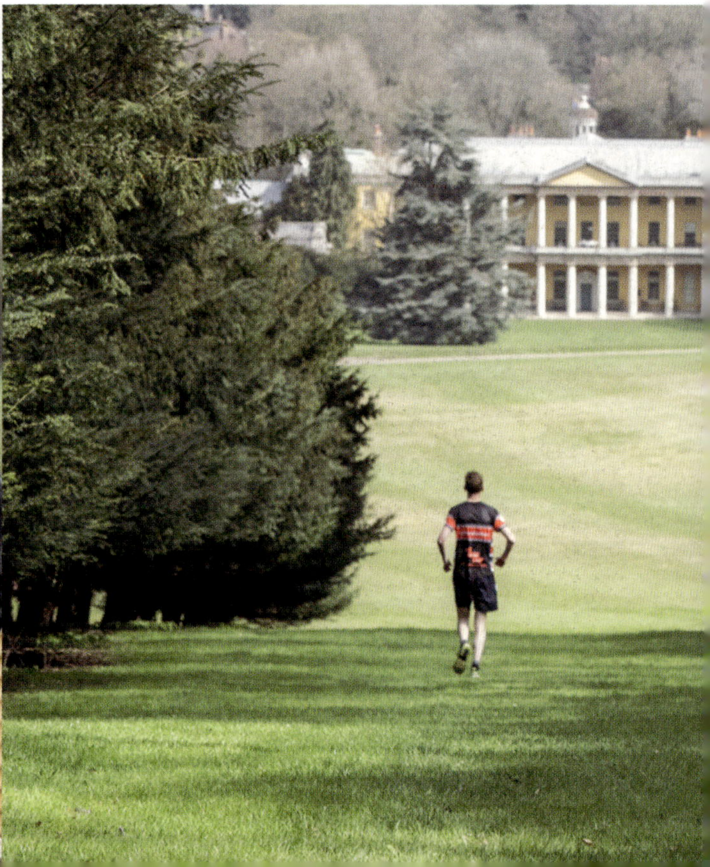

▶ et une course de cross-country. Faire son choix à la ligne de départ entre fusil à air comprimé et fusil de chasse est inhabituel mais essentiel car, sur ce parcours de 10 km, vous devrez tirer sur 20 cibles. Une cible ratée équivaut à un tour de pénalité de 250 m. En fonction de votre habileté, la longueur de la course peut donc varier de 10 à 15 km : préparez-vous pour les deux. Et emportez vos chaussures de trail, il y aura de la boue !

Beer Lovers' Marathon

Avis à tous les amateurs de bière : nous avons trouvé l'épreuve parfaite. Dégustez 16 bières belges différentes en participant au très amusant marathon de Liège, à mi-chemin entre l'Oktoberfest de Munich et la course sur route.

Avec cette pittoresque ville historique en toile de fond, vous pourrez goûter les spécialités culinaires qui font la réputation de la Belgique – gaufres, chocolat et frites –, entraîné par de la musique live ou un DJ set. Mais ne vous attardez pas trop pendant les pauses : le temps de course est limité à 6 h et 30 min.

Le thème des déguisements est différent chaque année. Parmi ceux des précédentes éditions, citons « Far West » et « Courez comme des héros ». Vérifiez bien celui du prochain marathon ! La boisson coule à flots, et une ambiance inoubliable se crée au fil des kilomètres. Vous franchirez sans doute la ligne d'arrivée en dansant.

Ci-contre : La Rifle Run North dévoile des panoramas sur la magnifique campagne du Cheshire. Ci-dessous : Le tracé de la Rifle Run South traverse le domaine de West Wycombe en passant devant West Wycombe House, un bijou d'architecture palladienne.

Courses extravagantes : l'essentiel

Marathon des châteaux du Médoc
Pauillac, Médoc, France
Itinéraire :
comme annoncé
Distance :
marathon

Red Bull 400
dans le monde entier
Itinéraire :
en montée !
Distance :
400 m

Spartan Race
dans le monde entier
Itinéraire :
variable
Distance :
variable, jusqu'à 50 km avec différents formats de course pour chaque distance

Rifle Run
High Wycombe, Buckinghamshire, et Frodsham, Cheshire, Royaume-Uni
Itinéraire :
comme annoncé
Distance :
10-15 km

Beer Lovers' Marathon
Liège, Belgique
Itinéraire :
comme annoncé
Distance :
marathon

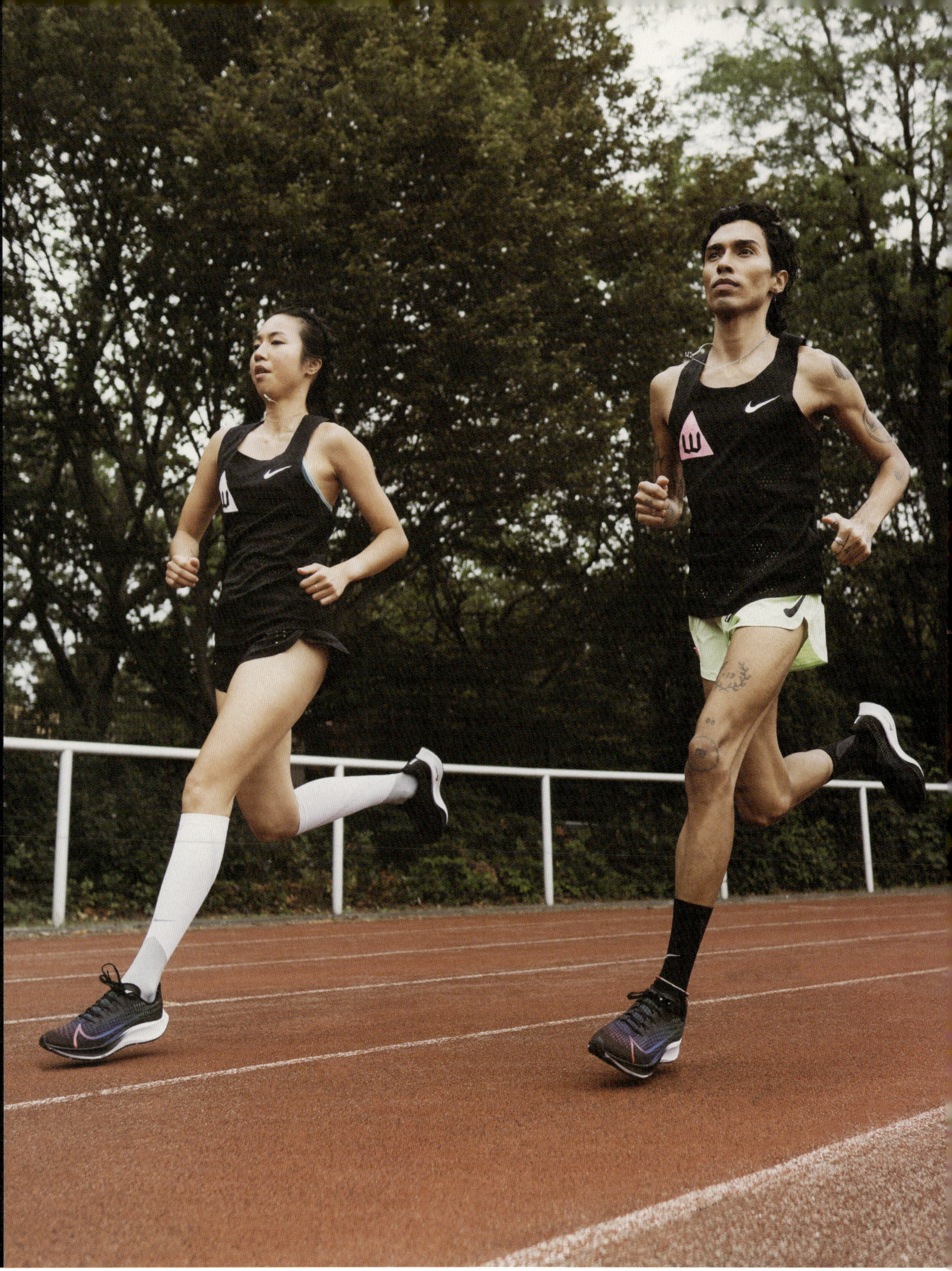

Faire tomber les barrières avec le Wayv Run Kollektiv

Partez à la rencontre de ce duo qui se bat pour une plus grande diversité dans le monde de la course en aidant les coureurs marginalisés à accepter leurs corps.

Pour beaucoup, courir est un moyen d'oublier momentanément la politique. Pour Thị Minh Huyền Nguyễn et Daniel Medina, c'est un acte politique en soi. Tous deux ont grandi en se sentant marginalisés : elle, en Allemagne en tant que fille d'immigrants vietnamiens, et lui, en tant que fils queer de parents colombiens arrivé aux États-Unis à l'âge de 11 ans. Il a commencé enfant à courir en compétition, Nguyễn un peu plus tard, participant à son premier marathon en 2016. À leur rencontre dans un club de course à New York, ils ont sympathisé autour de cette approche activiste du sport. « Huyền et moi pouvons témoigner à quel point cela fait du bien de reprendre possession de son corps et de se sentir fort », dit Medina à propos de la course à pied.

Après avoir déménagé à Berlin, ils fondent le Wayv Run Kollektiv, un collectif dont le programme est de « soutenir et assumer l'acte politique de mettre en mouvement les corps noirs/de couleur, queer, féminins, trans, musulmans, différents, sous-représentés, marginalisés ». Nguyễn et Medina ont toujours travaillé sur la question de la représentation : elle dans ses études de science des médias, et lui par ses écrits et ses créations visuelles. Courir leur a permis de s'engager simplement en se montrant – en mettant, comme tout le monde, leur corps en mouvement. À la différence qu'ils détonnent dans le monde de la course à pied, surtout en Allemagne. « Nous tendons activement à nous rendre visibles et à faire respecter notre espace, dit Medina. Dans ce sport, c'est très politique. »

Lors de son premier marathon à Berlin, Daniel a été frappé par la multitude de corps blancs sur les photos de fin de course. « [Huyền et moi], ça nous a fait rire : "Incroyable, toute cette diversité !" Plaisanter est une façon de supporter la réalité, mais c'est flippant que les gens ne remarquent rien. Personne n'a vu que quelque chose n'allait pas ? » Dans le monde de la course, les corps de couleur apparaissent souvent dans les tops 10 et les campagnes d'influenceurs. Nguyễn et Medina, en tant que coureurs professionnels collaborant avec Nike, ont une influence dans ce milieu. « Nous avons eu le privilège d'avoir accès au monde de la course à pied dans son ensemble grâce à nos corps, à notre niveau [sportif] et à notre façon de nous habiller », reconnaît Medina. Ils se sentent parfois comme des « ninjas furtifs » s'infiltrant quelque part pour ouvrir les portes à leurs semblables. « En nous engageant, nous voulions partager nos ressources. Comment utiliser nos relations et nos plateformes pour mettre en lumière les autres et leurs histoires ? » rapporte Nguyễn. ▶

« *Le jour de la course, on est seul dans l'épreuve, mais la victoire collective est bien plus puissante que la victoire individuelle. Être une équipe et avoir une communauté nous fait expérimenter la même douleur.* »

▶ Toute personne rejoignant le collectif n'est pas obligée de mener la lutte. « Comme nous avons affaire à des gens marginalisés et sous-représentés, il est très difficile de leur demander, en plus, d'être visibles. Tout le monde n'en a pas l'énergie », dit Medina. Surtout lorsqu'on s'entraîne pour un marathon. Pour beaucoup, ce qui permet de se réaliser le mieux est juste de courir, d'accepter son corps. C'est une activité plus démocratique que beaucoup d'autres aspects de la vie. C'est un niveleur. Dans *Autoportrait de l'auteur en coureur de fond*, Haruki Murakami écrit : « Notre qualité d'être vivant ne tient pas à des notions comme le temps qu'on réalise ou le classement, mais à la conscience que l'on acquiert finalement de la fluidité qui se réalise au cœur même de l'action. » Le Wayv Run Kollektiv donne accès à cette conscience.

La question la plus posée aux coureurs de fond est « Pourquoi ? ». La plupart des gens courent pour se prouver quelque chose. Après tout, c'est un sport solitaire. En créant une communauté, Nguyễn et Medina ont trouvé un moyen de dépasser l'individu. « Le jour de la course, on est seul dans l'épreuve, mais la victoire collective est bien plus puissante que la victoire individuelle », dit Medina. Courir peut être un sport cruel, qui prend parfois plus que ce que l'on peut donner, qui vous asphyxie et vous coupe les jambes. « Être une équipe et avoir une communauté nous fait expérimenter la même douleur », dit Nguyễn. Selon l'adage, la douleur partagée, c'est de la douleur divisée. L'inverse est aussi vrai. Une mauvaise course pèse plus lourd quand on porte les espoirs des autres. « Quand on échoue, l'échec est double, c'est comme si j'abandonnais tous les garçons gays de couleur, dit Medina. On laisse à quelqu'un l'occasion de dire : "Ah, vous voyez, ils sont faibles. Ils en sont incapables." »

Nguyễn et Medina exposent souvent les facettes moins reluisantes de la course à pied. Lui parle honnêtement de ses périodes de dépression. Elle a partagé sur Instagram son expérience émotionnelle du marathon de Tokyo de 2020 – de l'euphorie des qualifications à l'annulation de son inscription à la suite d'une blessure (la course a finalement été reportée en raison de l'épidémie de Covid-19). Elle réfléchit régulièrement à sa place dans le monde – en tant que femme, personne de couleur, fille d'immigrants. « Ma sphère personnelle est ma sphère politique. C'est déjà un acte politique de survivre. » Dans son essai de 1951, *L'Homme révolté*, le philosophe français Albert Camus écrit : « La seule façon de traiter avec un monde non libre est de devenir si absolument libre que votre existence même est un acte de rébellion. » Existe-t-il acte plus libre que celui de courir ?

En 2019, Nike Running a convié les co-capitaines du Wayv Run Kollektiv à un symposium à Shanghai autour de la culture de la course à pied à l'échelle mondiale. Pour l'occasion, Nguyễn et Medina ont conçu un T-shirt arborant une citation de la poétesse américaine féministe noire et lesbienne Audre Lorde : « Sans communauté, il n'y a pas de libération ». Un internaute a commenté une publication Instagram de l'événement en reprenant également les mots de Lorde : « Les outils du maître ne détruiront jamais la maison du maître, n'est-ce pas ? Vous devriez plutôt travailler là-dessus. Mon problème, c'est Nike. » Nguyễn et Medina ont fait une réponse digne d'un ninja furtif : « Nous n'essayons pas de détruire une maison mais de construire la nôtre. Oui, nous travaillons pour le moment avec des structures existantes, mais avec l'intention d'en construire de nouvelles. » Avant la fin du voyage, un groupe de Shanghai avait suivi leur exemple en créant un collectif queer de course à pied.

Quant à l'avenir, Medina a une vision : « J'ai l'image d'une superbe femme trans de couleur qui porterait notre maillot au Fifth Avenue Mile à New York et qui raflerait tout – j'aimerais tellement ça ! » ■

Le slogan de Wayv Run Kollektiv est « Making Wayvs » – de *make way* (faire de la place) et *make waves* (faire des vagues). En encourageant les personnes LGBTQI+ et BIPOC à investir les rues, les fondateurs espèrent améliorer la visibilité du collectif et lutter ainsi contre le mépris ou la dévalorisation de ses membres. Ils souhaitent une transformation de la société grâce à un leadership diversifié.

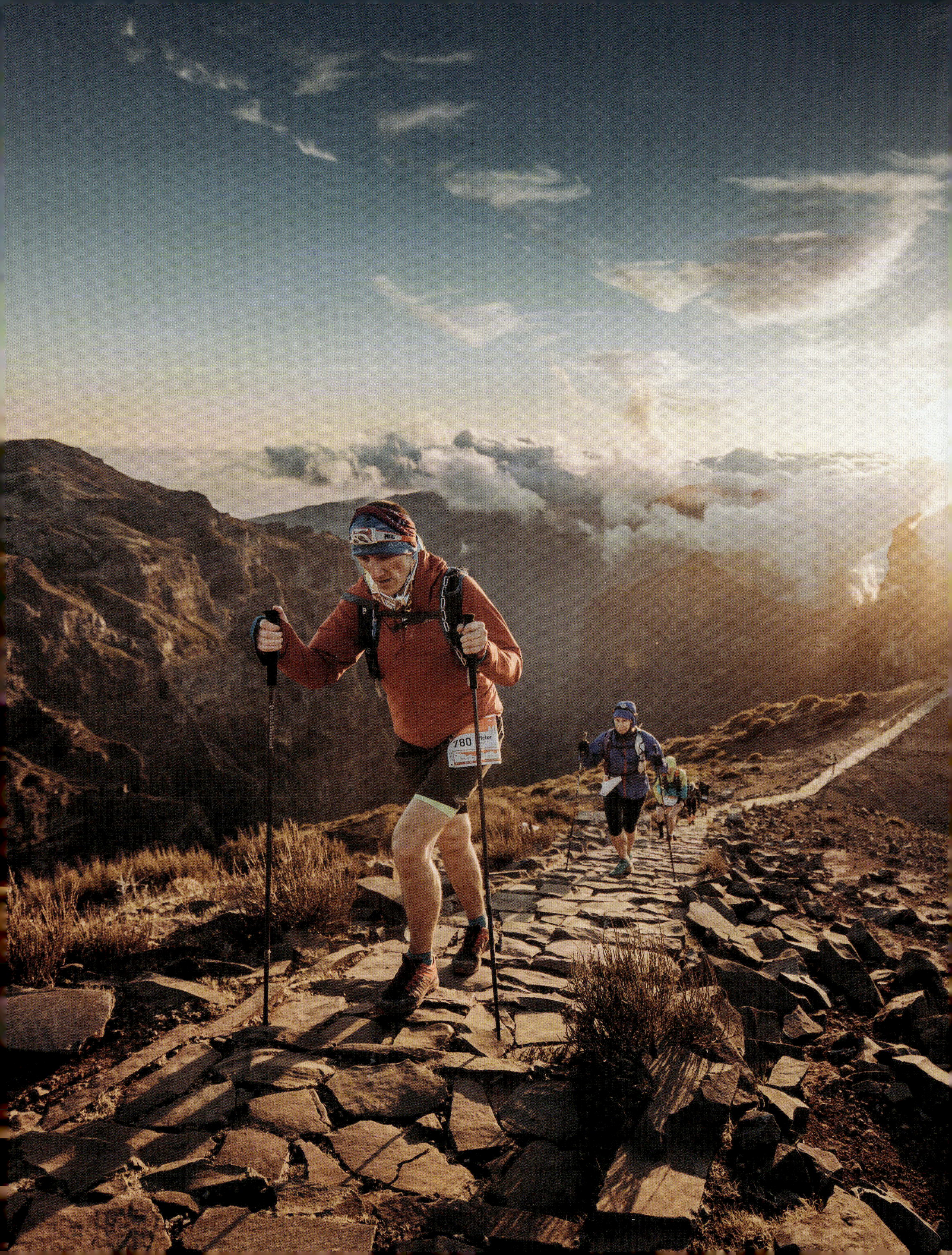
780

ULTRA-TRAIL DE L'ÎLE DE MADÈRE

Difficile de trouver expérience plus plaisante, ou plus exigeante, que celle-ci : courir d'une côte à l'autre en franchissant les pics les plus abrupts de l'île. Si cette course relativement récente est souvent négligée, son organisation est de qualité et ses paysages éblouissants. Songez-y !

Madère est une destination touristique prisée. Véritable paradis pour les amateurs de nature, cette petite île de l'Atlantique attire un million de visiteurs par an grâce à son climat doux et ensoleillé, ses somptueux paysages de montagne et sa riche culture. Chemins et *levadas* (canaux d'irrigation construits par l'homme) sillonnent l'île rocailleuse en serpentant entre cascades, piscines naturelles et forêts subtropicales, dont la laurisylve – vieille forêt de lauriers classée par l'Unesco, présente sur la partie nord de l'île.

Pourtant, c'est sans doute aux participants de ces différentes épreuves qu'est réservé le *nec plus ultra*, puisqu'elles les conduisent au cœur de Madère, loin des centres touristiques de la côte. Issue d'une tradition annuelle établie par les amateurs de trail de l'île, la première version officielle du Madeira Island Ultra-Trail (MIUT) a eu lieu en 2008 avec 141 coureurs. Le parcours s'étendait du phare ▶

Chemins et levadas (canaux d'irrigation construits par l'homme) sillonnent l'île rocailleuse en serpentant entre cascades, piscines naturelles et forêts subtropicales, dont la laurisylve, classée par l'Unesco.

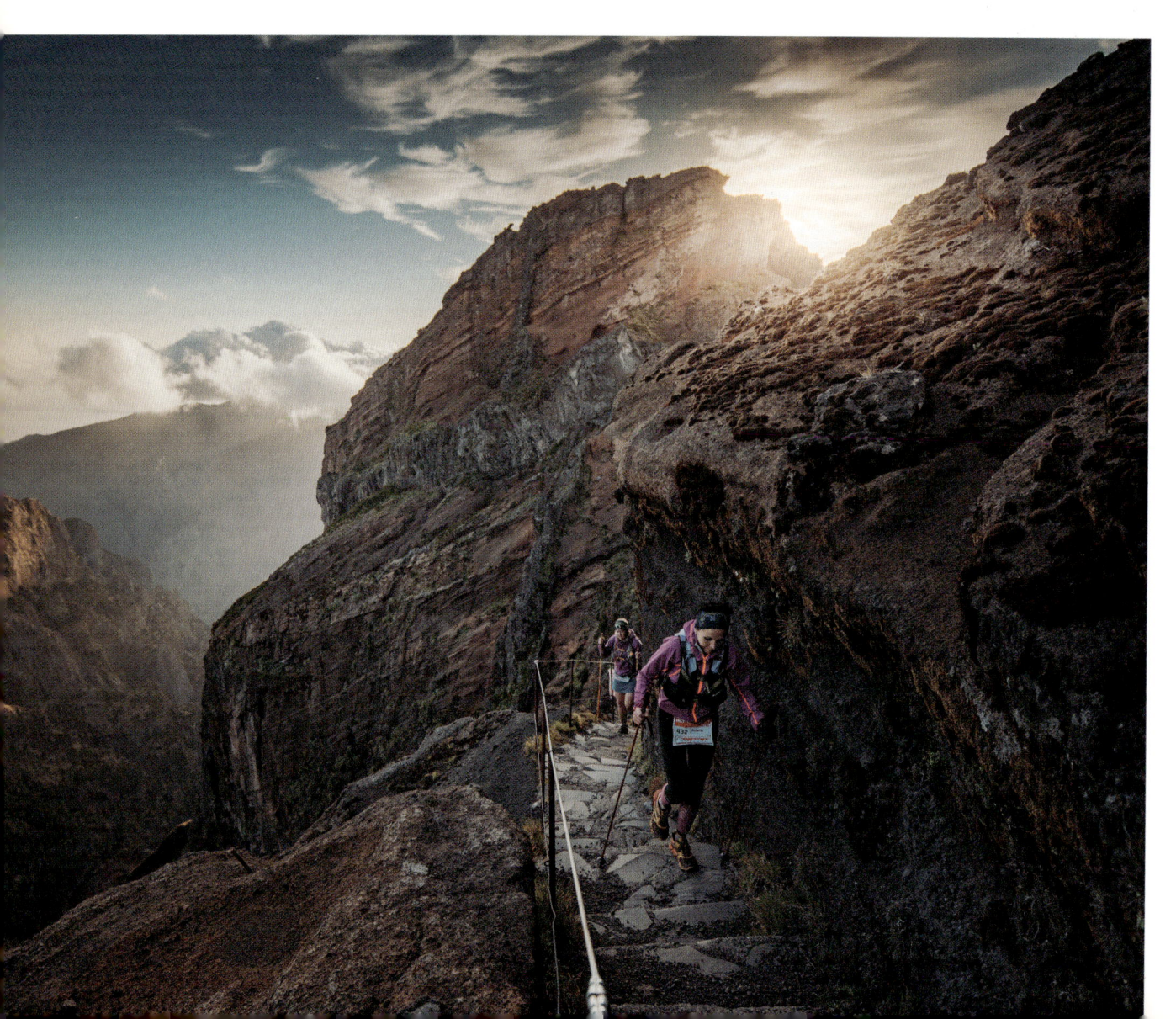

La course MIUT, qui démarre et se termine au niveau de la mer, parcourt l'île sur presque toute sa longueur, de la côte nord-ouest à la côte est, avec, au centre, l'ascension des sommets de son époustouflant massif montagneux.

▶ de Ponta do Pargo, le point le plus à l'ouest de l'île, à la ville de Machico, à l'est. Après plusieurs changements, l'itinéraire est fixe depuis 2013. Il va de Porto Moniz, au nord-ouest, à Machico. La course fait désormais partie du formidable Ultra-Trail World Tour et attire chaque année près de 2 500 coureurs.

Différentes distances sont désormais proposées à partir de 16 km, mais les trois parcours les plus longs – 60, 85 et 115 km – nécessitent d'avoir un palmarès. En effet, il faut un certain nombre de points ITRA (International Trail-Running Association) pour pouvoir s'inscrire.

Quoique plus court que d'autres ultras présentés dans cet ouvrage, celui-ci est incontestablement difficile, avec ses 7 000 m de dénivelé positif et son point culminant à 1 790 m d'altitude (Pico Ruivo). Démarrant à minuit, les participants sont immédiatement confrontés aux montées les plus coriaces, celles de Fanal et d'Estanquinhos. Toutefois, la course offre des récompenses, entre les encouragements des spectateurs sur le pont de la rivière Janela et les beaux arbres centenaires qui bordent le parcours. Dans le massif montagneux du centre de l'île, les pénibles ascensions techniques vont de pair avec des vues imprenables sur les vallées et les plateaux. Même s'il comporte encore des montées, le dernier tiers du parcours, qui se fait en partie dans le parc écologique de Funchal, est moins exigeant. Il s'achève sur des pistes forestières et ménage d'incroyables panoramas sur l'océan.

Courir à Madère est une expérience fantastique. Si vous parvenez à terminer l'ultra complet (115 km), vous obtenez quatre points pour participer à l'Ultra-Trail du Mont-Blanc, au cas où vous auriez encore envie de gravir des montagnes au pas de course ! ∎

Distance : 16 km, 42 km, 60 km, 85 km ou 115 km

Lieu : Madère

Date : avril

Type : trail/montagne

Température Ø : 13-20 °C+

ULTRA-TRAIL DE L'ÎLE DE MADÈRE

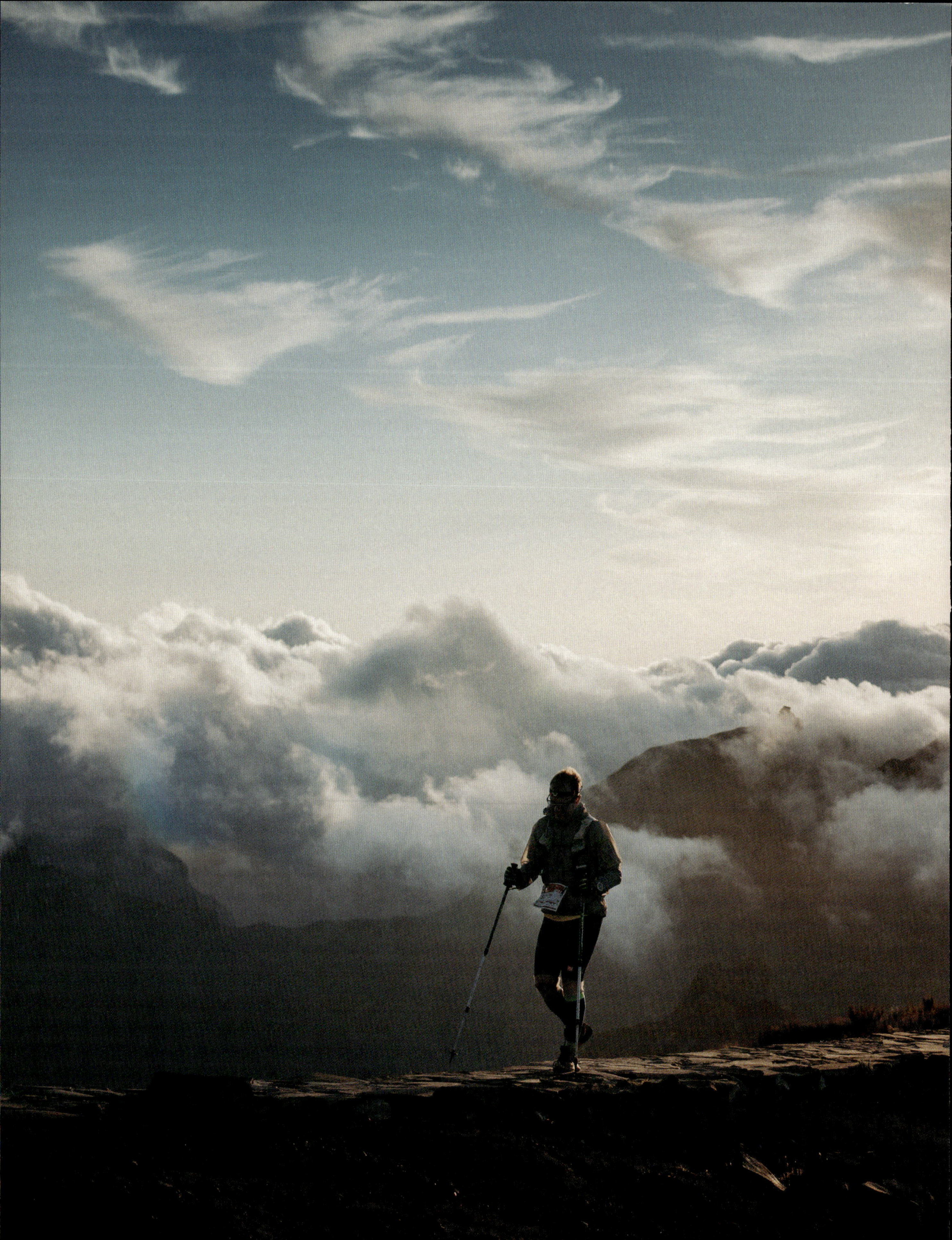

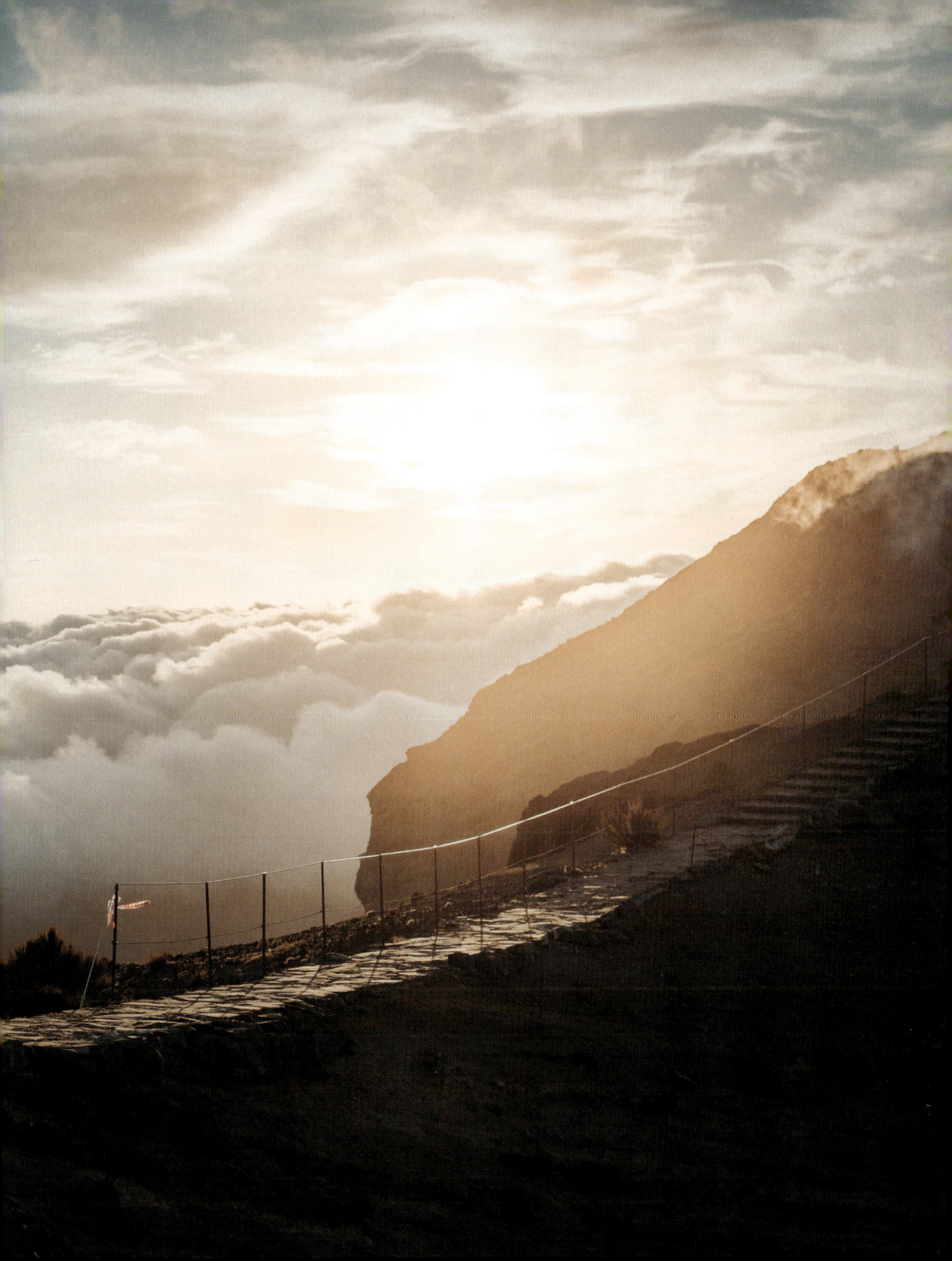

La course offre des récompenses, entre les encouragements des spectateurs sur le pont de la rivière Janela et les beaux arbres centenaires qui bordent le parcours. Dans le massif montagneux du centre de l'île, les pénibles ascensions techniques vont de pair avec des vues imprenables sur les vallées et les plateaux.

Sur une si petite surface, Madère concentre pléthore de terrains difficiles. Avant d'atteindre la ligne d'arrivée à Machico, les coureurs gravissent des montagnes escarpées – avec certains chemins particulièrement à pic –, sillonnent des forêts enchanteresses et traversent de nombreux cours d'eau.

ULTRA-TRAIL DE L'ÎLE DE MADÈRE

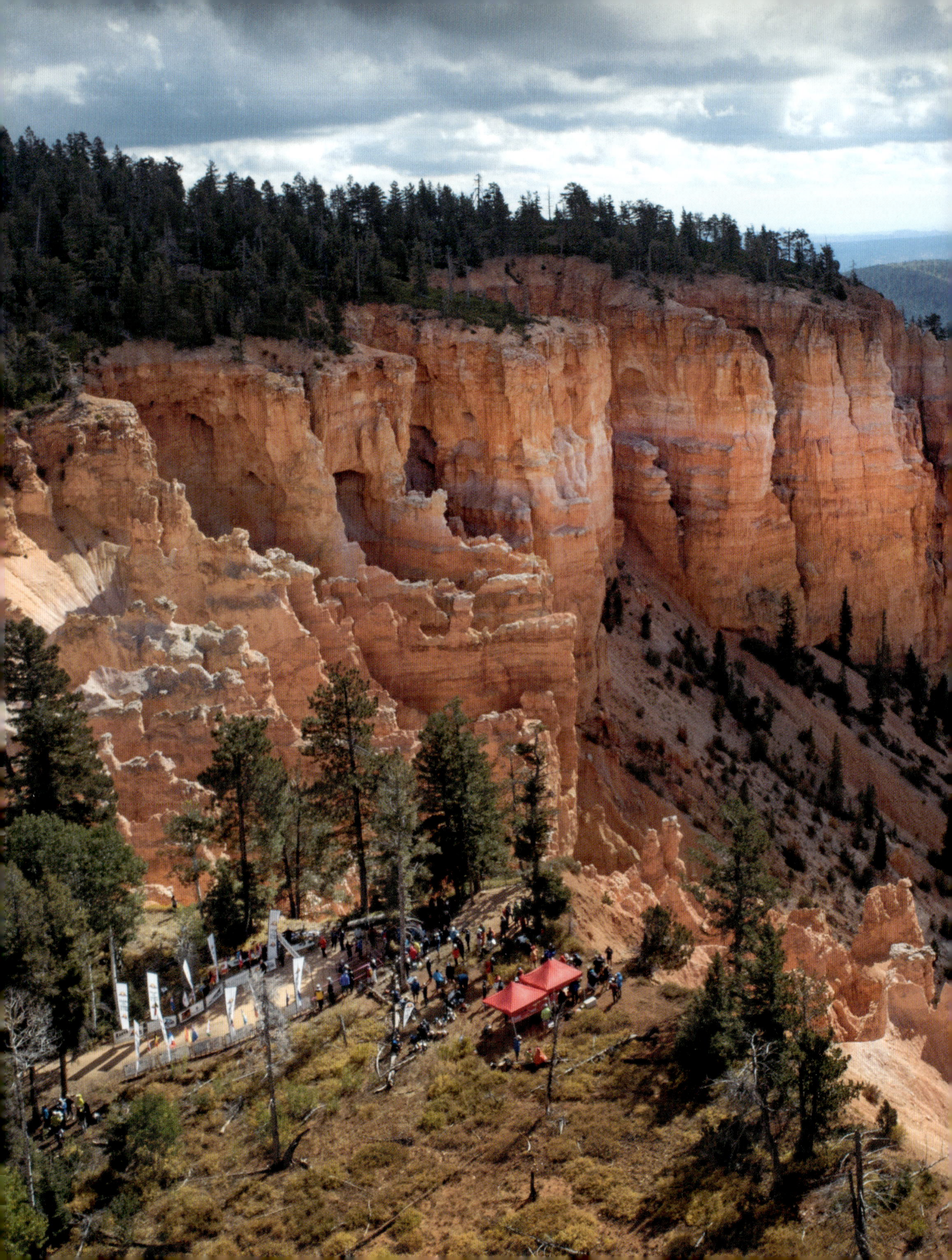

GRAND TO GRAND ULTRA

Courez à travers l'une des sept merveilles naturelles du monde. Passion et esprit de camaraderie vont de pair avec une organisation impeccable, pour le plus grand plaisir des coureurs et des spectateurs. Voici la crème de l'ultrafond américain.

Cet ultra en autonomie à travers le Grand Canyon et au-delà est une course vraiment extrême. Il s'agit de parcourir 273 km en six étapes réparties sur sept jours, de la rive nord du Grand Canyon, en Arizona, au sommet de Grand Staircase, dans l'Utah. Environnés d'incroyables paysages millénaires, les participants courent sur des dunes, des sentiers forestiers et des montées rocailleuses, jusqu'à une altitude finale de 2 651 m. En se retournant, ils peuvent profiter d'une vue panoramique sur l'ensemble du parcours. Le dénivelé positif de la course totalise 5 499 m.

Cette course d'envergure internationale mérite qu'on s'y intéresse pour sa variété, son caractère particulièrement extrême et sa beauté. Elle traverse des sites de premier plan comme les forêts nationales de Kaibab et de Dixie, mais aussi le parc national de Zion, ▶

Cet ultra en autonomie à travers le Grand Canyon et au-delà est une course vraiment extrême. Il s'agit de parcourir 273 km, de la rive nord du Grand Canyon, en Arizona, au sommet de Grand Staircase, dans l'Utah.

Comme si les éprouvantes distances quotidiennes et les variations de température ne suffisaient pas à défier les participants au Grand to Grand Ultra, ceux-ci doivent aussi escalader des falaises, traverser des dunes et s'orienter en pleine forêt.

▶ qui constitue une partie spectaculaire de la course, avec sa faune et sa flore variées et ses nombreuses formations géologiques (montagnes, mesas, arches rocheuses, buttes, monolithes et canyons en fente). La région abrite le mouflon canadien ainsi que le condor de Californie, particulièrement menacé ; déclaré disparu à l'état sauvage en 1987, il a été réintroduit ici grâce à une gestion rigoureuse. La forêt de Dixie couvre près de 800 000 ha et renferme quatre zones naturelles officielles – un vrai trésor national. Heureusement pour les coureurs, la beauté de la nature qui se déploie sous leurs yeux compense la difficulté du parcours : risques liés à la chaleur et à l'hypothermie (les températures chutent drastiquement la nuit), mal des montagnes, cloques, déshydratation, mais aussi piqûres et morsures (présence de crotales et de scorpions). Chaque participant doit porter sa nourriture et son équipement, dont le matériel obligatoire exigé par les organisateurs. L'étape la plus longue cumule à elle seule 80-85 km et se fait en partie de nuit, nécessitant le port d'une lampe frontale et d'un voyant clignotant.

L'édition 2020 (finalement annulée) comptait seulement 170 places, avec des quotas par nationalité. Malgré le niveau de difficulté, il y a chaque année une liste d'attente. Mieux vaut donc s'inscrire le plus tôt possible. Pourquoi tant de succès ? Vu la force et la persévérance requises non seulement pour la course mais aussi pour l'entraînement et la préparation qu'elle exige, il règne sur ce parcours dans l'une des dernières grandes régions sauvages du monde un esprit de camaraderie consolidé par l'expérience de la course en solitaire et aux limites de l'épuisement. Comme le résume un ancien participant : « Nous avons tous commencé la semaine sans connaître personne, mais nous l'avons terminée avec le sentiment de former une grande famille. » ∎

Distance : 273 km

Lieu : Grand Canyon, Arizona, États-Unis

Date : septembre

Type : trail

Température ⌀ : 20-30 °C

En plus de sceller des amitiés, les participants au Grand to Grand Ultra ont la chance de courir à travers l'une des régions les plus reculées de la planète, sur un relief intact depuis des millénaires. Une formidable opportunité pour se reconnecter à la nature.

GRAND TO GRAND ULTRA

Environnés d'incroyables paysages millénaires, les participants courent sur des dunes, des sentiers forestiers et des montées rocailleuses, jusqu'à une altitude finale de 2 651 m. En se retournant, ils peuvent profiter d'une vue panoramique sur l'ensemble du parcours.

MONGOLIA SUNRISE TO SUNSET

Immersion d'une semaine sur les rives d'un ancien lac mongol dans un paisible paysage de montagnes découpées, de prairies à l'herbe ondoyante et de forêts de mélèzes. Avant et après la course, différentes occasions de découvrir l'art de vivre traditionnel mongol s'offrent aux coureurs.

Chaque année en août, 100 traileurs du monde entier s'échauffent sur les rives du lac Khovsgol, au nord de la Mongolie, pour participer au trail Mongolia Sunrise to Sunset (MS2S). La course sillonne l'un des parcs nationaux les plus reculés et les plus préservés du monde, et teste l'endurance des participants sur divers terrains, des sentiers de chevaux aux pistes de 4 x 4 en passant par des cols escarpés. Les récompenses sont nombreuses, car le MS2S est l'un des plus beaux trails de la planète.

    Le parc national de Khovsgol est situé près de la frontière sibérienne, là où les steppes centrales de Mongolie rencontrent la taïga sibérienne. La biodiversité de cet endroit est impressionnante, et le paysage frise la perfection : prairies en bord de lac, plaines venteuses couvertes de fleurs sauvages, forêts moussues, collines luxuriantes… Organisé tous les ans depuis 1999, le MS2S ▶

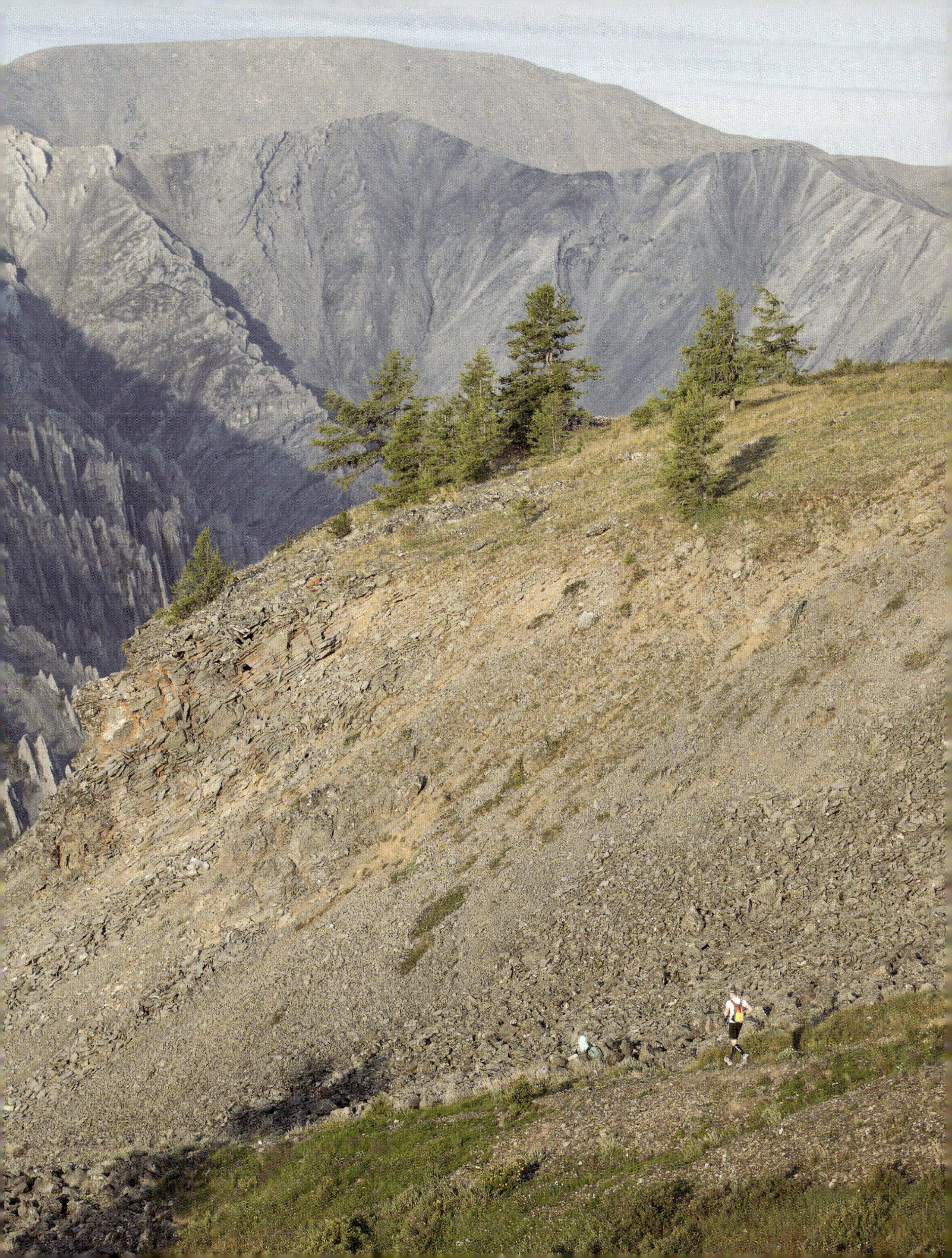

▶ est l'un des ultra-trails les plus anciens d'Asie. Adapté à tous les niveaux, il propose deux distances, 42 km ou 100 km, qu'il faut couvrir en 18 heures, du lever au coucher du soleil. Pour ceux qui veulent évoluer plus tranquillement, la distance marathon peut faire l'objet d'une randonnée. Dans les deux cas, c'est une course exigeante, avec un dénivelé cumulé positif et négatif de 2 255 m pour la première distance, et de 3 365 m pour les 100 km. Terminer les 42 km est sans doute faisable pour les habitués des variations d'altitude, mais les 100 km exigent un entraînement beaucoup plus sérieux. Chaque année, des coureurs qui échouent au temps se résolvent à revenir l'année suivante en meilleure forme.

Pour de nombreux participants, cet événement est plus qu'une course, c'est une expérience. Toute personne inscrite profite d'une semaine entière dans la nature sauvage de Mongolie : vivre en yourte, camper sur les rives du lac Khovsgol – la perle bleue du pays –, explorer la beauté à l'état pur de la nature environnante, s'imprégner de la culture de la population nomade de la région, observer les gardiens de troupeaux vaquer à leurs occupations avec leurs moutons, leurs rennes, leurs yaks et leurs chevaux. Les plus aventureux pourront participer à un grand nombre d'activités organisées avant et après la course (cheval, kayak, canoë, VTT…).

Moyennant des frais supplémentaires, ceux qui souhaitent profiter encore plus de leur séjour en Mongolie peuvent choisir le forfait incluant une randonnée à cheval de sept jours à travers les montagnes qui dominent le lac.

Ce qui rend le MS2S particulièrement attrayant, c'est la philosophie des organisateurs. Toutes les recettes de cette course à but non lucratif sont reversées à la fondation genevoise ecoLeap. En échange, celle-ci promeut un développement touristique durable du parc national de Khovsgol et met en place de nombreux programmes de protection de l'environnement, afin que le parc conserve sa beauté millénaire et que les nomades qui y vivent puissent maintenir leur mode de vie unique. ■

Distance : 42 ou 100 km

Lieu : parc national de Khovsgol, Mongolie

Date : août

Type : trail

Température Ø : 10-22 °C

La biodiversité du parc national de Khovsgol est impressionnante, et le paysage frise la perfection : prairies en bord de lac, plaines venteuses couvertes de fleurs sauvages, forêts moussues, collines luxuriantes...

Partant du camp Toilogt vers le nord, le parcours débute par une simple piste qui longe les rives du lac et traverse des bois et des plaines, avant de s'élever de 700 m dans les montagnes. À chaque étape, les coureurs sont surveillés par des cavaliers mongols qui font office de commissaires de course.

Toutes les recettes de cette course à but non lucratif sont reversées à la fondation genevoise ecoLeap. En échange, celle-ci promeut un développement touristique durable du parc national de Khovsgol et met en place de nombreux programmes de protection de l'environnement.

À chaque virage de ce vaste paysage de Mongolie, les participants profitent d'une faune et d'une flore incroyables. Ils rencontreront peut-être aussi des membres des tribus nomades qui vivent simplement de la terre depuis des générations.

MONGOLIA SUNRISE TO SUNSET 123

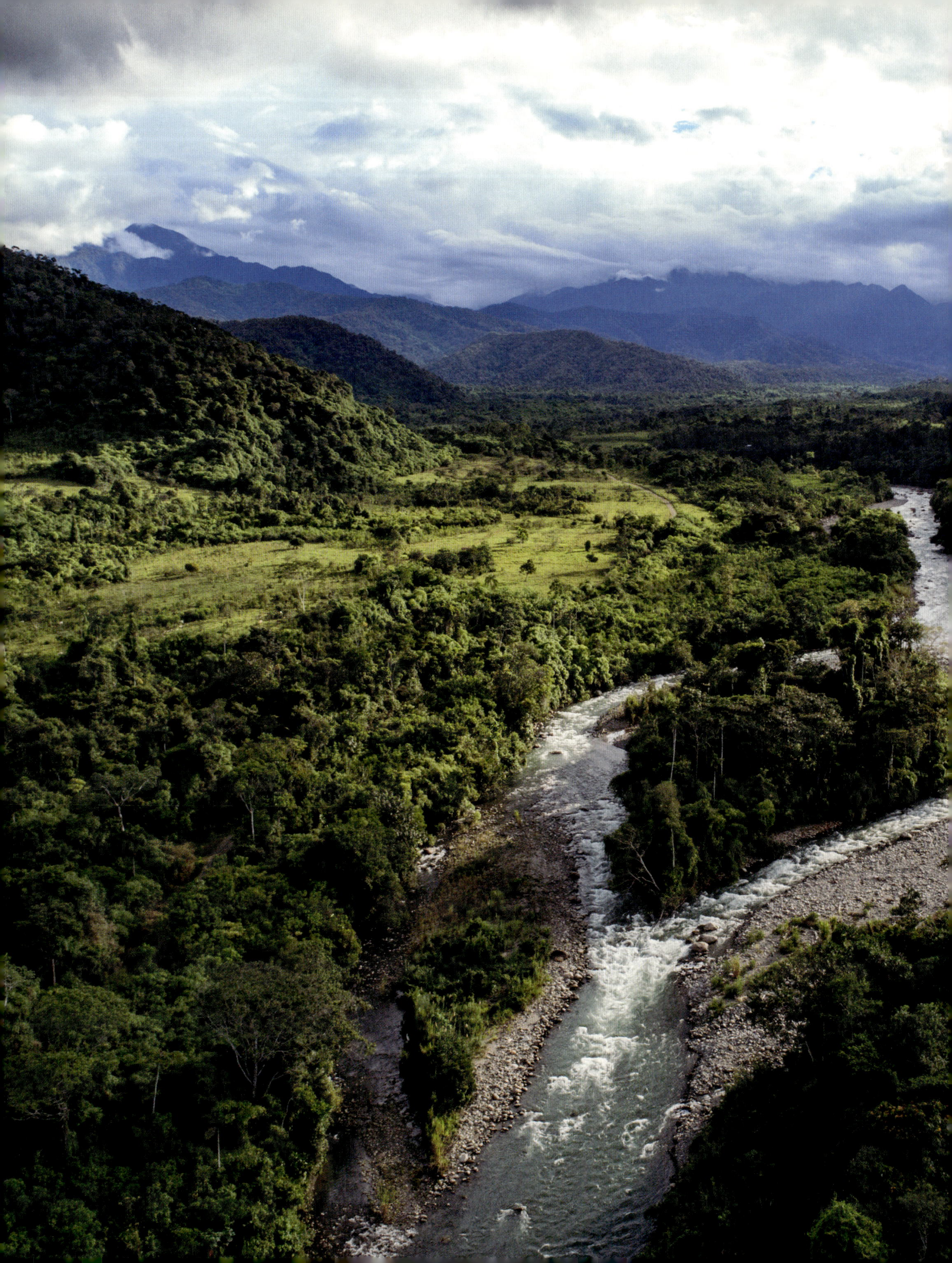

JUNGLE ULTRA

De la forêt de nuage à la jungle amazonienne, cette course épique en plusieurs étapes s'adresse aux durs à cuire – en comparaison, les trails dans le désert ou en montagne font pâle figure ! Au cas où les insectes, la boue et la pluie ne vous suffiraient pas, sachez qu'il s'agit d'une course en autonomie, alors courez léger !

Voici un terrain unique où le taux d'humidité atteint presque les 100 % dans la jungle, donc transpirer n'aide pas à couvrir les 230 km de cet itinéraire exigeant, principalement en descente. « Courir » est un bien grand mot. Il s'agit plutôt de progresser péniblement, parfois à plat ventre. Pensez boue à hauteur de genou, rivières déchaînées à traverser, sentiers accidentés et embroussaillés – sans parler des insectes.

Le camp de base, haut perché dans les Andes et géré par Beyond the Ultimate, surplombe les cimes des arbres et le tourbillon des nuages en contrebas. De la ligne de départ, les coureurs voient la piste qui marque la première étape de leur descente vers le village de Pilcopata, dans la province de Madre de Dios. Ils passeront quatre nuits dans des stations de recherche ou des refuges, se battront contre une chaleur intense et de soudains déluges torrentiels, franchiront des rivières, grimperont sous des cascades, graviront ▶

L'aventure a pour cadre le parc national de Manú, site classé au patrimoine mondial par l'Unesco, qui abrite un grand nombre d'écosystèmes protégés, de la forêt humide aux prairies. C'est la forêt que les coureurs doivent affronter.

Ci-dessus : Les participants franchissent jusqu'à 70 rivières et ruisseaux. Dans certains cas, il faut utiliser une tyrolienne pour rejoindre l'autre rive.
En bas à gauche : Dans les quelques villages traversés par la course, les habitants s'arrêtent pour regarder le spectacle.

▶ des pierriers et glisseront sur des chemins boueux, le tout dans la végétation tropicale. Étant donné l'impact négatif de ce genre de terrains sur la vitesse, vous pouvez être sûr de courir une grande partie de l'itinéraire dans l'obscurité.

L'aventure a pour cadre le parc national de Manú, site classé au patrimoine mondial par l'Unesco, qui abrite un grand nombre d'écosystèmes protégés, de la forêt humide aux prairies. C'est la forêt que les coureurs doivent affronter. Rien qu'à basse altitude, on recense des ouistitis, des jaguars, des capucins, des pumas, des paresseux et des tatous, et plus de 1 000 espèces d'oiseaux dans les arbres. Le spectacle ne manque pas, si vous avez le temps de lever la tête.

Cette course se pratique en autonomie : pendant cinq jours, vous porterez hamac, nourriture, vêtements, équipement de sécurité et un bidon d'eau de 2,5 litres minimum, rechargeable aux points de contrôle. Ces modalités associées au climat rendent indispensables, pour ce trail plus que pour tout autre, une préparation et un entraînement adéquats. Comme le rappelle un ancien : « Dans la jungle, la distance ne compte pas. » Même si vous avez l'habitude de courir longtemps, ce défi sera exigeant.

Courez, rampez et survivez pour décrocher votre médaille ! ■

Distance : 230 km

Lieu : parc national de Manú, Pérou

Date : juin

Type : jungle

Température Ø : 17-30 °C

JUNGLE ULTRA

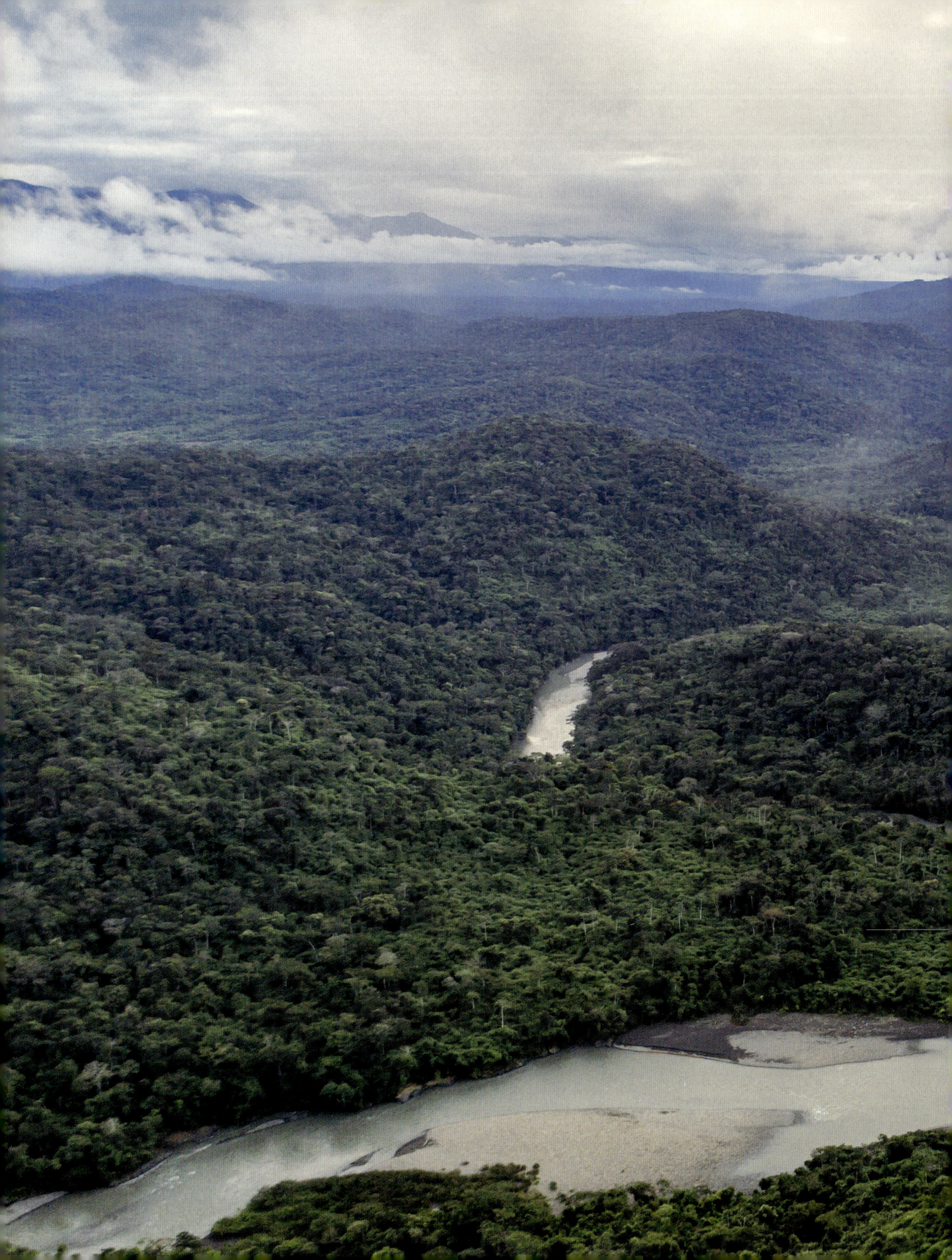

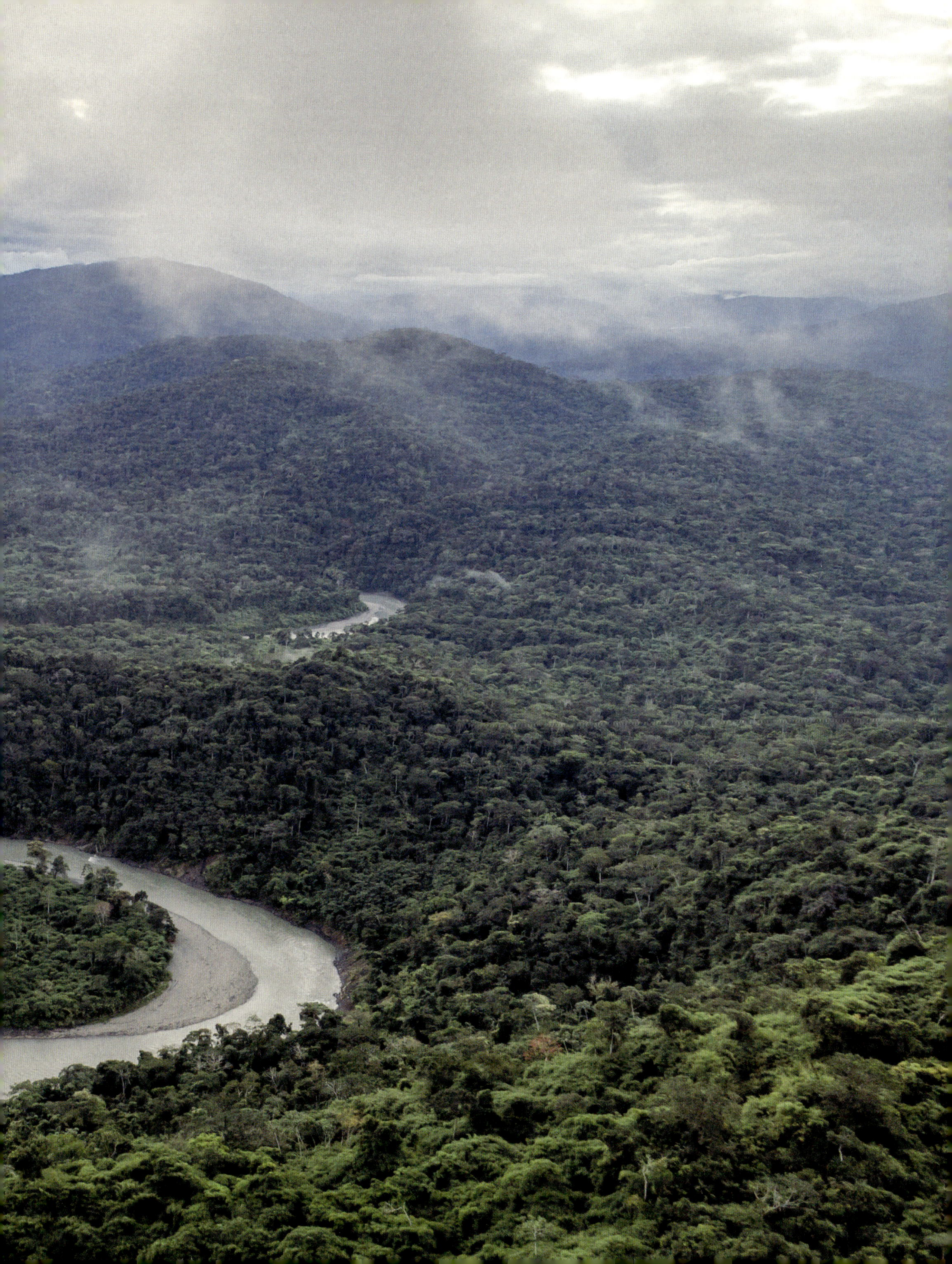

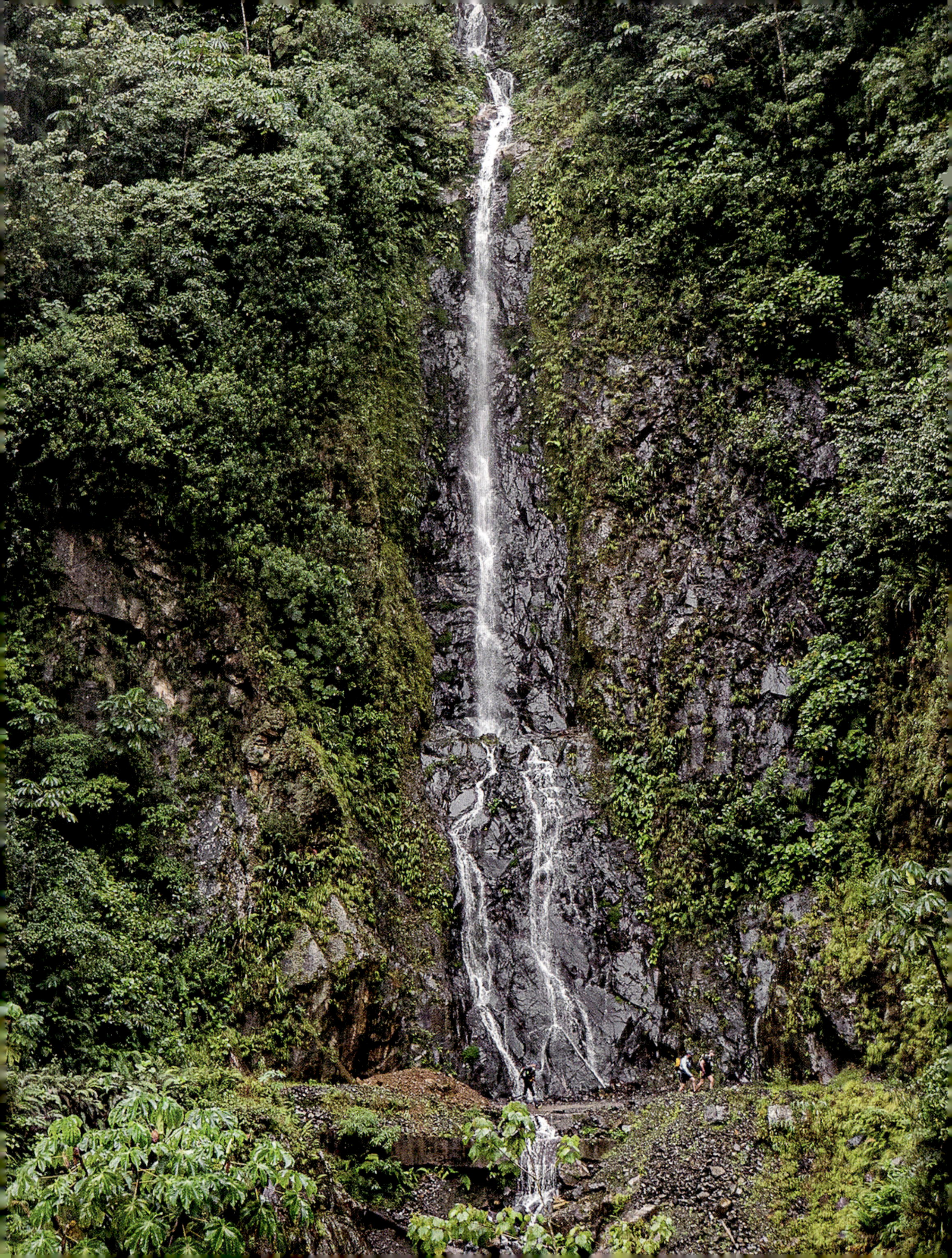

Au départ du camp de base, situé dans la forêt de nuage, les cinq étapes de la course consistent à descendre 3 200 m à travers la forêt humide amazonienne, jusqu'à la ligne d'arrivée dans le village de Pilcopata.

JUNGLE ULTRA

GUATEMALA IMPACT

Bien plus qu'une course, cet événement d'une semaine au Guatemala associe épreuve sur un terrain unique – les champs de lave d'un volcan actif – et philantropie. C'est l'idée originale d'Impact Marathon, dont la mission consiste à utiliser le pouvoir de la course à pied pour « aider des communautés et responsabiliser les coureurs ».

Une semaine qui change la vie, grâce à d'incroyables trails et des coureurs prêts à agir et à aider une communauté en œuvrant pour deux associations caritatives locales. Organisé par Impact Marathon – spécialiste de ce genre de courses internationales et engagées –, cet événement au Guatemala est centré sur l'aide aux jeunes. Les deux partenaires locaux sont Caras Alegre, qui anime un club extrascolaire dans un quartier défavorisé près d'une prison, et SERES, un groupe travaillant avec l'ensemble de la communauté pour former de jeunes leaders.

Les premiers jours se déroulent dans la région d'Antigua et conjuguent courses d'entraînement et visites de sites d'action sociale. Le groupe est accueilli par la Resilience Farm, qui œuvre en faveur d'une agriculture durable sur les pentes du volcan Fuego, et SERniña, une initiative pour les enfants dans les écoles d'El Hato. ▶

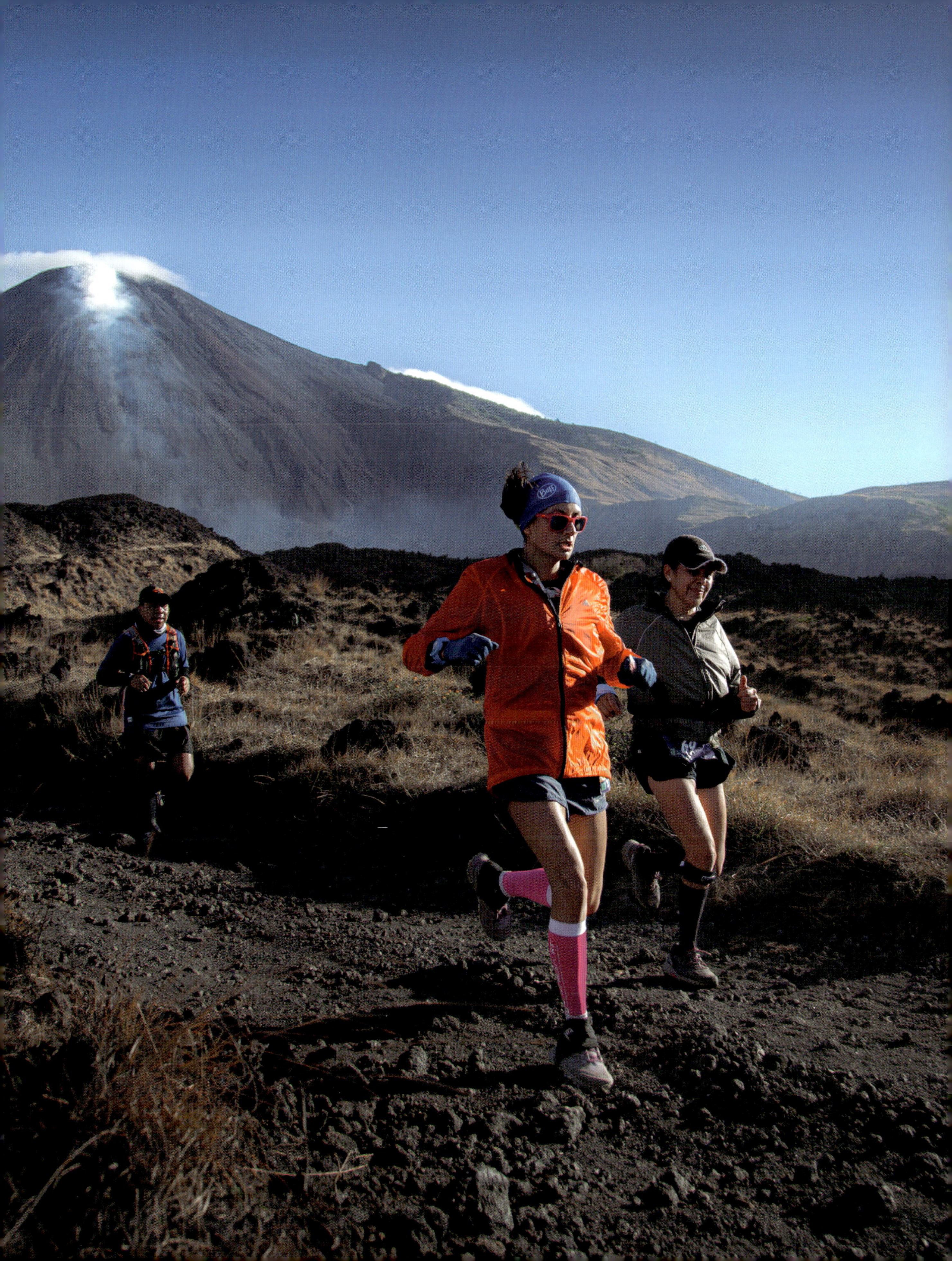

Organisé par Impact Marathon – spécialiste de ce genre de courses internationales et engagées –, cet événement qui a lieu au Guatemala est centré sur l'aide aux jeunes.

Avec trois distances possibles, des candidats de niveaux différents peuvent participer pour le bien commun. Fidèle à l'esprit de l'événement, chaque course a un nom : « The Beast of Pacaya » (La bête de Pacaya), 42,2 km ; « I 'Lava' This Race » (J'adore cette course), 21,1 km ; et « I 'Finca' That's Enough » (Je crois que ça suffit), 10 km.

▶ Après un jour de repos à Antigua, la cinquième journée marque le temps fort de la semaine : la course.

Le volcan Pacaya, dans le parc national du même nom, est actif depuis 1961. Sur ses flancs, le circuit de la course Impact emprunte des sentiers sinueux, traverse des *fincas*, des domaines et un champ de lave. Ceux qui courent sur toute la distance atteignent le sommet du cratère, qui culmine à près de 2 400 m. Rejoindre la ligne d'arrivée par le champ de lave au sud donne l'impression de « courir sur la lune ». C'est le trail le plus difficile de la série Impact.

Quatre forfaits et niveaux d'hébergement différents sont proposés pour ce séjour itinérant de cinq jours (d'El Hato à la ligne d'arrivée), allant du camping aux cabanes dans les arbres du village des athlètes, le plus agréable des courses Impact. Depuis ces hauteurs, la vue est exceptionnelle : trois volcans, donc Pacaya, et, souvent, le spectacle de la lave rouge luisant dans la nuit. Un panorama idéal pour récupérer.

Les participants aux trails Impact doivent récolter au minimum 1 300 $US pour soutenir les ONG et associations du pays d'accueil, le but étant d'aider celui-ci à atteindre les objectifs de développement durable des Nations unies à travers des actions concrètes et locales. Cette course diffère des autres sur ce point, mais la compétition n'en est pas moins rigoureuse, et le sentiment de solidarité omniprésent. Selon les organisateurs, franchir la ligne d'arrivée avec ses nouveaux amis et compagnons de course ressemble davantage à un « tour d'honneur » qu'à une compétition et marque l'entrée dans un mouvement international autour de la course à pied. ∎

Distance : 10 km, 21,1 km ou 42,2 km

Lieu : Antigua, Guatemala

Date : mars

Type : trail/route

Température Ø : 13-26 °C

Ci-dessus : Les rues d'Antigua, avec leurs façades colorées et l'emblématique arche de Santa Catalina, offrent un répit animé. À droite : Le volcan actif Pacaya est présent sur tout le parcours de la course, mais surtout sous vos pieds, par la pierre de lave noire.

GUATEMALA IMPACT

Le volcan Pacaya est actif depuis 1961. Sur ses flancs, le circuit de la course Impact emprunte des sentiers sinueux, traverse des fincas, des domaines et un champ de lave. Ceux qui courent sur toute la distance atteignent le sommet du cratère.

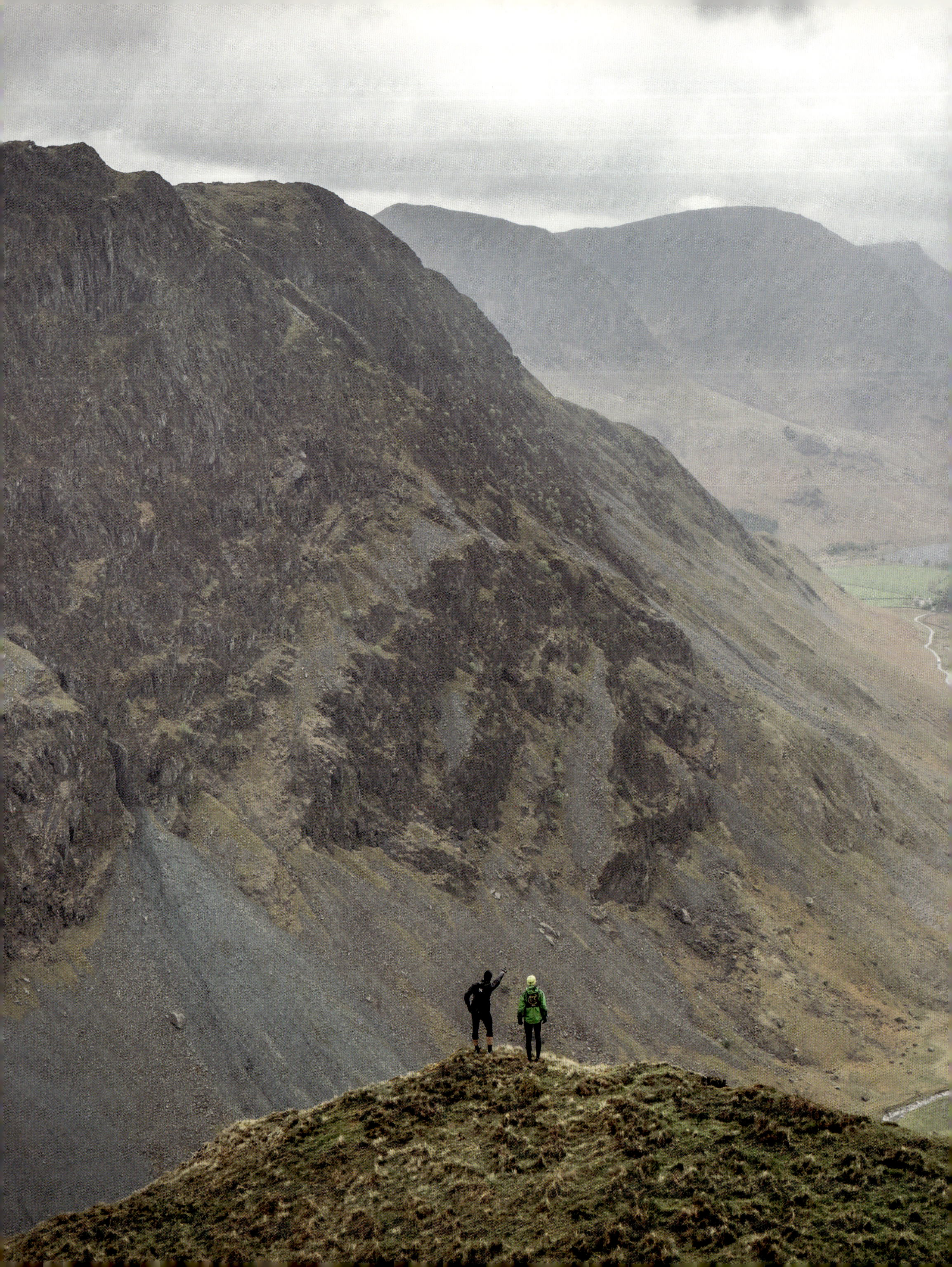

BOB GRAHAM ROUND

La fine fleur du *fell running* (course de côte) anglais. Faites honneur à Bob Graham en vous attaquant aux montagnes du Lake District dans une course contre la montre et le dénivelé. Votre défi ? 42 sommets en 24 heures ! Pas de balisage, pas de postes de secours ; juste vous et les montagnes.

Bob Graham Round, c'est LE challenge britannique sur 24 heures à travers 42 des meilleures *fells* (collines) du pittoresque Lake District. Chaque année, sur les quelque 200 traileurs qui tentent leur chance, seul un tiers arrive au bout. Plus c'est dur, plus l'attrait est grand, semble-t-il. Une façon unique de profiter de la campagne anglaise.

Comptant parmi les trois grandes épreuves en montagne du Royaume-Uni – avec le Paddy Buckley Round, à Snowdonia (pays de Galles) et le Scottish Ramsay Round –, le Bob Graham n'est pas une course au sens strict, et il n'y a pas d'itinéraire précis à suivre. Il est « ouvert » aux participants toute l'année (en hiver, les tentatives sont toutefois moins courantes). Bien que le Bob Graham 24 Hour Club (créé pour promouvoir le *fell running* sur de longues distances et sa pratique en toute sécurité dans la région) gère la course officielle et conserve les registres, rien n'empêche ▶

▶ des coureurs de relever seuls une partie ou la totalité du défi, ni même de suivre une variante, juste pour le plaisir. Quoi de mieux que de découvrir ainsi les merveilleux paysages de ce massif ? Si tant est que la météo, les lacs et les montagnes le permettent…

Cette région perpétue une longue tradition de *fell running* chargée d'histoire – elle remonte à plus de 150 ans. Le premier record de course longue distance sur ces sommets fut établi en 1864 par le révérend J. M. Elliott de Cambridge (avec neuf ascensions). En juin 1932, Bob Graham, propriétaire d'une auberge de Keswick, se fixa un défi personnel : monter et descendre autant de collines du Lake District que possible en 24 heures. Son record de 42 sommets n'a été officiellement battu qu'en 1960 par Alan Heaton. Ce dernier a réalisé une version légèrement modifiée du parcours de Graham en 22 h et 18 min, créant ainsi l'itinéraire classique que beaucoup suivent aujourd'hui, attirés par l'alliance entre course longue distance et ascension de hauts sommets.

Gravir ces 42 *fells*, au départ et à l'arrivée du Moot Hall, à Keswick, revient à parcourir 106 km avec 8 199 m de dénivelé positif. Le record de temps est détenu pour le moment par le mythique Kilian Jornet : 12 h et 52 min en 2018. Le record féminin actuel est de 14 h et 34 min, établi par Beth Pascal en 2020. Il existe également un défi parallèle qui consiste à augmenter le nombre de sommets gravis en 24 heures. Pour le moment, le nombre à battre est de 78.

La plupart des coureurs sont assistés par une équipe qui leur fournit nourriture, eau et témoins. Le Bob Graham 24 Hour Club impose en effet aux participants d'être accompagnés sur chaque sommet pour attester de la réussite, les données GPS n'étant pas acceptées. Autrement, la liste des règles officielles est simple : respecter la course ; respecter ceux qui vivent et travaillent le long de l'itinéraire ; respecter l'histoire, les traditions et l'esprit de la course. Et, surtout, laisser les lieux propres pour les suivants. ■

Distance : 42 sommets en 24 h, environ 106 km

Lieu : Keswick, Royaume-Uni

Date : toute l'année

Type : trail en autonomie

Température Ø : météo britannique (pluie fort probable !)

Bob Graham Round, c'est LE challenge britannique sur 24 heures à travers 42 des meilleures fells (collines) du pittoresque Lake District. Une façon unique de profiter de la campagne anglaise.

Il n'y a pas de période imposée dans l'année pour faire le Bob Graham Round. Ces dernières années, l'hiver a gagné en popularité, même si le parcours est plus dur à cause du vent, de la neige et de la pluie.

La liste des règles officielles est simple : respecter la course ; respecter ceux qui vivent et travaillent le long de l'itinéraire ; respecter l'histoire, les traditions et l'esprit de la course. Et, surtout, laisser les lieux propres pour les suivants.

À gauche : Le parcours compte de nombreuses montées et descentes très raides. Pour vérifier que le coureur a bien gravi chaque sommet, il doit être accompagné à chaque étape par un membre du club qui a déjà fait la course.

BOB GRAHAM ROUND 143

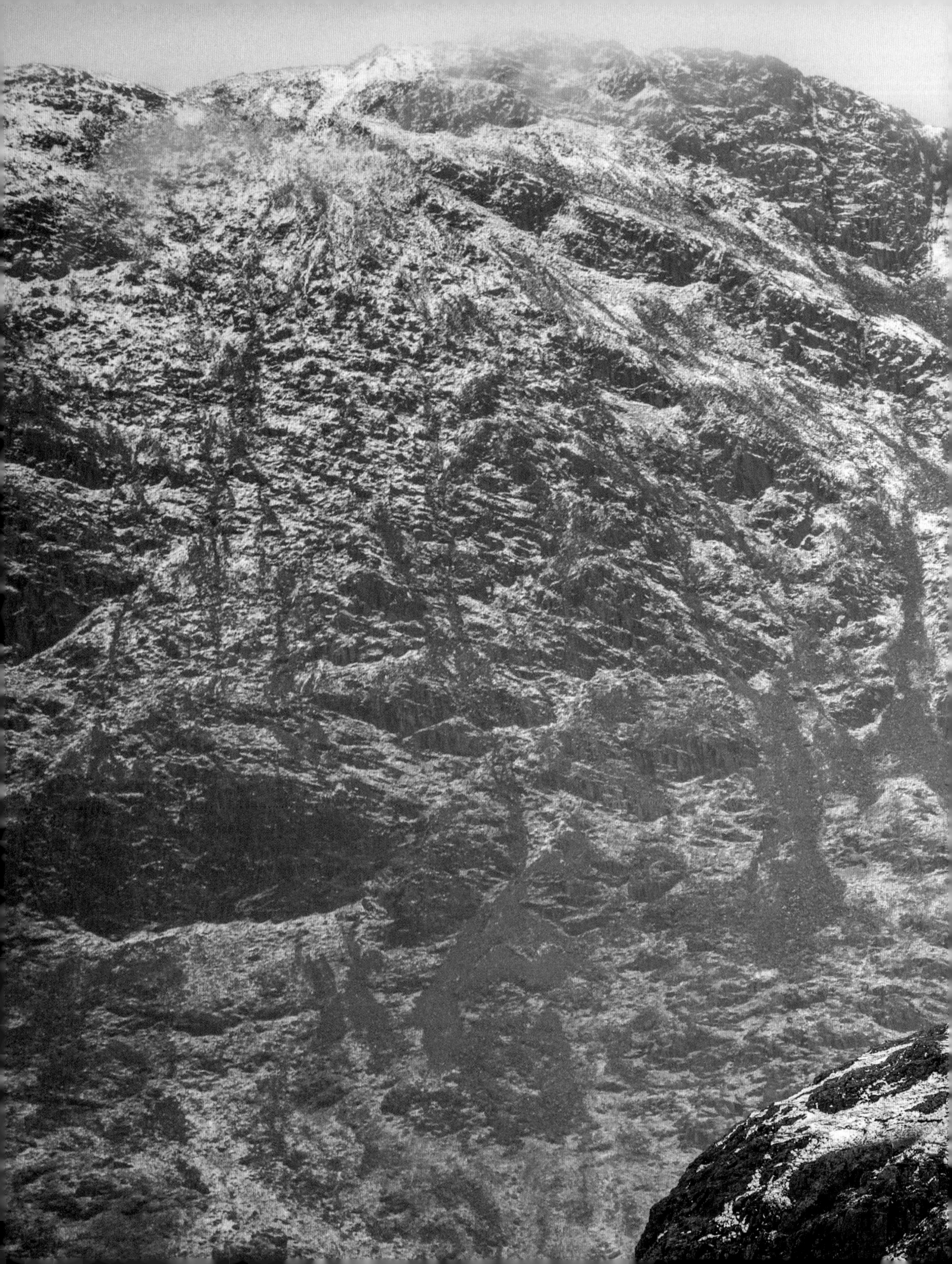

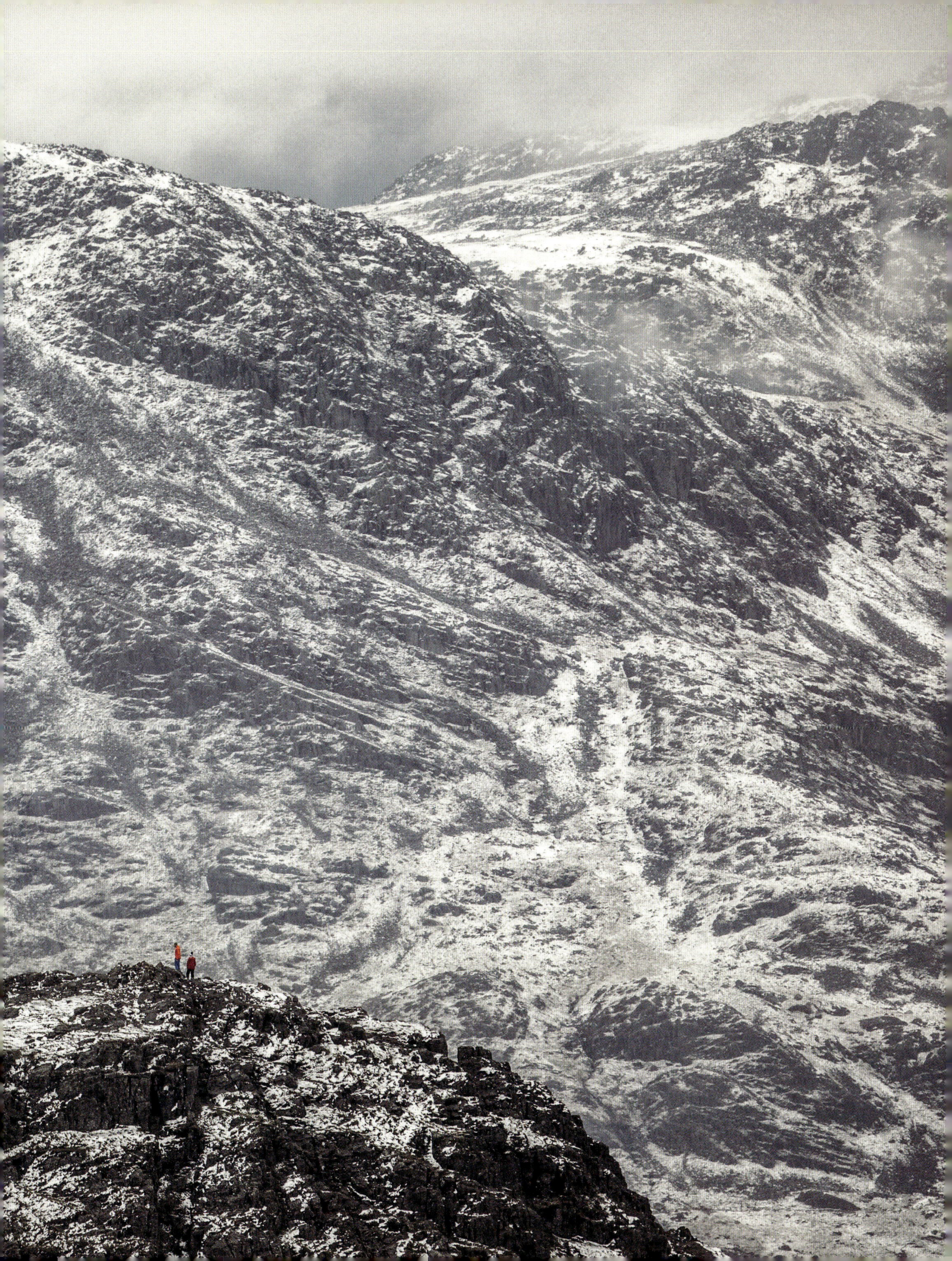

THE BARKLEY MARATHONS

Cinglée et géniale ! Voici une épreuve de taille teintée d'un peu de folie que tout coureur d'ultra rêve de terminer. Avec une limite de 60 heures et une orientation en autonomie, cette compétition est faite pour les vrais de vrais de la course d'aventure. Jusqu'ici, 15 personnes seulement sont venues à bout du parcours. Pour participer, il suffit d'écrire à « Laz » et de voir s'il vous invite.

Souhaitez-vous terminer chaque course à laquelle vous participez ? Si vous ne jurez que par gagner et rentrer avec la médaille, celle-ci n'est peut-être pas faite pour vous. Spéciale et singulièrement éreintante, elle s'adresse à des personnes spéciales et singulièrement obstinées : les coureurs d'ultra. Même parmi les gens de cette trempe, seuls quinze peuvent se vanter d'avoir terminé le Barkley, dont deux qui en ont réalisé une version différente – plus ancienne et plus courte – de celle d'aujourd'hui.

C'est dans les terres boisées du Frozen Head State Park, près de Watburg, dans le Tennessee, que se déroule cet événement prisé et farfelu, d'après l'idée originale de Gary « Lazarus Lake » Cantrell, un amateur de course à pied du coin qui a conçu le parcours après avoir entendu l'histoire de l'évasion de James Earl Ray de la prison voisine. Condamné à 99 ans d'emprisonnement pour l'assassinat de Martin Luther King, Ray s'échappa de Brushy en 1977. Il courut pendant 55 heures dans la forêt, pour ne couvrir finalement que 13 km. ▶

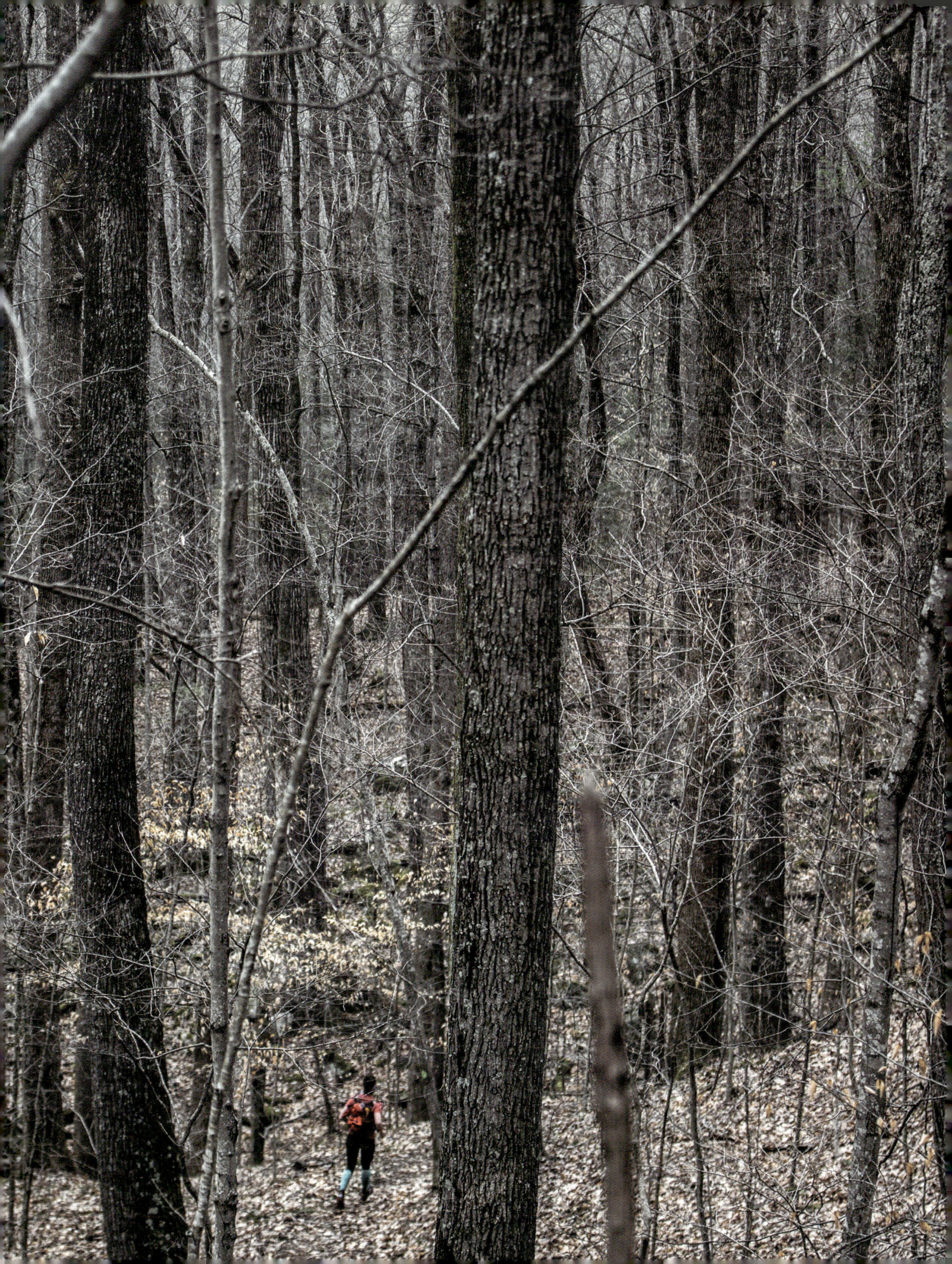

Spécial et singulièrement éreintant, le Barkley s'adresse à des personnes spéciales et singulièrement obstinées : les coureurs d'ultra. Même parmi les gens de cette trempe, seuls quinze coureurs peuvent se vanter de l'avoir terminé.

La boucle du Barkley Marathons traverse principalement des forêts denses. Les participants sont livrés à eux-mêmes, affrontant une végétation impénétrable, des pentes raides et l'obscurité de la nuit.

▶ Se moquant de la distance parcourue par Ray, Cantrell aurait dit pouvoir en faire « au moins 100 ». Ainsi est né le défi Barkley, du nom du compagnon de course de Cantrell, Barry Barkley.

La course consiste en une boucle de 32,2 km sur terrain accidenté et en friche, dont il faut avoir fait cinq tours pour pouvoir crier victoire. Le tout sans balisage, et avec interdiction d'utiliser un GPS ; les coureurs doivent recopier l'itinéraire de la carte présentée à la ligne de départ et reçoivent quelques indications sommaires. Le chemin est traditionnellement semé de livres dont les participants doivent arracher une page pour prouver leur passage. En guise de postes de secours, de l'eau est simplement proposée en deux endroits. Pour couronner le tout, certains avancent que la boucle serait plus longue que les 32,2 km annoncés, se rapprochant davantage d'un marathon. Avec un cumul de plus de 18 km de dénivelé, plus de la moitié des courses organisées depuis 1986 se sont soldées, sans surprise, par un échec au bout des 60 heures réglementaires.

Qu'ajouter de plus ? Parmi les autres excentricités de cet événement, notons la mystérieuse procédure d'inscription, dont les seules informations diffusées concernent les frais d'inscription, qui s'élèvent à 1,60 $US, et l'obligation d'écrire un texte expliquant pourquoi on devrait être autorisé à participer. Les admis – y compris le « sacrifice humain », le coureur le moins à même de terminer la course – reçoivent une « lettre de condoléances ». Les novices doivent apporter une plaque d'immatriculation de leur état ou de leur pays, ceux qui ont déjà terminé la course sont tenus de fournir un paquet de cigarettes à Cantrell, tandis que les anciens qui n'ont pas terminé s'acquittent de nouveaux frais d'inscription : un vêtement choisi, une fois de plus, par Cantrell. Le départ est annoncé une heure avant ▶

THE BARKLEY MARATHONS 149

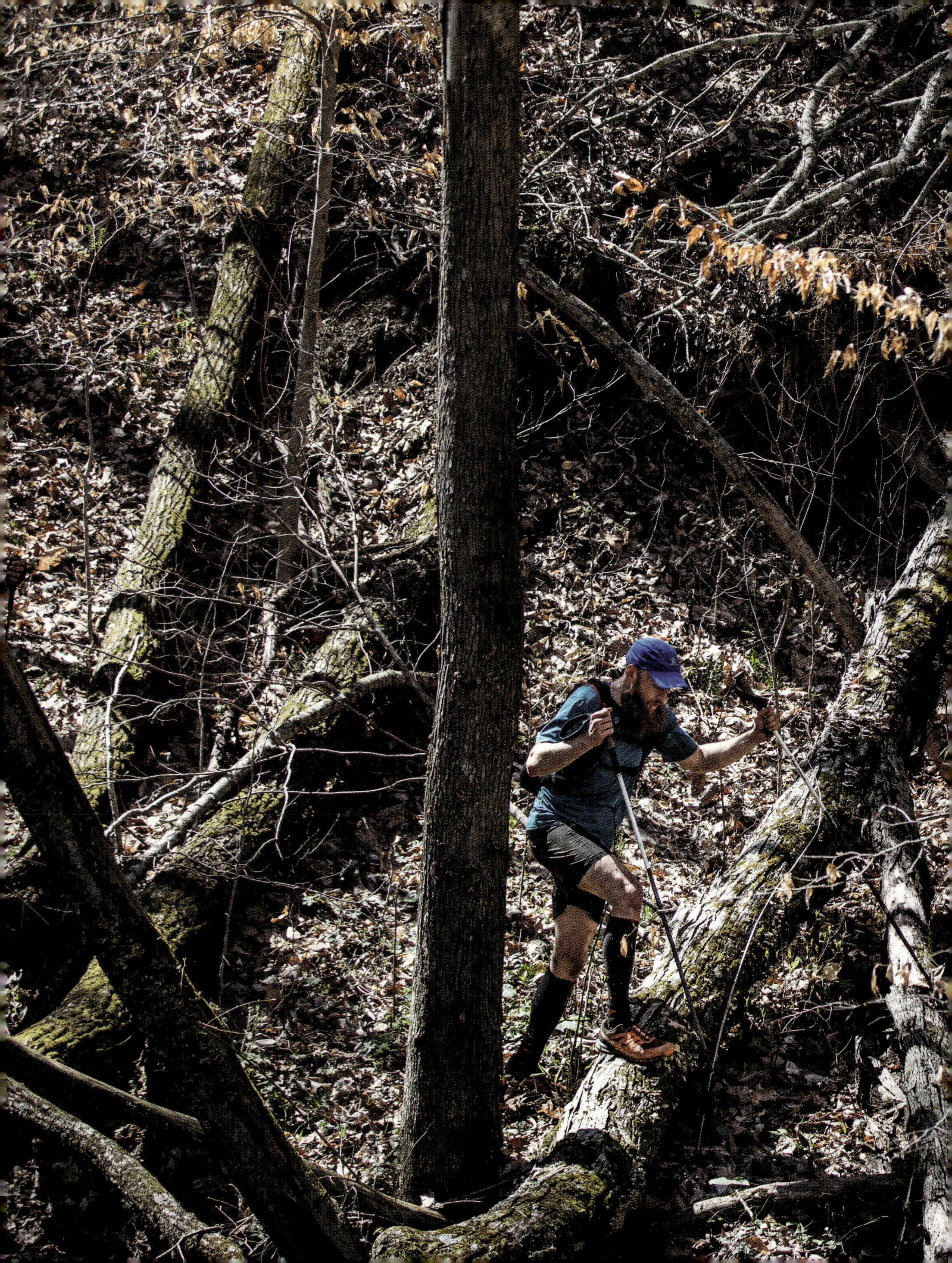

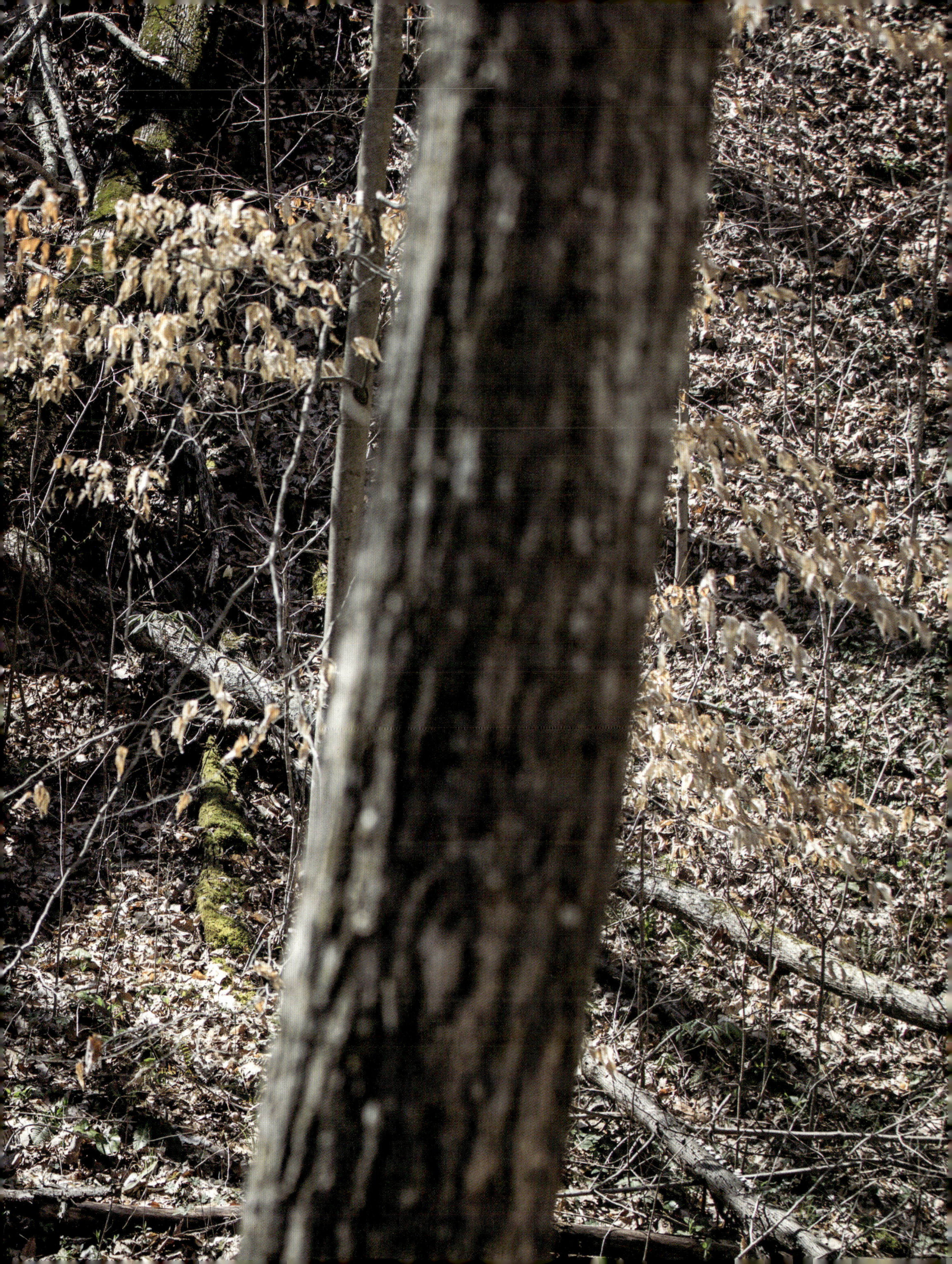

Ci-dessus : Brushy Mountain State Penitentiary, la prison désormais fermée que les coureurs traversent. À droite : Les équipes attendent les participants au camp de base avec des provisions et du matériel médical. C'est l'une des portes du parc, à proximité du camp, qui marque la ligne de départ et d'arrivée de la course.

▶ par le son d'une conque. Les coureurs font la boucle deux fois dans le sens des aiguilles d'une montre, deux fois dans le sens contraire et une cinquième fois dans l'un ou l'autre sens, par roulement (en supposant que vous arriviez aussi loin : en 2012, 22 des 25 participants ont abandonné pendant ou après la première boucle).

Malgré son degré insensé de difficulté, le Barkley – « course qui mange ses jeunes » – est très suivi, et les places sont chères. Même si tout semble prouver le contraire, Cantrell clame vouloir la réussite des coureurs. « Les humains sont faits pour endurer des défis physiques », observe-t-il. Il n'en existe pas de plus grand que celui-ci. ∎

Distance : 96,6 ou 160 km
Lieu : Frozen Head State Park, Tennessee, États-Unis
Date : fin mars/début avril
Type : trail/montagne
Température Ø : 6-20 °C

ÖTILLÖ SWIMRUN WORLD CHAMPIONSHIP

Courir, nager, recommencer. Voilà le mot d'ordre de cette course née en Suède le jour où quatre amis ont décidé de s'aventurer d'île en île (ö till ö, en suédois) à travers l'archipel de Stockholm. Vingt ans plus tard, le swimrun fait fureur dans le monde.

Comme la plupart des bonnes idées, l'ÖTILLÖ Swimrun est partie d'un pari de bar. En 2002, lors d'une soirée arrosée sur l'île d'Utö (une des nombreuses îles composant l'archipel de la côte baltique de Stockholm), quatre amis se lancent un défi : faire la course depuis Utö jusqu'à la petite ville de Sandhamn, sur l'île de Sandön, à 54 km à vol d'oiseau. Les deux équipes courent et nagent pour traverser 24 îles ; la dernière arrivée paiera sa tournée. Dès le lendemain, ils se mettent en route et atteignent Sandhamn plus de 26 heures plus tard, après 65 km de trail et 10 km de natation en eau libre.

Aujourd'hui, la course se fait toujours par équipes de deux, mais l'itinéraire a changé de sens : il part de Sandham et prend fin à Üto, dans le bar où a germé l'idée. Les participants ont de l'aube au crépuscule pour terminer la course, avec des seuils tout le long pour éliminer les participants en difficulté ou ceux qui ne peuvent ▶

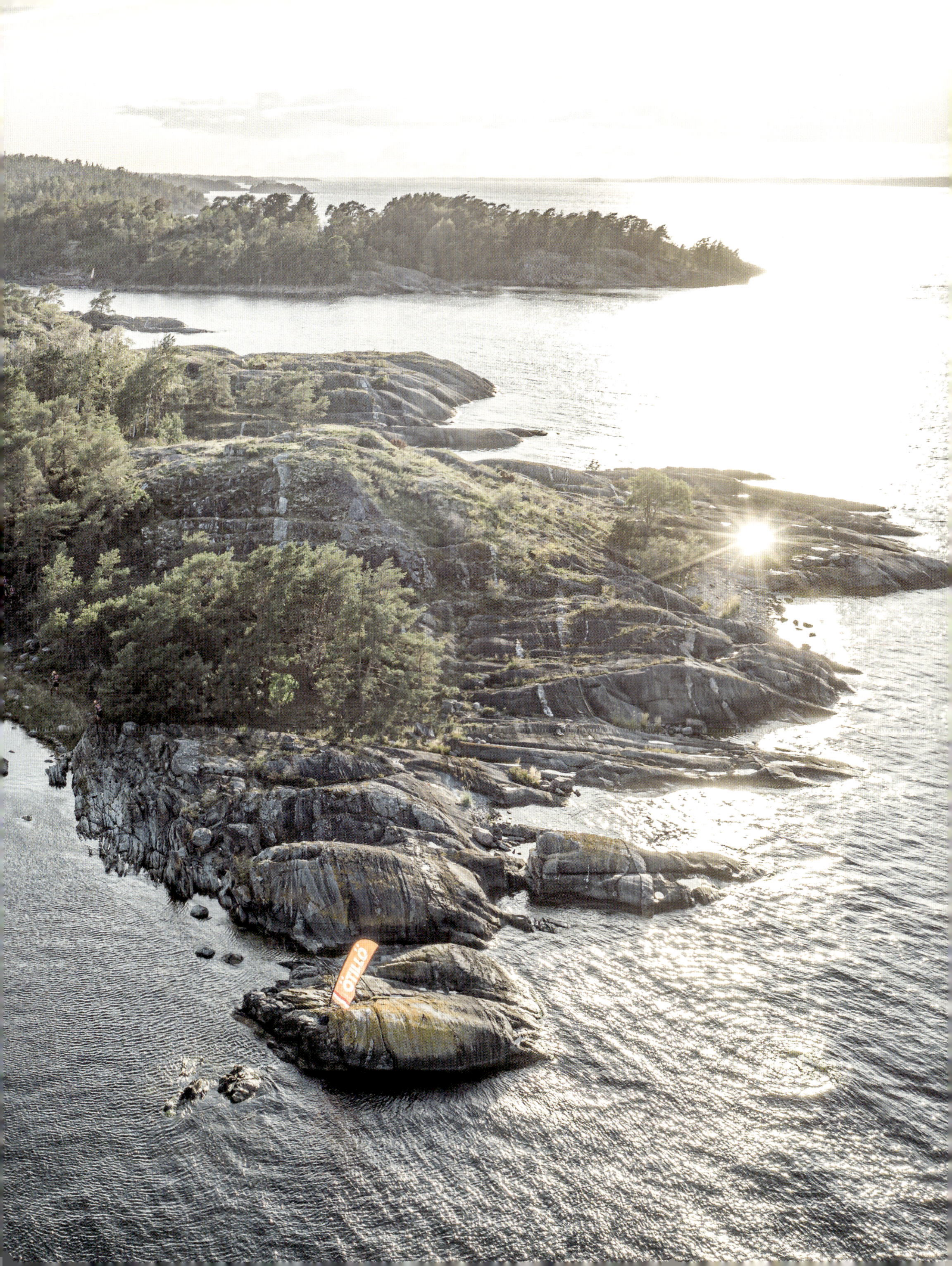
ÖTILLÖ

pas finir en 7 h 30. Les meilleures équipes franchissent la ligne d'arrivée en un peu plus de 4 heures. Vu qu'il ne peut y avoir que 160 équipes en lice, le troupeau diminue rapidement.

Avec ses eaux glacées et agitées, la mer Baltique peut s'avérer difficile. Lors de l'une des étapes aquatiques surnommée la « nage du cochon », entre les îles de Mörtöklob et Kvinnholmen, les participants sont battus par les vagues sur 1,5 km, et de puissants courants rendent presque impossible la nage en ligne droite. Pourtant, c'est précisément pour cette lutte contre l'inconnu que beaucoup sont attirés par l'ÖTILLÖ. Comme le dit l'adage : « Espérez le meilleur, mais préparez-vous au pire. »

La plupart des îles traversées sont inhabitées et dénuées de routes, le but des organisateurs étant de privilégier la connexion à la nature. Lors de chaque session, les participants sont encouragés à passer une heure à la fin de la journée à ramasser des déchets. Comme récompense : des terres préservées, des vues à couper le souffle et l'air sans doute le plus pur d'Europe.

Pour les moins ambitieux, quatre autres courses plus courtes sont proposées dans l'archipel de Stockholm : Final 15, sur les 15 derniers kilomètres du légendaire parcours ÖTILLÖ, Utö World Series, qui totalise 41 km, Utö Sprint, d'un peu moins de 15 km, et Experience, de 8,4 km. Des événements ÖTILLÖ ont lieu dans sept autres pays, dont la Croatie et la Californie.

En Allemagne, *1 000 Lakes* est une course de vitesse sur sable qui se termine dans un château du XVIe siècle, et au sud-ouest de l'Angleterre il est difficile d'imaginer course plus majestueuse que celle des îles Scilly. Depuis que ÖTILLÖ a été fondé, cette discipline fait sensation à l'international. On compte désormais 500 *swimruns* organisées dans le monde par différents organismes. Mais l'ÖTILLÖ Swimrun demeure la référence.

Quand on y pense, tout a commencé un matin où quatre types avaient l'excuse parfaite pour rester au lit ! ■

Distance : 75 km

Lieu : archipel de Stockholm

Date : septembre

Type : course à pied (65 km) et nage en eau libre (10 km)

Température Ø : 9-18 °C

Avec ses eaux glacées et agitées, la mer Baltique peut s'avérer difficile. Lors de l'une des étapes aquatiques surnommée la « nage du cochon », entre les îles de Mörtöklob et Kvinnholmen, les participants sont battus par les vagues sur 1,5 km.

La majeure partie de la course se déroule sur la terre ferme : pistes, sentiers, falaises, rochers, et quelques montées courtes mais raides. Les étapes dans l'eau sont relativement réduites, mais certaines peuvent être sportives.

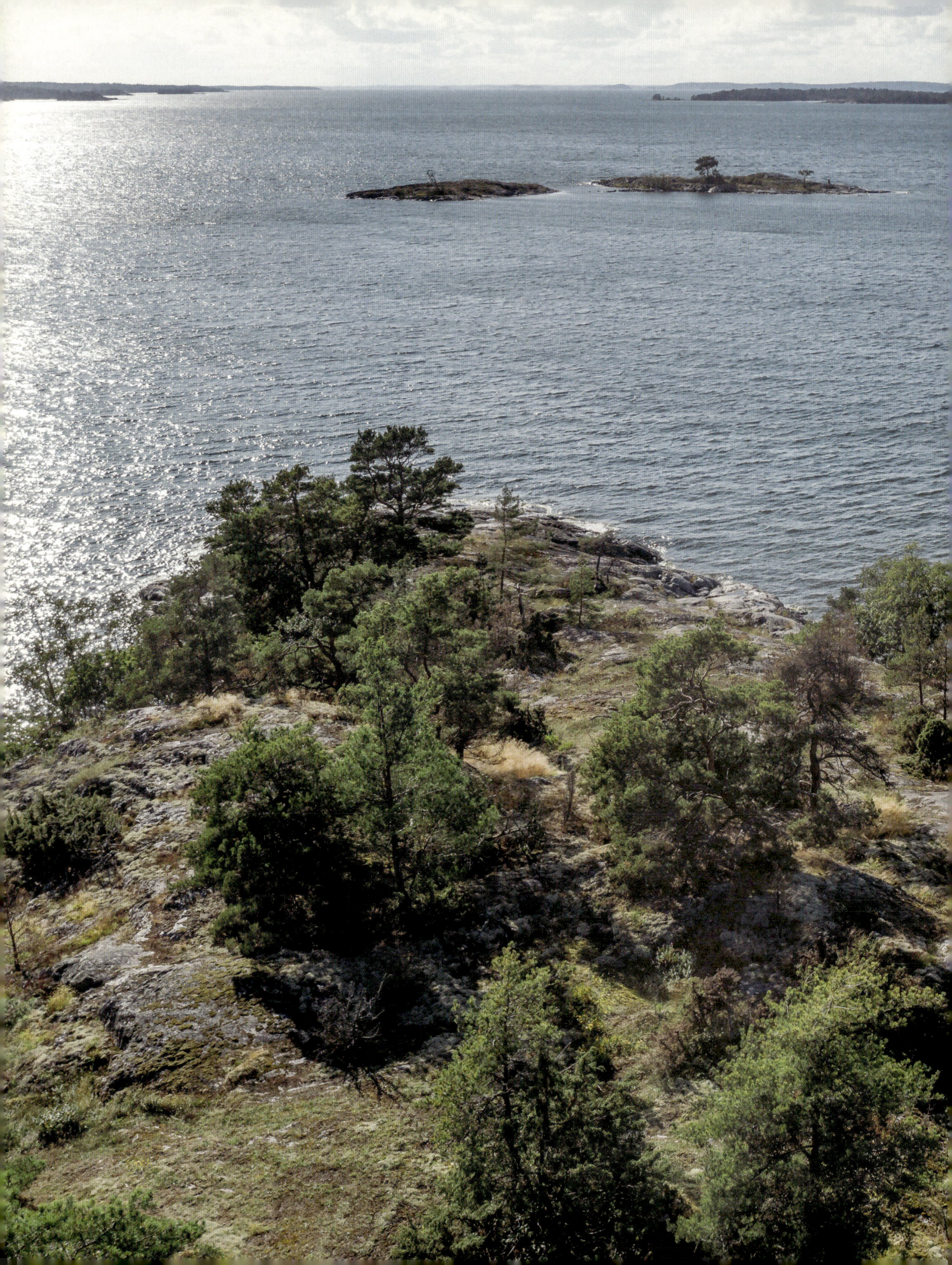

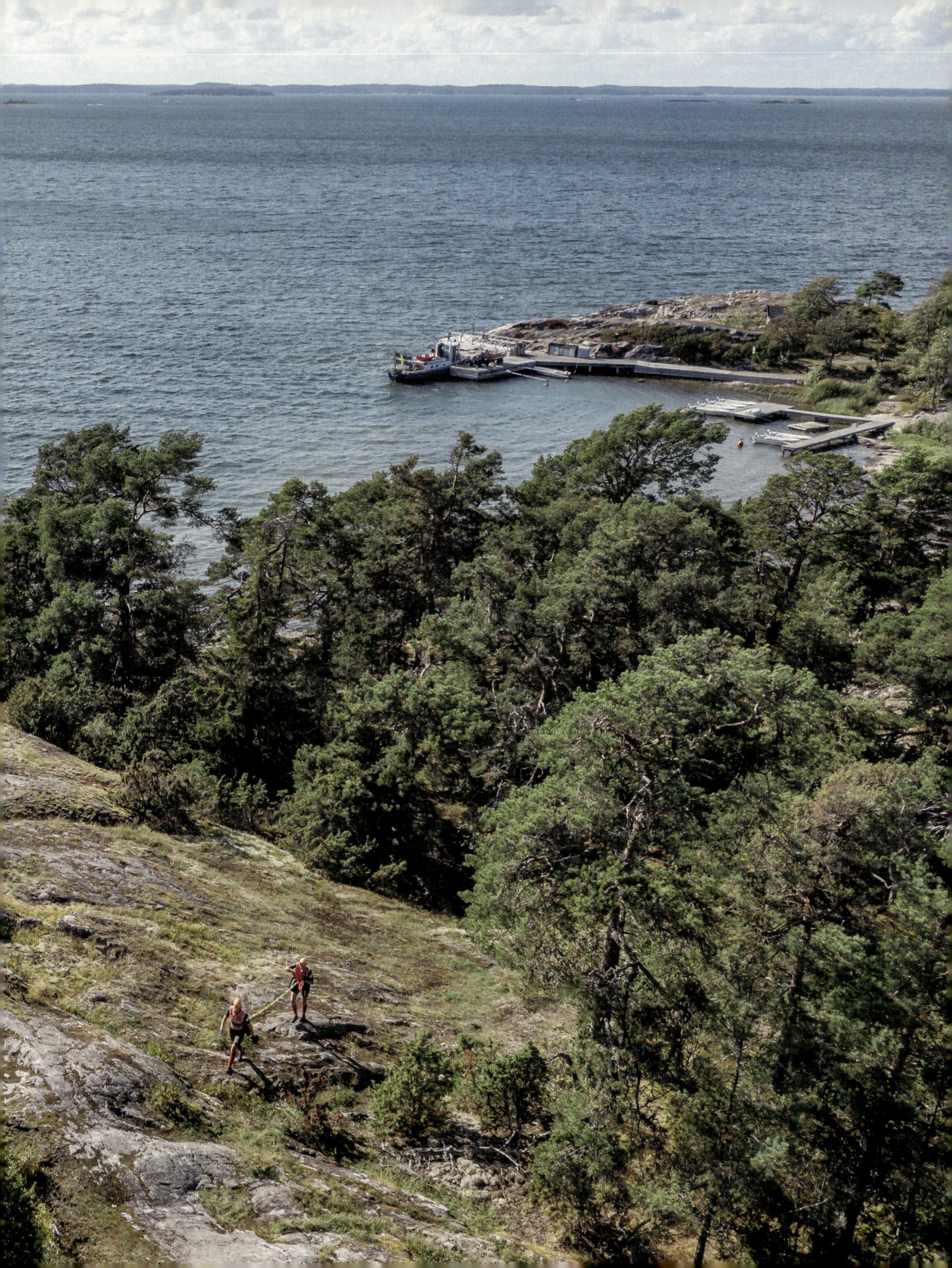

De nombreux participants sont équipés de pagaies et de flotteurs pour nager, et certaines équipes font toute la course reliées par une petite corde. La ligne d'arrivée se franchit à deux.

160   ÖTILLÖ SWIMRUN WORLD CHAMPIONSHIP

La plupart des îles traversées sont inhabitées et dénuées de routes – le but des organisateurs étant de privilégier la connexion à la nature. Lors de chaque session, les participants sont encouragés à passer une heure à la fin de la journée à ramasser des déchets.

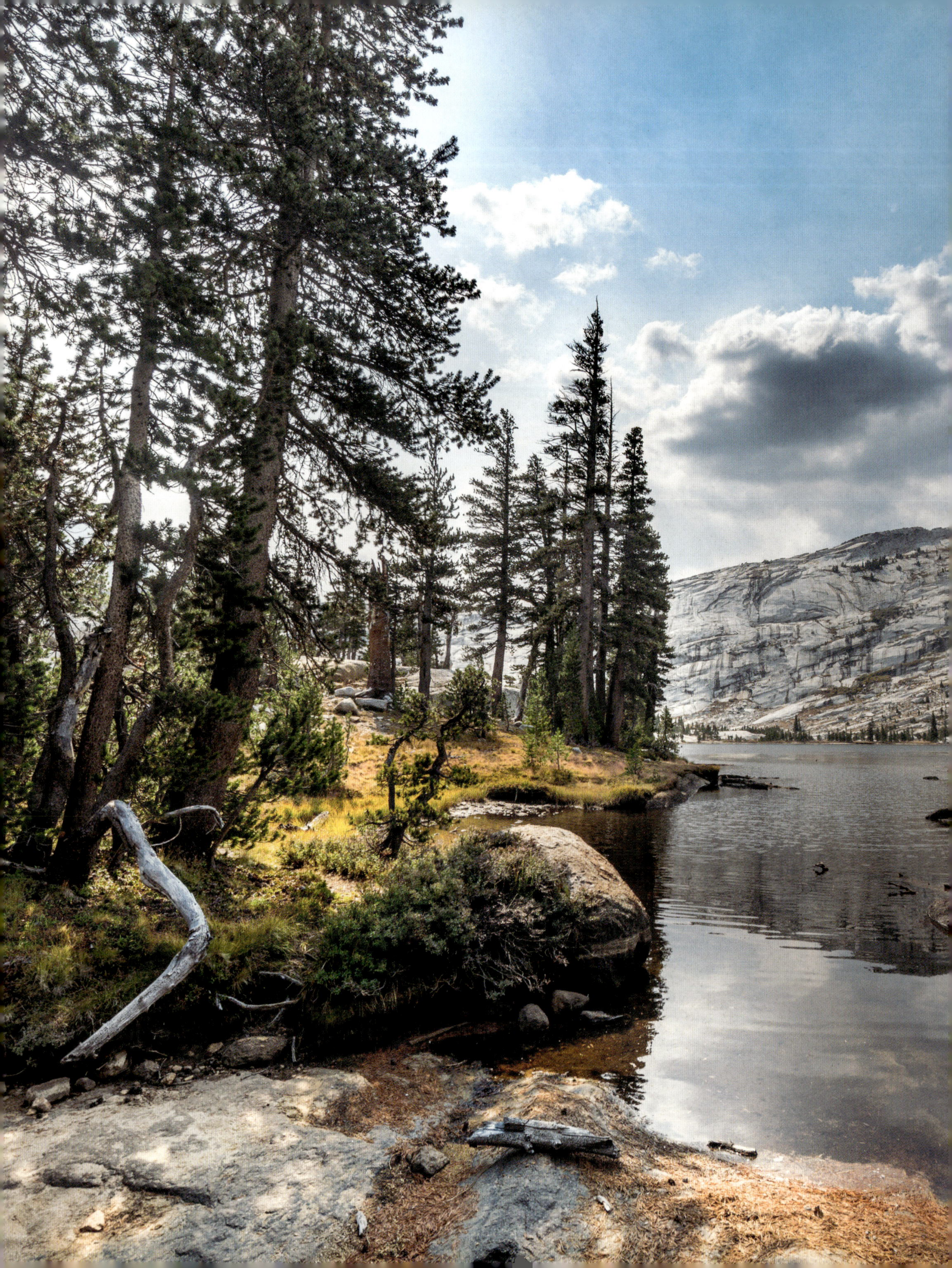

WESTERN STATES 100-MILE ENDURANCE RUN

Pour décrocher la fameuse boucle de ceinture – en bronze ou en argent –, il suffit de courir 160 km (100 miles) en moins de 30 heures (24 heures pour l'argent) le long de ce sentier historique aux 5 500 m de dénivelé positif. Une course que tout coureur d'ultra rêve de faire une fois dans sa vie.

N'y pensez même pas, même si vous avez besoin d'une nouvelle boucle de ceinture ! La course de trail la plus ancienne du monde, c'est « beaucoup de chemin à courir », comme le rappelle la page « entraînement » du site web.

La Western States 100 reprend en grande partie des sections d'origine préservées du Western States Trail, qui va de Salt Lake City, dans l'Utah, à Sacramento, en Californie, par les montagnes de la Sierra Nevada. Ce chemin était utilisé autrefois par les Indiens Paiute et Washoe qui, pour la plupart, furent déplacés lors de la ruée vers l'or à la fin du XIXe siècle, des chercheurs d'or l'empruntant alors pour gagner la Californie. Le circuit suit une partie du National Historic Trail, utilisé depuis plus de 160 ans.

Cette épreuve a une histoire. Elle fut accomplie pour la première fois par Gordy Ainsleigh, en 1974, un vétéran de la ▶

Les records masculin et féminin sont détenus par Jim Walmsley et Ellie Greenwood, avec un temps de 14 heures et 9 minutes pour Walmsley en 2019.

Ci-dessus : Seule une petite partie du parcours se fait sur le bitume. La course se déroule majoritairement sur un territoire reculé et accidenté.
À droite : Traversée de l'American River avec des cordes tendues au-dessus des eaux glacées et l'aide d'assistants.

Tevis Cup (une course équestre) qui tenta de respecter le délai de 24 heures imposé aux chevaux, mais à pied. Ce fut un succès. Trois ans plus tard, la première version officielle de la course avait lieu ; seuls 3 des 16 participants arrivèrent au bout. Aujourd'hui, les records masculin et féminin sont détenus par Jim Walmsley et Ellie Greenwood, avec un temps de 14 h et 9 min pour Walmsley en 2019.

Cette course est isolée, sauvage et rude – d'une beauté époustouflante, mais impitoyable. Les organisateurs s'efforcent de rappeler qu'une préparation adéquate s'impose. Vous pouvez être amené à courir par des températures de plus de 43 °C, peinant à atteindre le poste de secours suivant, ou, si vous être particulièrement malchanceux, à suivre un itinéraire modifié, la « snow route », lorsque le froid empêche de passer par les montagnes.

Tout commence dans Olympic Valley, en Californie, par une ascension rapide jusqu'à Emigrant Pass (2 667 m) et la zone de Granite Chief Wilderness, dans la somptueuse forêt nationale de Tahoe. Cette section en haute altitude impose de nouvelles montées jusqu'au sommet de Little Bald Mountain. L'itinéraire se poursuit jusqu'à la traversée de la ville minière fantôme de Last Chance, avant de s'engouffrer – probablement l'après-midi, quand les températures grimpent – dans les canyons Deadwood et El Dorado, qui présentent respectivement un dénivelé négatif de 610 et 792 m ; cette partie est donc vraiment sans pitié.

Après un bref passage sur asphalte, les coureurs descendent l'American River Canyon jusqu'à la rivière Rucky Chucky, qu'ils doivent traverser à gué à l'aide d'une corde (ou d'un radeau les années où le niveau est haut). La nuit tombe, laissant place à une étape un peu plus facile sur les Auburn Lake Trails. Au point d'altitude le plus bas du parcours, on découvre les arches en béton du pont No Hands. De là, plus que 2 km avant la ligne d'arrivée située à Placer High School, à Auburn, où les spectateurs et leurs acclamations vous aideront à célébrer la course d'une vie (et à vous en remettre !).

C'est une épreuve ahurissante, tant pour son parcours que pour l'incroyable niveau d'endurance qu'elle requiert. Comme le résument les organisateurs : « Quand c'est possible, courez. Quand ce n'est pas possible, marchez. Quand rien n'est possible, marchez quand même. » Tout est dit… ∎

Distance : 160 km

Lieu : Sierra Nevada, Californie, États-Unis

Date : juin

Type : trail

Température Ø : 15-32 °C

WESTERN STATES 100-MILE ENDURANCE RUN

Courant dès 5 heures du matin le premier jour – un samedi –, les participants à la course doivent tenir le rythme sur un terrain montagneux, le long de chemins de terre et dans la forêt. Quiconque franchit la ligne d'arrivée le lendemain après 10 h 59 est disqualifié.

WESTERN STATES 100-MILE ENDURANCE RUN

Cette course est isolée, sauvage et rude – d'une beauté époustouflante, mais impitoyable. Les organisateurs s'efforcent de rappeler qu'une préparation adéquate s'impose. Vous pouvez être amené à courir par des températures de plus de 43 °C.

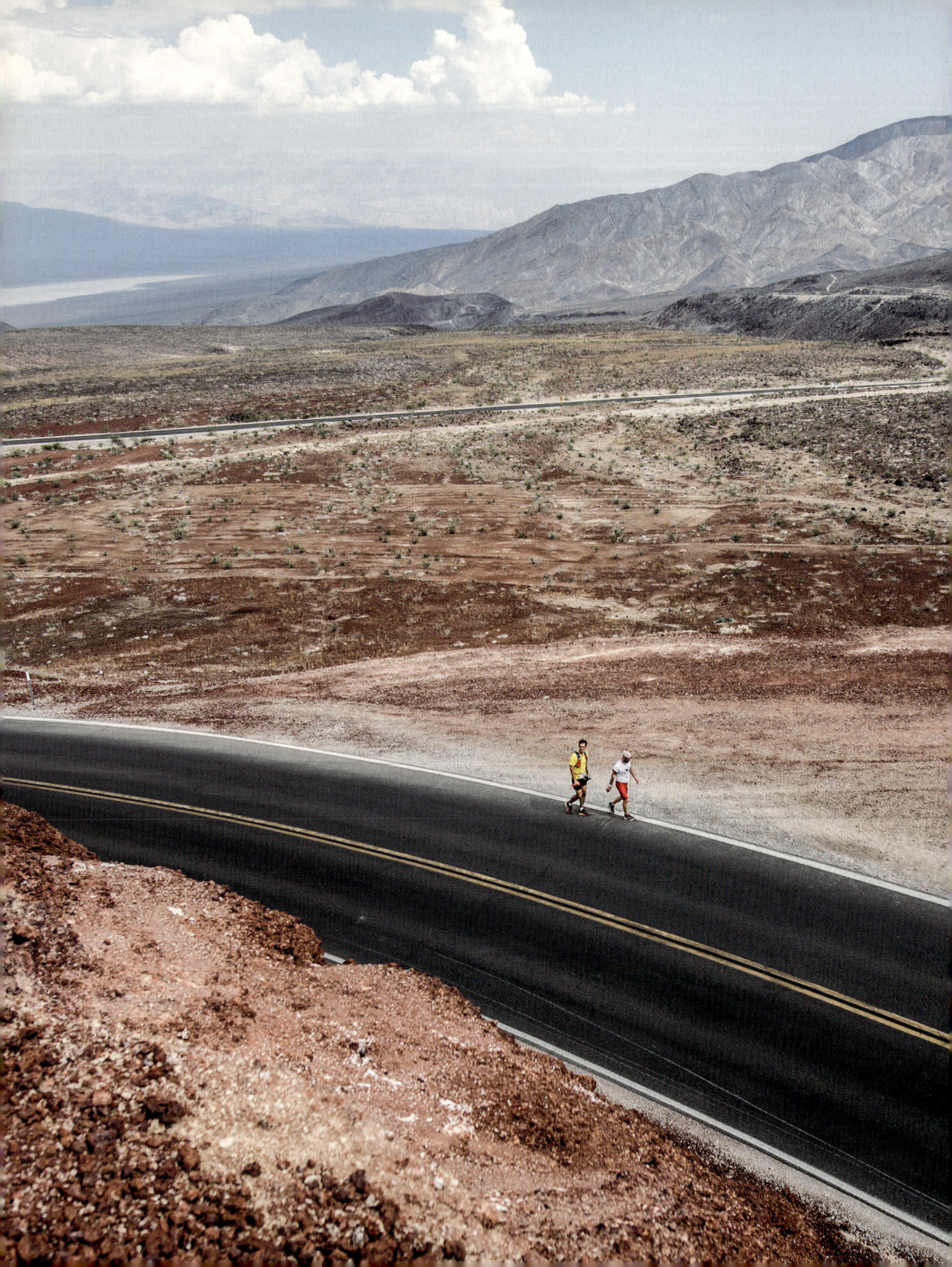

BADWATER 135

L'homme contre le soleil. Quand la devise gravée sur la médaille ou, ici, sur la boucle de ceinture est « *Detur Digniori* » (« Qu'on le donne aux plus dignes »), c'est mauvais signe ! Se déroulant dans une vallée dénommée « de la mort », où même les plantes ne cherchent pas à survivre, la course Badwater 135 est connue comme la plus dure au monde.

Si vous adorez la privation extrême de sommeil, l'épuisement, la chaleur atroce, le risque de mort et les ultra-marathons les plus difficiles au monde, alors tentez Badwater 135.

Cette course en continu de 217 km traverse trois massifs montagneux dans la chaleur accablante du plein été. Elle commence au point d'altitude le plus bas d'Amérique du Nord – l'aride bassin de Badwater, à 86 m sous le niveau de la mer, et se termine à Whitney Portal, où démarre l'ascension du mont Whitney, le plus haut sommet des États-Unis (en dehors de l'Alaska). Le parcours, qui cumule un dénivelé positif de plus de 4 421 m, passe par des lieux aux noms funestes comme Furnace Creek (ruisseau de la Fournaise), Devil's Cornfield (champ de maïs du Diable), Devil's Golf Course (golf du Diable) et Lone Pine (Pin solitaire). Les températures grimpent jusqu'à 55 °C et, pour couronner le tout, le temps est limité à 48 heures. ▶

Cette course en continu de 217 km traverse trois massifs montagneux dans la chaleur accablante du plein été. Les températures grimpent jusqu'à 55 °C et, pour couronner le tout, le temps est limité à 48 heures. Une véritable mise à l'épreuve, même pour les athlètes les plus résistants.

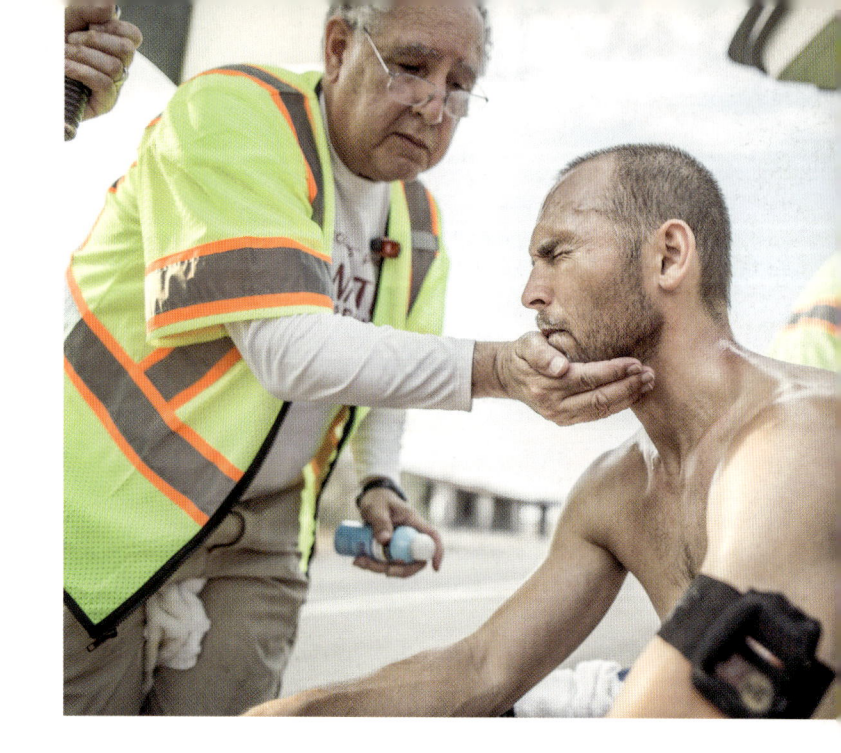

Les coureurs qui se lancent dans cette course doivent affronter la solitude prolongée, le soleil ravageur et un paysage ouvert sans limite visible. L'intervention de l'équipe d'assistance est limitée au strict minimum.

▶ Une véritable mise à l'épreuve, même pour les athlètes les plus résistants. Chaque année sont admis jusqu'à 100 coureurs d'endurance, bien décidés à appliquer le principe du Badwater : « explorer des univers intérieurs et extérieurs ». Les critères d'inscription sont rigoureux. En 2022, il faut avoir terminé au moins une course de 160 km au cours des 13 derniers mois, même si l'on a déjà franchi la ligne d'arrivée de Badwater. Nombreux sont ceux qui ne finissent pas la course.

Tenter ce parcours, c'est marcher dans les pas de pionniers de l'ultra-running qui ont voulu conquérir ce territoire inhospitalier. En 1977, Al Arnold fut le premier à courir du bassin de Badwater au mont Whitney – en 2002, il a été intronisé au Badwater Hall of Fame en reconnaissance de son exploit et de sa contribution à l'histoire de l'événement. Auparavant, il avait fait deux tentatives infructueuses : en 1974, sa course fut interrompue au bout de 29 km, car il souffrait d'une grave déshydratation ; et en 1975, elle fut abrégée parce qu'il se blessa au genou. Le record d'Arnold, un peu plus de 84 heures, ne fut battu qu'en 1981 par Jay Birmingham, le deuxième athlète à terminer le parcours.

En 1987, Richard Benvo et Tom Crawford organisèrent la première version officielle de la course, avec quatre coureurs en compétition (qui allèrent tous au bout), dont la première femme à finir, Jeannie Ennis. À l'époque, l'itinéraire n'était pas encore établi, et les règles pas encore fixées. L'un des participants se servit de skis de randonnée pour traverser le lac salé de Badwater.

Désormais, chaque coureur doit être accompagné d'une équipe de deux à quatre personnes à bord d'un véhicule. Le long de la route, des panneaux de signalisation les alertent des dangers de la chaleur, donnant aussi un indice quant au plus grand défi de cette épreuve. Les athlètes qui participent à cette compétition sont souvent victimes d'hallucinations, d'évanouissements et de déshydratation sévère. Parmi les coureurs et leurs équipes, nombreux ▶

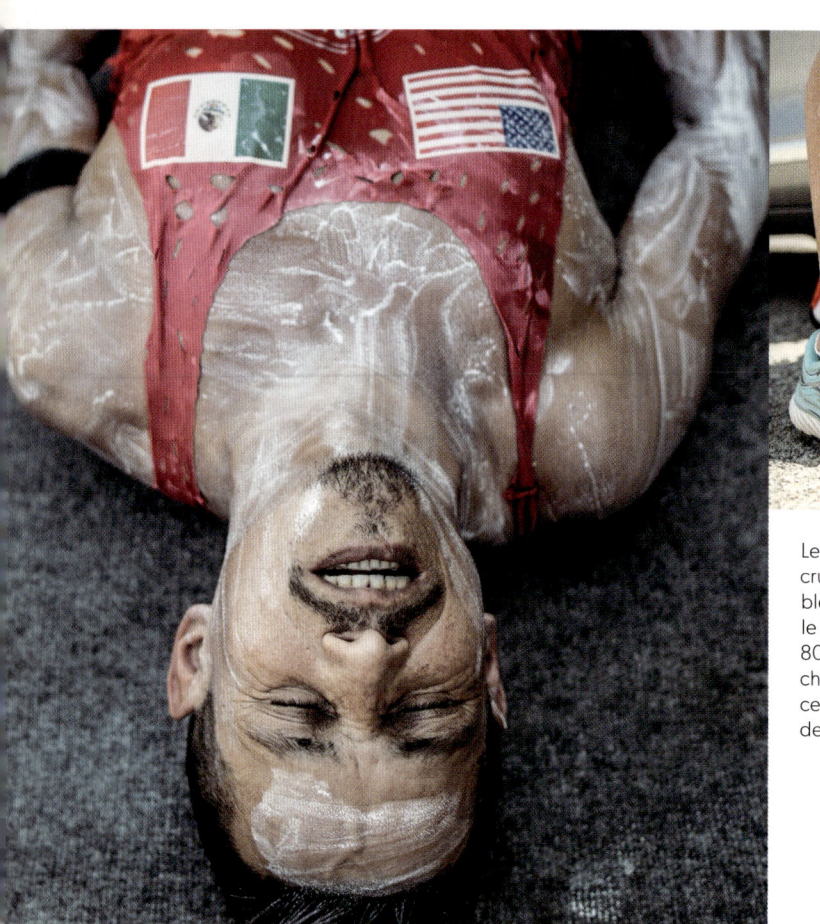

Les dangers de cette course cruelle sont nombreux, et les blessures fréquentes. Pourtant, le taux de réussite est élevé : 80 % des participants la terminent chaque année – mais rares sont ceux qui la font en moins de 24 heures.

▶ sont ceux qui remarquent la capacité qu'a le corps humain à se thermoréguler et à se refroidir par la transpiration lorsque celui-ci est éprouvé à l'extrême. L'appareil digestif est particulièrement perturbé par les températures élevées. La capacité du corps à métaboliser la nourriture et à conserver un équilibre des liquides est gravement perturbée. Il est donc nécessaire de planifier méticuleusement votre apport liquide et nutritionnel.

Il va sans dire que la course a une histoire. Elle continuera de broyer beaucoup de ses prétendants. Ceux qui l'ont terminée et ont obtenu la boucle de ceinture du Badwater 135 tant convoitée – le Graal de la course d'endurance – peuvent vraiment affirmer avoir conquis les éléments et accompli un exploit personnel exceptionnel. ■

Distance : 217 km

Lieu : Vallée de la Mort, Californie, États-Unis

Date : juillet

Type : route/montagne

Température Ø : 30-50 °C

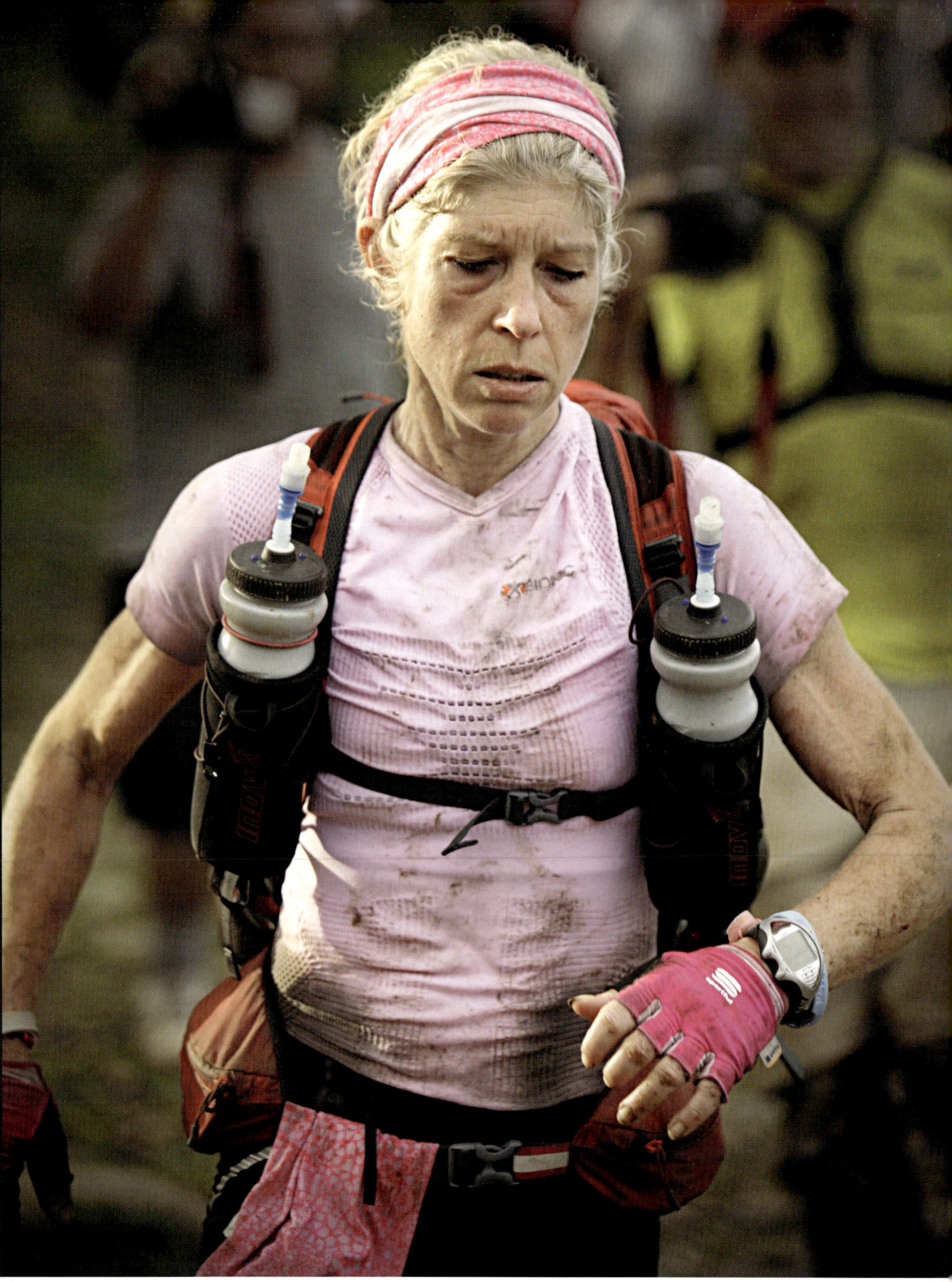

Additionner les kilomètres et les records avec Mimi Anderson

À 36 ans, Mimi Anderson ne tenait pas plus d'une minute sur un tapis de course. Moins de 20 ans plus tard, elle détenait trois records du monde d'endurance.

En alpinisme, l'adage le plus connu est la réponse à la question « Pourquoi gravir l'Everest ? » : « Parce qu'il existe. » Demandez à Mimi Anderson pourquoi elle court, elle vous répondra que c'est parce qu'elle peut. La coureuse de fond britannique a couvert plus de kilomètres qu'une voiture en fin de vie. Et, à 57 ans, elle persévère.

Anderson a eu un éveil tardif. Alors mère de trois enfants, elle commence à courir à l'âge de 36 ans. Au début, elle ne tient pas plus d'une minute sur le tapis de course. Elle a passé presque la moitié de sa vie à combattre l'anorexie, conséquence d'un rapport toxique avec son corps, induit par une nounou violente. « Je n'ai jamais aimé mes jambes, j'ai toujours voulu qu'elles soient plus minces. C'est pour ça que j'ai commencé à courir », explique-t-elle.

Après avoir accompli son premier kilomètre et demi sur tapis roulant, courir n'est plus seulement une question de vanité. Elle a davantage confiance en elle, savoure le bonheur de se fixer un objectif et de l'atteindre. Ce sport lui offre de l'espace, de la liberté et de l'estime de soi. Anderson s'acharne. Elle atteint déjà les 10 km sur tapis quand des amis lui proposent de participer avec eux à un trail de 16 km près de chez elle – c'est la première fois qu'elle court en extérieur. « Quand je suis arrivée au bout… je me sentais en pleine forme, dit-elle, la voix reflétant l'euphorie de cette journée. C'était comme si mes pieds avaient des ailes et que je pouvais voler. Je n'arrêtais pas de sourire. C'est un sentiment qui ne vous quitte pas pendant des jours. » Plus ses objectifs deviennent ambitieux, plus elle voit la nourriture comme un carburant, et non plus comme un ennemi.

Moins de 20 ans après sa première course, Anderson détient de multiples records. En 2008, elle devient la femme la plus rapide à parcourir la Grande-Bretagne dans sa longueur, de John o' Groats, en Écosse, jusqu'à Land's End, en Angleterre (JOGLE), soit 1 407 km. En 2010, elle bat le record de distance sur tapis de course en une semaine : 648 km en sept jours, avec 2 heures de sommeil par nuit. En 2011, elle devient aussi la femme la plus rapide ▶

à effectuer le double crossing de l'ultra-marathon de Badwater 135, qui part de la Vallée de la Mort, en Californie, pour atteindre une altitude de 2 552 m, dans une chaleur à faire fondre les semelles. Elle termine l'aller-retour avec 21 heures de moins que la détentrice du record mondial féminin. Elle court aussi à travers des déserts au Maroc, en Libye, en Namibie et au Chili.

C'est aux antipodes que se déroule sa course la plus marquante. En 2007, elle part pour l'Arctique canadien afin de concourir au 6633 Ultra – une course de traîneaux, sans les chiens. Les participants ont neuf jours pour parcourir 566 km sous un climat trop rude pour que des arbres poussent. Il s'agit d'une course en autonomie et sans interruption. Le coureur est donc responsable de son sommeil et de sa survie. La plupart sont atteints d'hallucinations. Aux deux tiers de la course, Anderson sent un poids au fond d'elle. Son père est malade depuis longtemps. À ce moment précis, elle le sent mourir. « C'est comme si j'avais été percutée en plein cœur. C'est descendu jusque dans mes pieds puis remonté tout en haut, et j'ai éclaté en sanglots. Je me souviens avoir regardé vers le ciel et dit : "Papa, ce n'est pas le moment de mourir. Quand je pleure, mes larmes gèlent." » Après la course, elle tente d'appeler son mari sur une ligne fixe en Arctique. Faux numéro. Elle ne se souvient que d'un seul numéro, celui de sa mère. « C'est comme si quelqu'un me disait : "Tu n'as pas besoin de joindre ton mari. En fait, c'est ta mère qu'il faut appeler." » Sa mère confirme que son père est mort, à quelques minutes près au moment de son intuition. Anderson termine quand même la course et décroche le record.

Sa plus grande prouesse – peut-être l'exploit le plus ambitieux de toute coureuse – a lieu en automne 2017. Elle prévoit de courir 4 586 km à travers les États-Unis, de Los Angeles à New York, en 53 jours. Si elle réussit, elle battra le record de 1979 avec plus de deux semaines d'avance. Pour un coureur, cela équivaut quasiment à deux marathons par jour pendant deux mois. Irréalisable pour un humain normalement constitué. Anderson passe plusieurs années à préparer l'itinéraire et à rassembler les fonds afin d'emmener une petite équipe aux États-Unis. En plus de cela, elle récolte de l'argent pour deux associations – Marie Curie, organisation qui apporte soin et soutien aux personnes atteintes de maladies incurables et à leurs familles, et Free to Run, qui fournit aux femmes et aux filles des régions frappées par le conflit des outils pour développer leurs qualités de leader à travers les sports d'aventure.

Le corps d'Anderson dit stop. Quarante jours après le départ, on la force à voir un médecin. Pendant plus d'une semaine, elle souffre d'une douleur atroce au genou droit. « Mon genou rentrait de plus en plus, formant une espèce de V. Cela affectait mon dos et je penchais à gauche. J'étais dans un sale état. » La morphine ne peut pas tout régler. Elle doit faire un choix : continuer et risquer une chirurgie de remplacement du genou, ou déclarer forfait. C'est ce qu'elle finit par faire au bout de 3 568 km. Elle ne foulera plus jamais le sol américain.

Obligée d'arrêter la course à pied un long moment, Anderson rentre en Angleterre et broie du noir. En plus de la douleur, elle doit faire le deuil de sa course à travers les États-Unis. Imaginez un moine privé de méditation. Elle devient irritable et se remet à

Mimi Anderson a obtenu plusieurs records au *Guinness World Records*. Elle détient encore celui de la traversée la plus rapide de l'Irlande à pied, ayant couru, en septembre 2012, de Malin Head à Mizen Head en 3 jours, 15 heures et 36 minutes.

compter les calories. « Je faisais ce que mon kiné me disait de faire, mais mon mari répétait toujours : "J'espère que tu vas trouver autre chose, parce que tu deviens vraiment lunatique, voire mal lunée." »

Anderson ne met pas longtemps à trouver. Un an après sa blessure, 10 ans après avoir battu le record mondial du JOGLE, elle part à vélo de Land's End pour John o' Groats. Elle met neuf jours. Un an plus tard, elle rallie à vélo la frontière mexicaine depuis Vancouver. Plus récemment, elle a fait 400 km sur son *home trainer* pour une association. Elle a pour projet de voyager à vélo avec un ami de la Namibie au Mozambique en passant par l'Afrique du Sud. Au cours de son dernier tour à vélo caritatif, Anderson a regardé la série Netflix *After Life*. Le vélo serait-il son *after life*, sa vie après la course ? « Il y a cinq ans, quelqu'un m'a demandé : "Qu'est-ce que tu feras si tu ne peux plus courir ?" Je me suis dit que je pourrais toujours faire du vélo, si c'était nécessaire. » Ce n'est pas encore tout à fait nécessaire. La semaine suivant notre entretien, elle a prévu de participer à une course de 23 km. ∎

« Quand je suis arrivée au bout... je me sentais en pleine forme. C'était comme si mes pieds avaient des ailes et que je pouvais voler. Je n'arrêtais pas de sourire. C'est un sentiment qui ne vous quitte pas pendant des jours. »

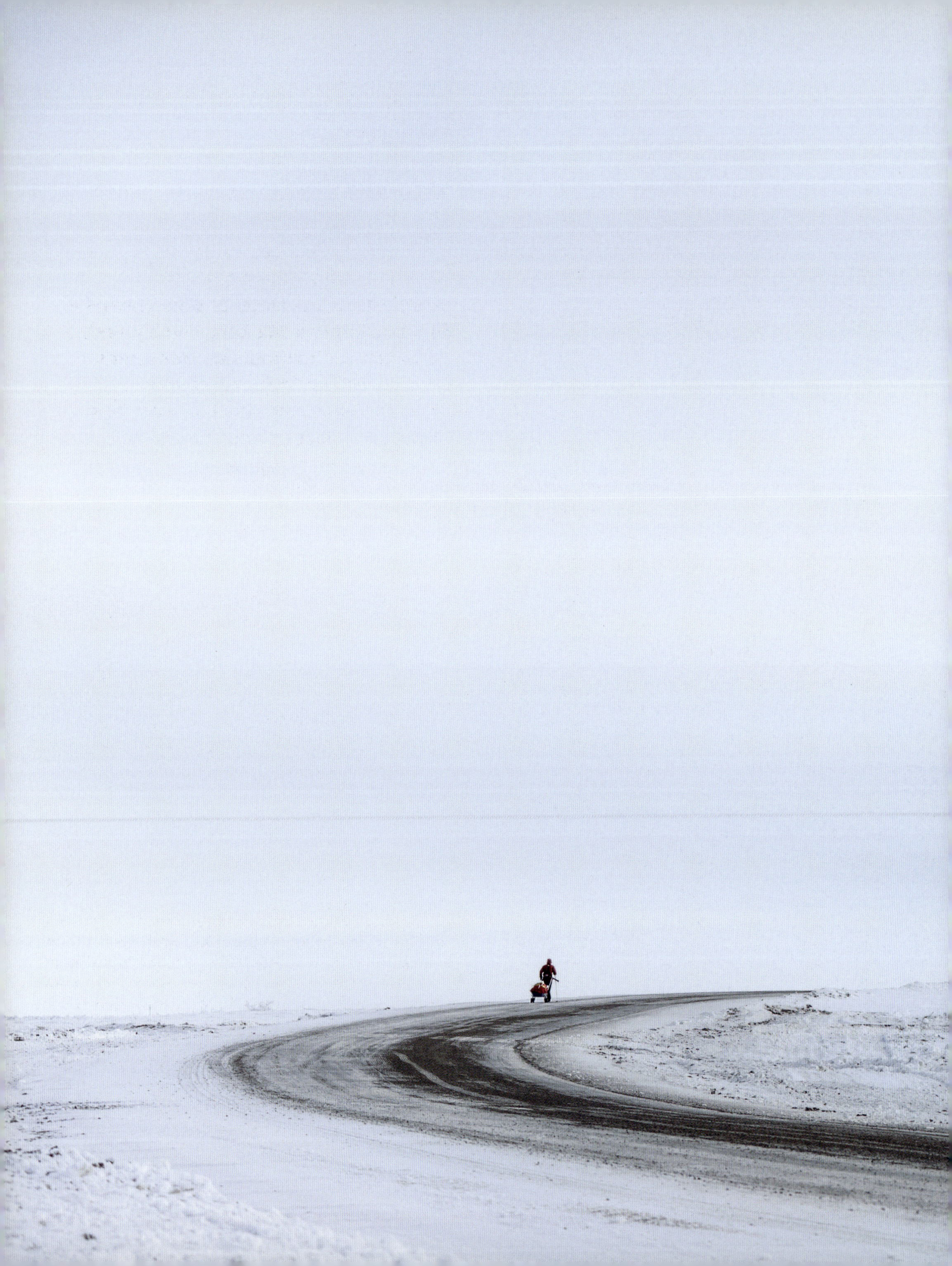

6633 ARCTIC ULTRA

Les longues distances au pas de course dans le Yukon sont impitoyables. Plus c'est dur, mieux on se sent à l'arrivée. Tirer une luge sur 612 km en neuf jours ou 193 km en trois jours sur des routes gelées n'est pas toujours amusant. Soit ce territoire vous broiera, soit vous finirez par le respecter comme jamais vous ne l'auriez imaginé.

Pour beaucoup, 6633 Arctic Ultra est la course pédestre la plus dure du monde.

C'est le Gallois Martin Like qui a eu l'idée de cette épreuve qu'il crée en 2007 et dont il est depuis le directeur, assisté de Sue, sa femme (également coureuse d'ultra), et de son associé Stuart Thornhill. Tous trois sont passionnés de courses exigeantes, vouées à un dépassement de soi, au-delà des limites imaginables. Il s'agit donc d'une épreuve incroyablement difficile, sans interruption ni assistance. Chaque participant doit effectuer le parcours choisi en portant ou, plus exactement, en tirant l'ensemble du matériel requis. Aucune assistance n'est autorisée en dehors de l'équipe officielle.

Deux itinéraires franchissant le cercle arctique sont proposés. L'Eagle Plains Hotel est le lieu du départ, déjà reculé, à 362 km au nord de Klondike Highway, dans la partie septentrionale du Yukon. ▶

Ci-dessus : Rassemblement des participants avant le départ. En moyenne, sur la vingtaine de coureurs effectuant la totalité de l'itinéraire, plus de la moitié échoue.

▶ Cette « oasis » est la dernière escale où trouver un lit, de la nourriture et de l'essence avant Fort McPherson, bourgade des Premières Nations à presque 193 km plus au nord. C'est la ligne d'arrivée de la version courte de la course, mais seulement le point de contrôle n° 3 (sur 8) des 612 km jusqu'à Tuktoyaktuk, hameau de la région désignée des Inuvialuit, sur les rives de l'océan Arctique.

Au début de la course, avec vue sur les magnifiques Richardson Mountains, les concurrents parcourent environ 10 km de descente jusqu'au pont de l'Eagle River, puis ils démarrent l'ascension – raide au début – jusqu'à la piste d'atterrissage d'urgence (rarement utilisée) sur la Dempster Highway. En arrivant au premier point de contrôle, à 712 m au-dessus du niveau de la mer et pile sur le cercle arctique, ils ont déjà enduré un terrain difficile, accidenté et notoirement venteux, mais côtoyé des paysages superbes figurant parmi les plus sauvages et isolés du monde.

Au-delà du cercle arctique, le parcours est à couper le souffle, au sens propre comme au figuré. Hurricane Alley – un tronçon relativement ouvert à partir du kilomètre 50 – tire son nom de vents d'une telle violence qu'ils peuvent renverser des camions sur la route. Et ce n'est même pas la partie la plus difficile de la course ! Des vents tout aussi extrêmes s'abattent lors de l'ascension du Wright Pass, au kilomètre 92.

Après Fort McPherson, où les participants sont hébergés dans le hall de l'école, de longues portions du parcours – dont 121 km de route de glace et la dernière étape de 161 km sur un chemin forestier compact – vous conduisent à travers l'un des décors les plus isolés et les plus ssublimes qu'il est donné aux coureurs d'ultra de voir.

Voici l'extrême de l'extrême. Nombreux sont ceux à tenter leur chance, mais peu arrivent au bout. ∎

Distance : 193 ou 612 km

Lieu : Yukon et Territoires du Nord-Ouest, Canada

Date : février

Type : trail/glace

Température Ø : -40 à -25 °C

Au-delà du cercle arctique, le parcours est à couper le souffle, au sens propre comme au figuré. Hurricane Alley tire son nom de vents d'une telle violence qu'ils peuvent renverser des camions sur la route.

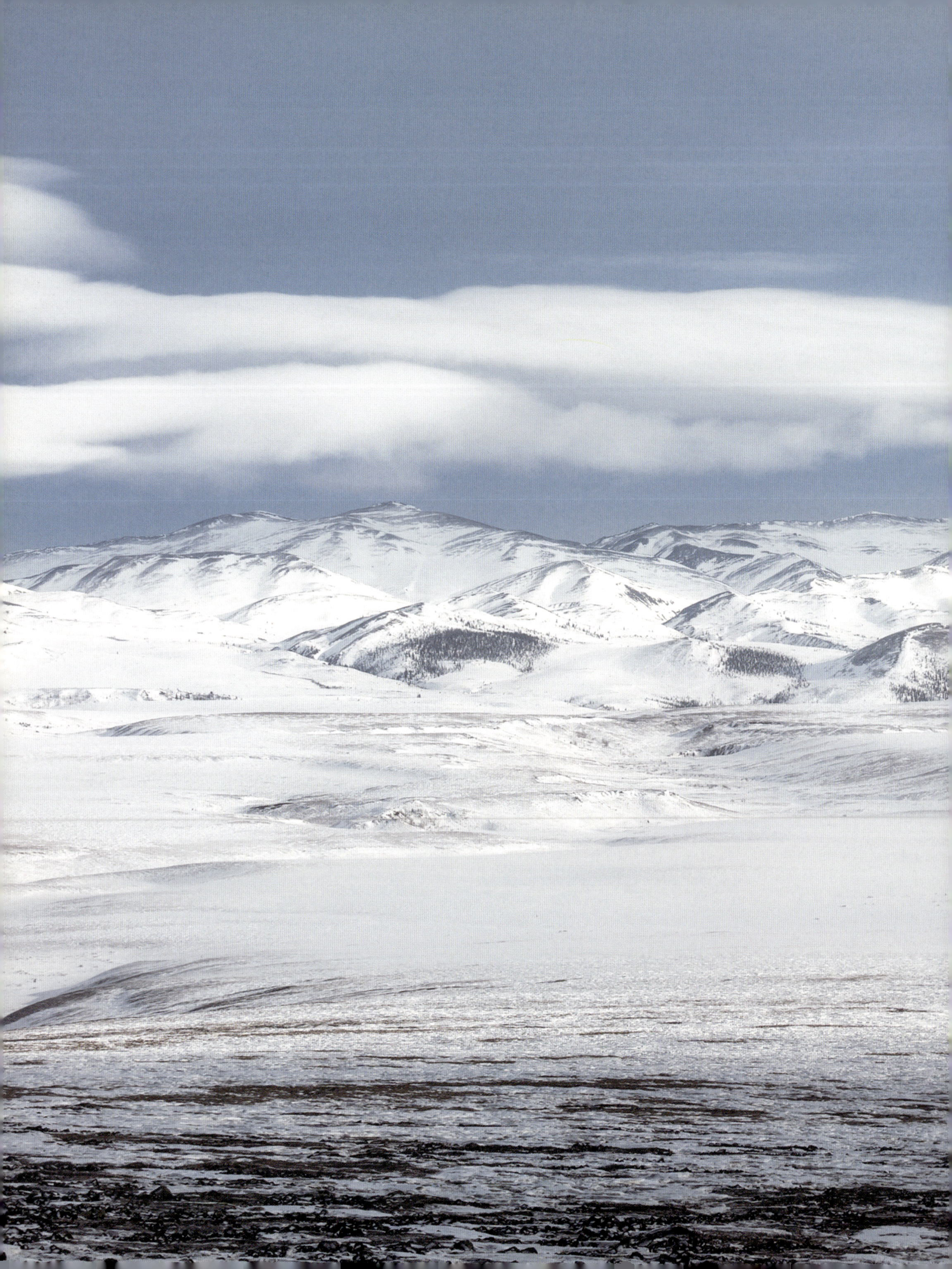

Après Fort McPherson, de longues portions du parcours – dont 121 km de route de glace et la dernière étape de 161 km sur un chemin forestier compact – vous conduisent à travers l'un des décors les plus isolés et les plus sublimes qu'il est donné aux coureurs d'ultra de voir.

Ci-dessus : En route pour Tuktoyaktuk ! Moins de 50 coureurs ont accompli la totalité du parcours à travers les paysages gelés de l'Arctique. En 2018, le Roumain Tiberiu Uşeriu a établi un nouveau record en terminant la course en 172 heures et 50 minutes.

6633 ARCTIC ULTRA

Sites à voir : de captivantes courses à la découverte du patrimoine

Cette sélection d'itinéraires présente certains des sites du patrimoine architectural, historique et naturel les plus spectaculaires du monde. Des temples bouddhistes au pont du Bosphore, le tout à travers d'incroyables paysages, voici de quoi faire s'extasier les coureurs.

À droite : La ville animée d'Antigua, à l'architecture coloniale espagnole, est installée sur la plaine qui s'étend à partir des contreforts de l'Acatenango, l'un des trois volcans à proximité de la ville (deux d'entre eux sont toujours actifs).

Antigua

Antigua Guatemala, ou Antigua, dans le sud du Guatemala, est une perle rare connue pour son architecture d'influence espagnole. Sa beauté lui a valu d'être classée au patrimoine mondial par l'Unesco.

Courez ici, vous ne serez pas déçu ! Pour une immersion dans la culture locale, slalomez entre les porches colorés de la ville. Les rues pavées rendent la course à pied un peu délicate, mais vous bénéficierez de splendides vues sur le volcan Acatenango qui se dresse en toile de fond.

Il est facile de transformer ce parcours de 5 km sur route en marathon en s'aventurant au-delà des collines qui entourent la ville. Emportez de l'eau : une fois dans les montagnes, vous en aurez besoin ! Pour faire le plein d'énergie, n'oubliez pas de goûter au meilleur café d'Amérique latine. Et pour votre encas de mi-course… vous êtes ici dans le berceau du chocolat, il serait dommage de ne pas y goûter.

Si vous vous sentez encore plus ambitieux, participez à l'Ultra-Maratón Guatemala, une course de trail officielle de 100 km.

Angkor Vat

Classé au patrimoine mondial par l'Unesco, voici le plus grand monument religieux du monde, et le plus célèbre du Cambodge. À ne surtout pas manquer !

Bâti au XIIe siècle, cet ensemble de temples bouddhistes s'étend sur près de 163 ha : vous disposerez donc d'une myriade d'itinéraires à suivre qui offrent de merveilleux points de vue à chaque virage. Privilégiez la boucle de 18 km qui passe par les trois temples les plus importants : Angkor Vat, Bayon et Ta Prohm.

Il est recommandé de faire ce parcours au lever du soleil : d'une part, l'humidité et la chaleur sont trop intenses le reste de la journée ; d'autre part, le soleil qui se lève derrière le temple principal est un spectacle incroyable qu'il faut voir. Comme il s'agit ▶

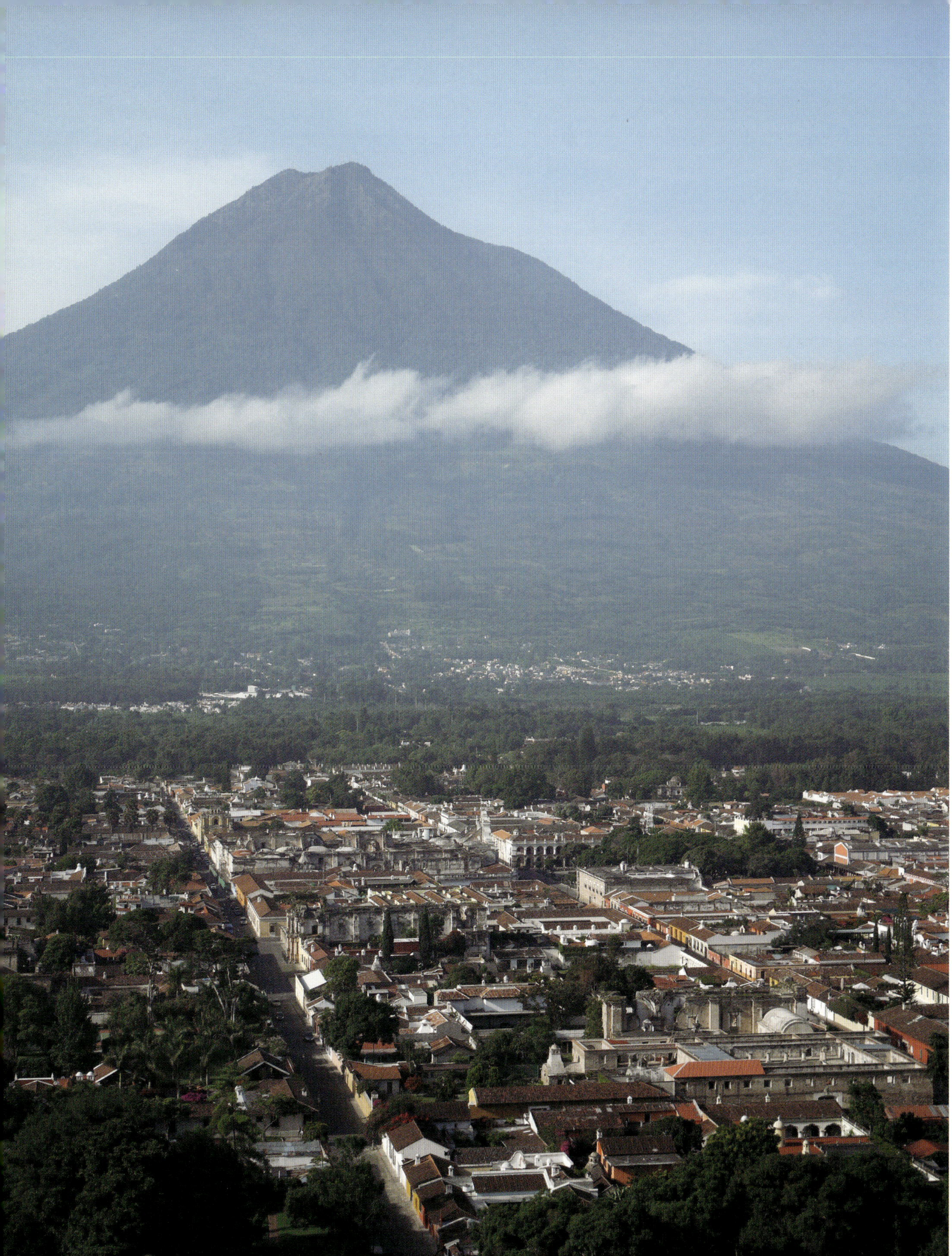

▶ d'un site sacré et religieux, vos jambes et vos épaules doivent être tout le temps couvertes ; donc, courir ainsi tôt le matin minimise le risque de coup de chaud et de déshydratation !

Maseru

La course à pied au Lesotho est magique partout. Mais les terres arides de la région de Maseru, au nord-ouest, sont vraiment remarquables. Voyageurs et cyclistes y passent souvent des semaines, logeant dans des cabanes de berger, afin de s'imprégner du paysage.

Le Lesotho, perle de l'Afrique du Sud, est un endroit magnifique, sûr et accessible. Pour la course sur route ou chemin, il offre des possibilités de s'entraîner sous haute température et en altitude. Après avoir atterri à Maseru, prenez n'importe quelle direction, et les montagnes deviendront rapidement vos amies. Il y a des vaches, des moutons, des chèvres, des cochons, et pléthore de longues routes droites qui sillonnent et contournent les vallées rocheuses.

Ce royaume enclavé de haute altitude encerclé par l'Afrique du Sud est traversé par un réseau de rivières et de massifs montagneux, dont l'impressionnant sommet de Thabana Ntlenyana (3 482 m). Sur le plateau de Thaba Bosiu, près de Maseru, gisent les ruines du règne du roi Moshoeshoe I (XIXᵉ siècle). Thaba Bosiu est dominé par le fameux mont Qiloane, haut de 1 532 m, symbole intemporel du peuple des Basotho. Il est possible de partir de l'aéroport de Maseru.

Great Glen Way

Le Great Glen Way est un sentier de 125 km comprenant de nombreuses montées, à la croisée d'importants monuments historiques et culturels écossais. Il relie l'Old Fort de Fort William, au pied du Ben Nevis, à la célèbre ville d'Inverness, à proximité de Clava Cairns, un cimetière de l'âge du bronze. En chemin, vous pourrez visiter le château d'Inverlochy (XIIIᵉ siècle) – site de deux batailles qui eurent lieu en 1431 et en 1645, pendant la guerre civile anglaise –, le Spean Bridge Commando Memorial et le Clansman Center, maison-musée présentant la vie au XVIIᵉ siècle dans les Highlands. Comme il est possible de camper partout, ce sentier est parfait pour les coureurs ▶

Ci-dessous : Au Lesotho, le plateau Thaba Bosiu est réputé pour ses escarpements en grès formant une « forteresse » naturelle de presque 120 m qui domine la plaine environnante. En haut à droite : Les tours d'Angkor Vat, au Cambodge, se dressent au-dessus d'un paysage verdoyant.

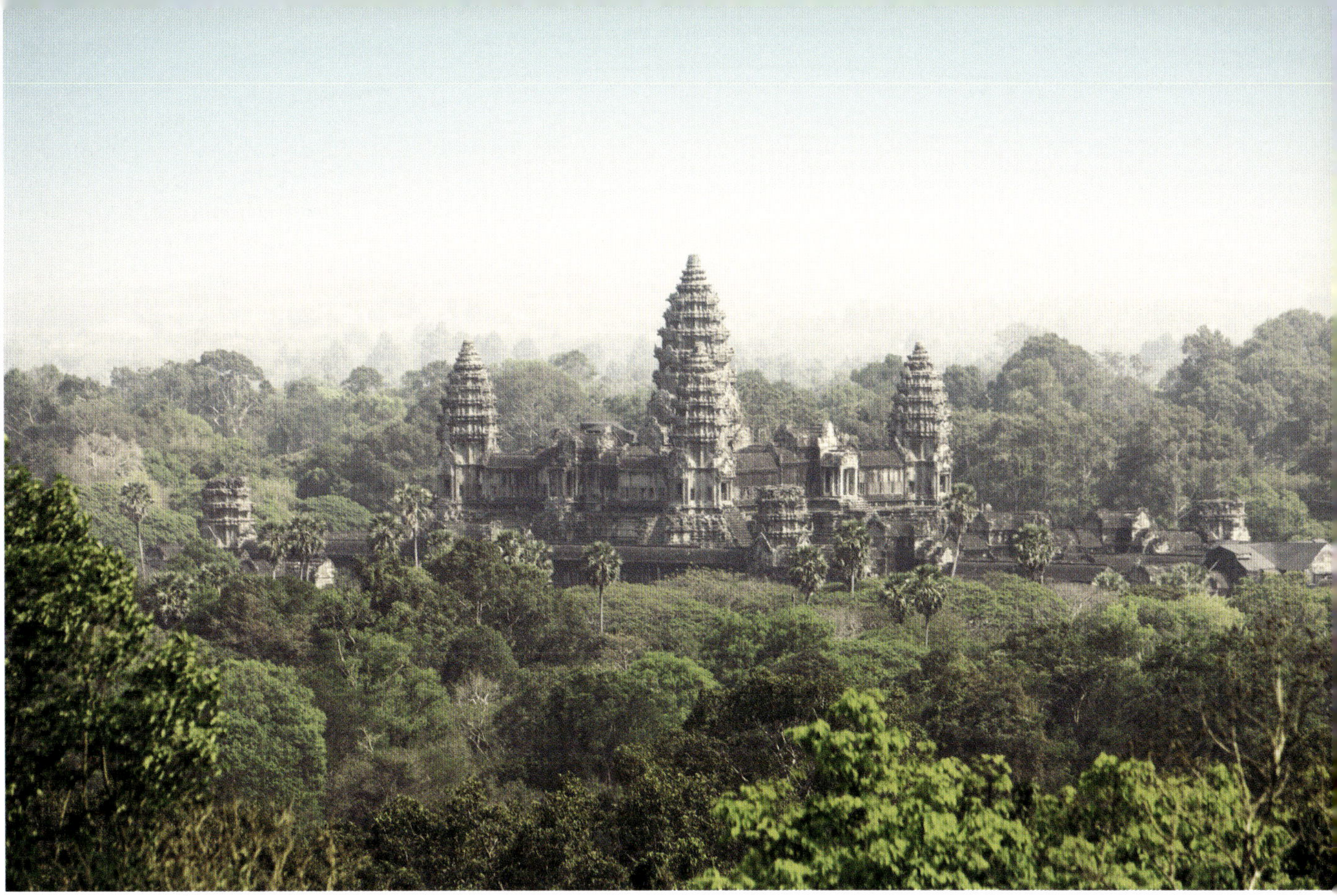

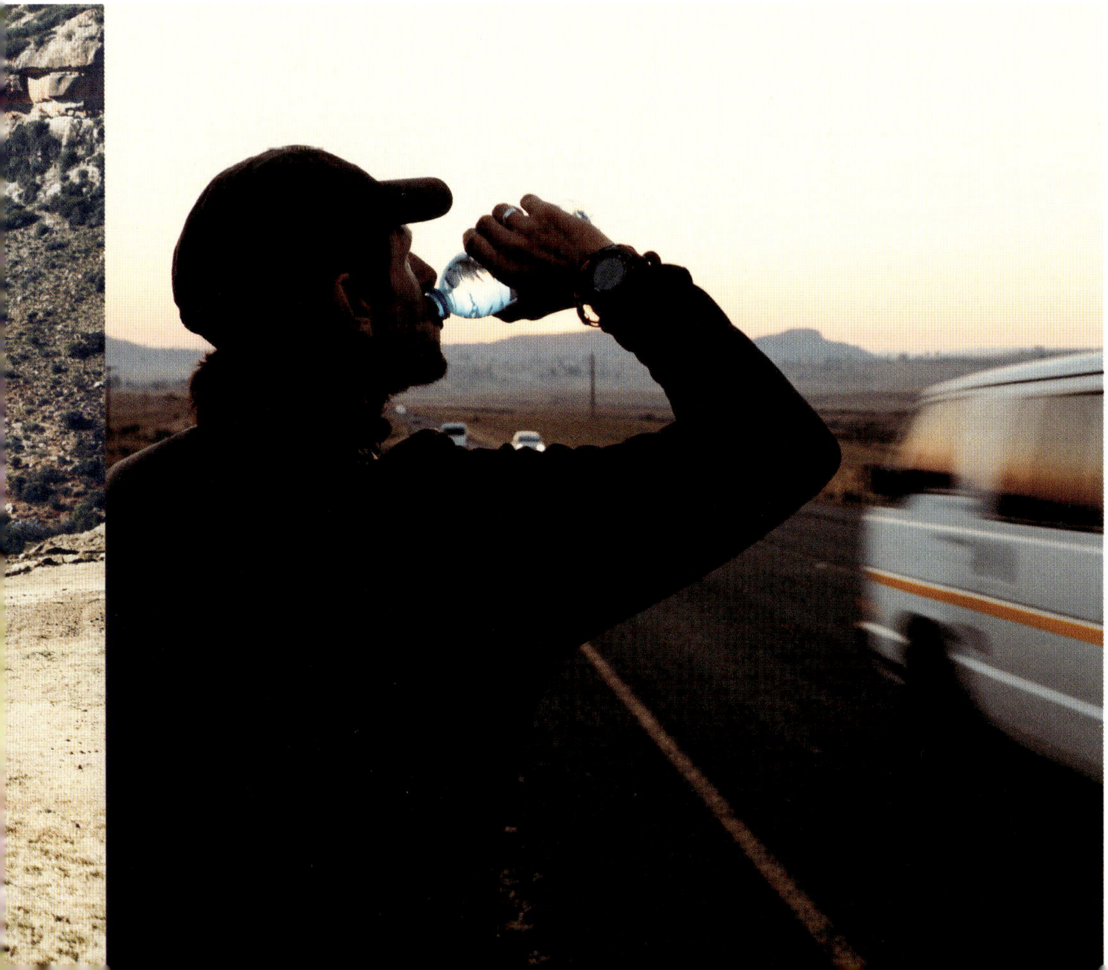

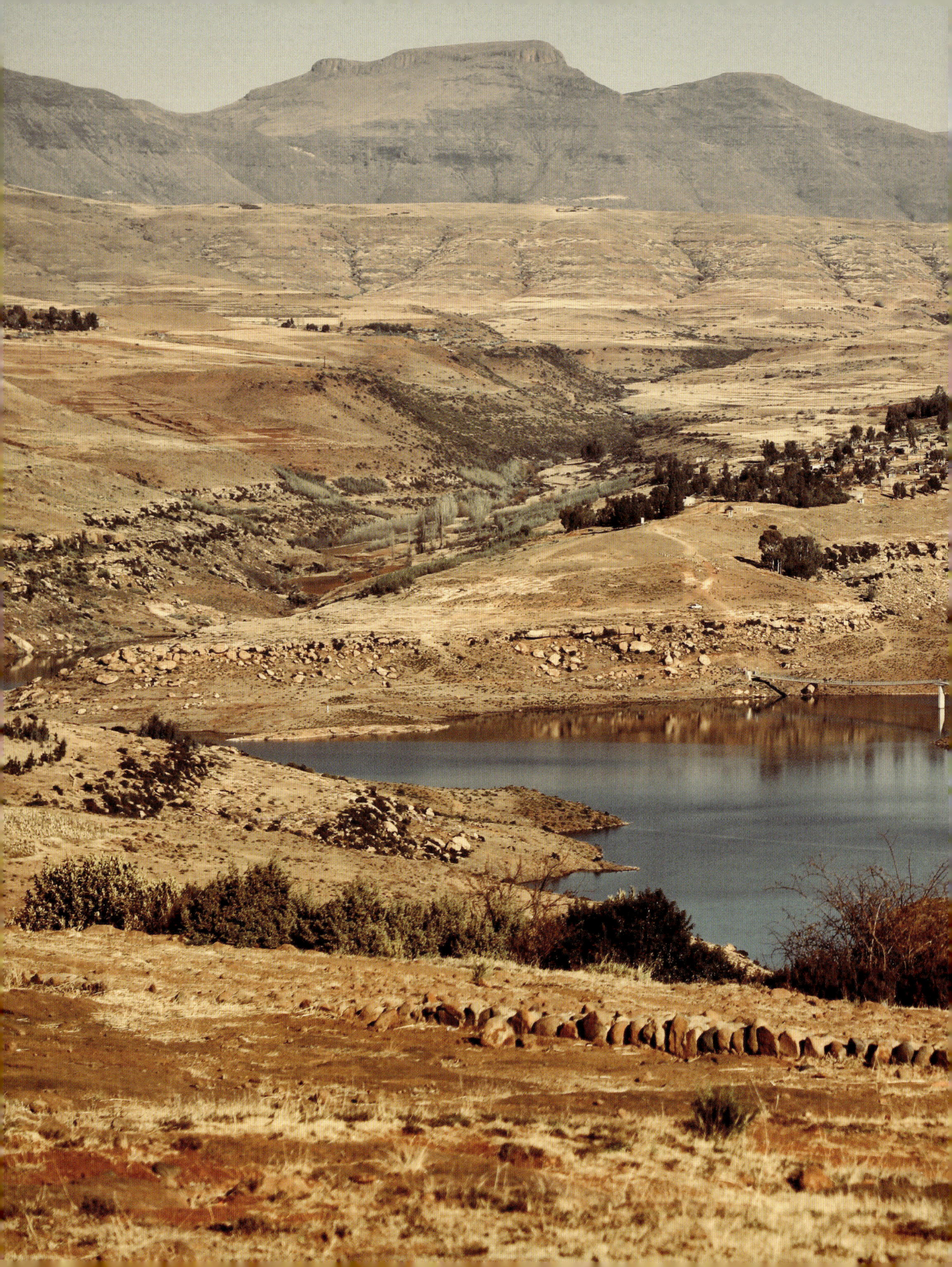

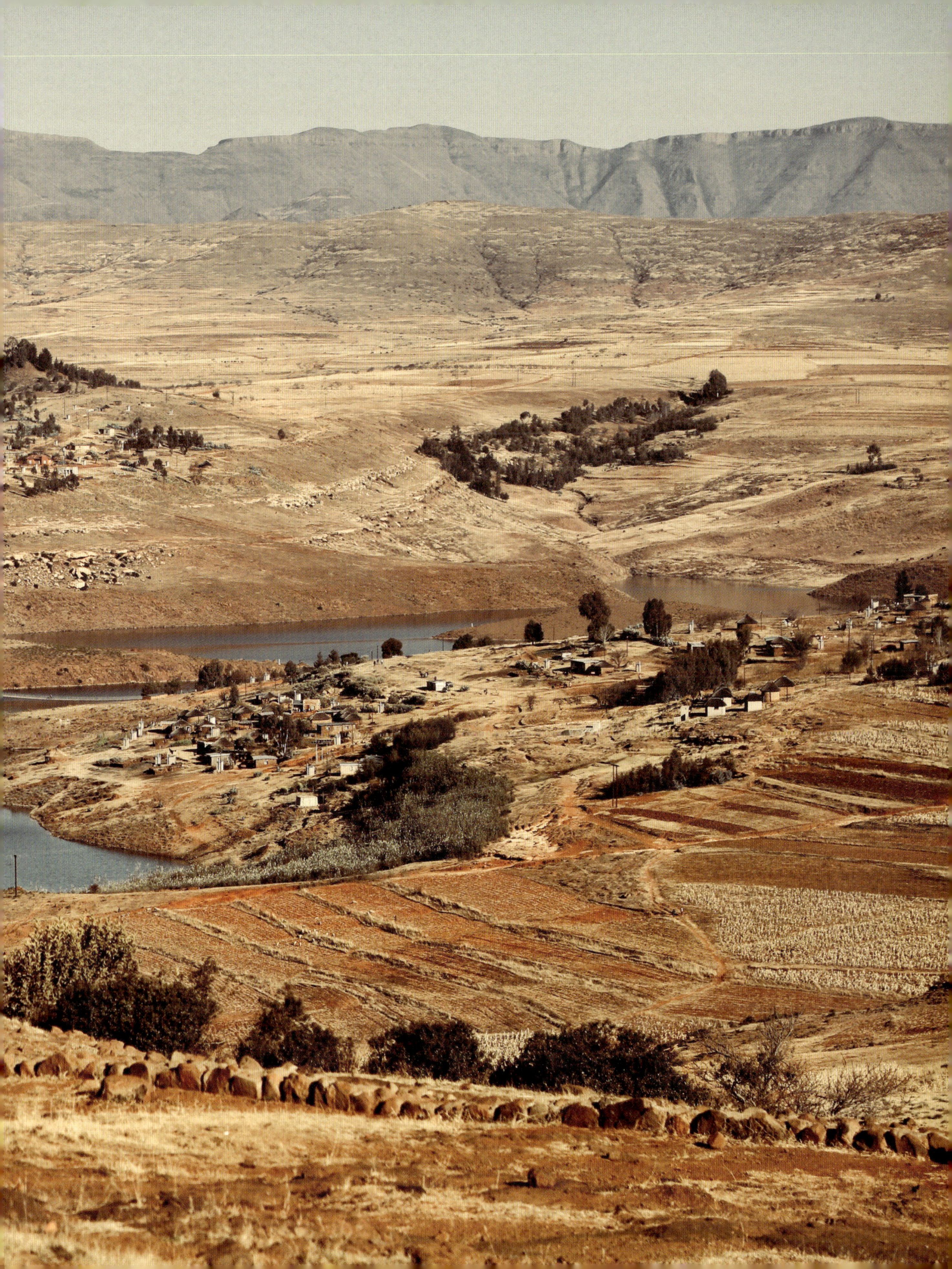

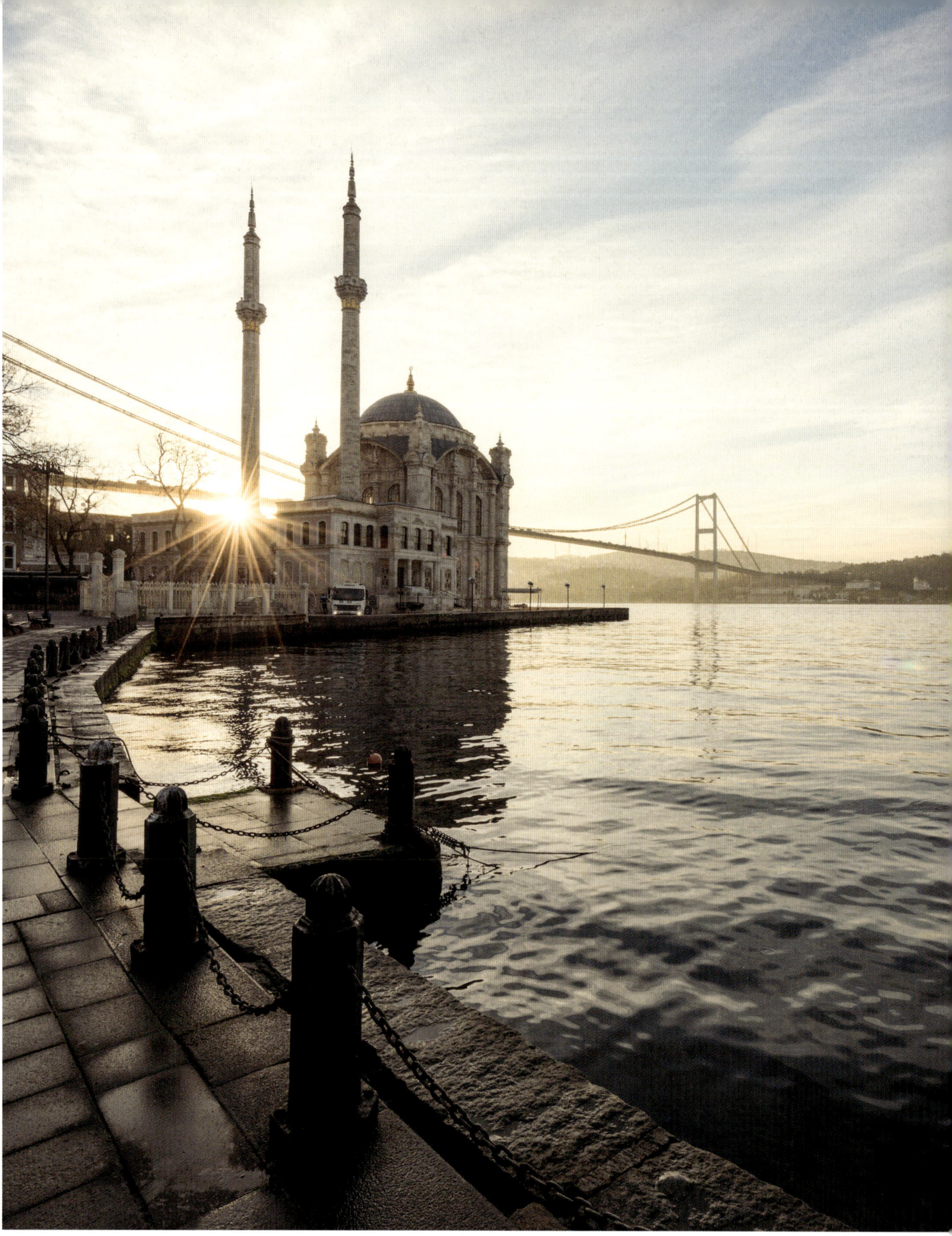

Ci-dessus : Le sommet enneigé du Ben Nevis, vu depuis les ruines du château d'Inverlochy. À gauche : La mosquée d'Ortaköy à Istanbul, sur les berges du Bosphore, avec le pont du Bosphore en arrière-plan.

d'ultra qui aiment combiner nature et patrimoine. Vous longerez les lacs Loch Lochy et Loch Oich et passerez dans des forêts surplombant le Loch Ness. Il est même autorisé de faire du feu en de multiples endroits ; pensez simplement à vous munir de répulsif contre les insectes et d'une moustiquaire de tête en été.

En chemin, vous croiserez de nombreux marcheurs, randonneurs, campeurs et coureurs. Saluez-les : les Écossais sont avenants et n'hésiteront pas à vous renseigner.

Istanbul

Courez dans cette ville magique où Asie et Europe se rencontrent et où se mêlent des trésors naturels et culturels. De ses bazars animés aux célèbres mosquée Bleue et Sainte-Sophie, Istanbul dévoile des merveilles à chaque coin de rue, en plus d'offrir de superbes parcours de course à effectuer lors d'un court séjour.

Si vous résidez dans la vieille ville, votre jogging jusqu'aux berges tôt le matin sera accompagné par l'appel à la prière, et vous pourrez admirer la vue sur la Corne d'Or et le pont du Bosphore. Vous remarquerez les signes de la main accueillants des habitants.

Le bord de l'eau est le meilleur endroit pour courir dans le centre, mais, si vous cherchez des côtes, dirigez-vous vers la colline de Çamlıca. Pour des sentiers dans les bois, la vaste forêt de Belgrad, au nord de la ville, n'est qu'à un court trajet en voiture. Si vous avez encore du temps, rendez-vous sur l'île de Büyükada, accessible en ferry. Une boucle de 11,8 km en fait le tour.

Courses du patrimoine : l'essentiel

Antigua
Guatemala
Itinéraire :
vieille ville d'Antigua
Distance :
variable

Angkor Vat
Siem Reap, Cambodge
Itinéraire :
Angkor Vat–Bayon–Ta Prohm
Distance :
18 km

Maseru
Lesotho
Itinéraire :
aéroport de Maseru–Thaba Bosiu
Distance :
25 km

Great Glen Way
Highlands, Écosse, Royaume-Uni
Itinéraire :
Fort William–Inverness
Distance :
125 km

Istanbul
Turquie
Itinéraires :
berges du Bosphore ; colline de Çamlıca ; forêt de Belgrad ; île de Büyükada
Distance :
variable

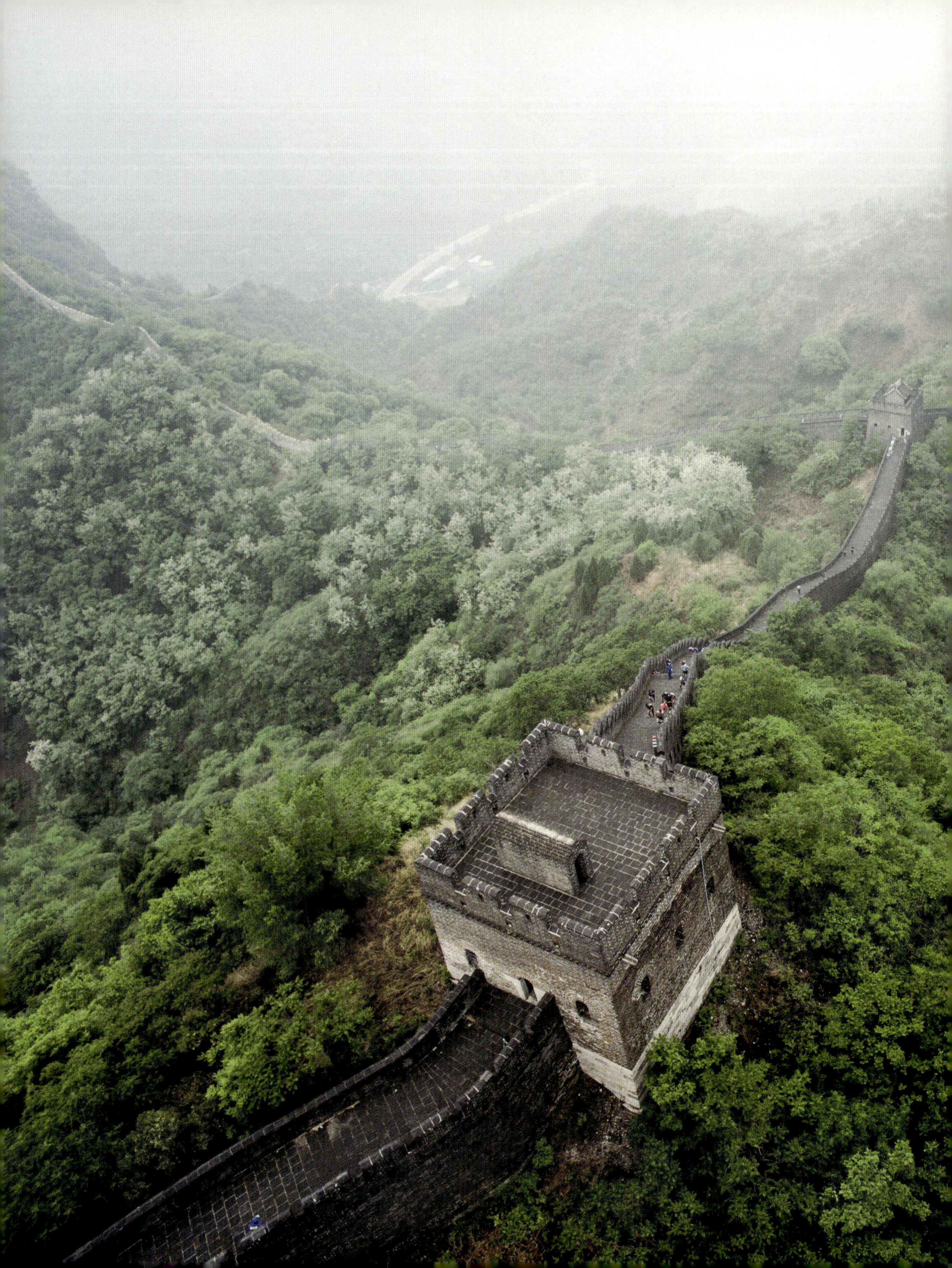

MARATHON DE LA GRANDE MURAILLE

Si la découverte de Pékin et de la culture chinoise ne vous a pas suffi, vous pouvez participer à un marathon éreintant le long de la Grande Muraille de Chine. Cette course spéciale offre une perspective unique, emmenant les participants à travers les villages et la luxuriante campagne chinoise pendant qu'ils courent sur ou à côté de cette merveille architecturale.

Avec plus de 25 000 coureurs accueillis depuis son lancement en 1999, cette course qui affiche toujours complet est monumentale, dans tous les sens du terme. C'est non seulement l'un des marathons les plus appréciés du monde (68 nationalités à l'édition 2019), mais aussi probablement l'un des plus exigeants, avec plus de 5 000 marches de la Grande Muraille à gravir. Les coureurs évoluent le long d'un axe routier, sur des pistes accidentées et, évidemment, sur la muraille. Si certaines sections ont été restaurées, le reste est en l'état. Il faut donc affronter des pierres bancales ou manquantes, côtoyer des parties qui s'écroulent ou qui sont envahies de mauvaises herbes, et effectuer des montées et des descentes extrêmes. Vous cherchez un défi chargé d'histoire ? Cette course est faite pour vous !

Les participants jeunes ou vieux forment un groupe hétérogène, très éloigné de l'équipe des 350 athlètes danois qui tentèrent le ▶

C'est non seulement l'un des marathons les plus appréciés du monde (68 nationalités à l'édition 2019), mais aussi probablement l'un des plus exigeants, avec plus de 5 000 marches de la Grande Muraille de Chine à gravir.

Dès le départ, l'épreuve se fait en montée. Au bout de 5 km, place aux premières marches sur les 5 164 que compte le parcours. De là s'ensuivent 3 km sur la Grand Muraille, dont 1 km autour de la magnifique forteresse Huangyaguan.

▶ tout premier marathon sur ce monument en 1999 (mais certaines choses perdurent : Dane Henrik Brandt a participé à toutes les courses depuis la création de cette épreuve !). Il existe trois distances au choix, toutes démarrant et se terminant sur la place Yin et Yang de la forteresse Huangyaguan. Les concurrents traversent cette place deux fois, car la partie de l'itinéraire sur la muraille comporte une boucle à effectuer deux fois. Ils profitent ainsi de vues imprenables sur la fortification qui s'étend à perte de vue aussi bien devant eux que derrière, parmi des paysages verdoyants et luxuriants. Le tronçon situé en contrebas de la muraille, au milieu de terres cultivées et de petits villages, jouit souvent d'une ambiance festive grâce aux spectateurs chinois qui encouragent les coureurs. Ne vous attardez pas trop à contempler le paysage ou à faire des selfies avec le public : le temps est limité à 8 heures, et vous avez un avion à prendre. Ces marches ne se monteront pas toutes seules !

Sachez qu'en tant que coureur étranger, vous devez souscrire à un voyage organisé ; seuls les Chinois ont le droit de ne s'inscrire qu'à la course. Ces forfaits de six ou sept jours incluent le transport, l'hébergement et les visites touristiques. Ils vous permettront de profiter au maximum et de fouler cet incroyable territoire chargé d'histoire. ■

Distance : 8,5 km, 21,1 km ou 42,2 km

Lieu : district de Huairou, Chine

Date : mai

Type : trail/marches

Température Ø : 16-35 °C

MARATHON DE LA GRANDE MURAILLE

Les trois itinéraires empruntent une boucle qui commence et se termine sur la place Yin et Yang. Les résultats sont affichés sur cette place à mesure que l'épreuve se déroule. Après avoir franchi la ligne d'arrivée, tous les coureurs reçoivent une médaille – avec un ruban vert pour la *fun run* (la course la plus courte), un rouge pour le semi-marathon et un noir pour le marathon.

Le tronçon situé en contrebas de la muraille, au milieu de terres cultivées et de petits villages, jouit souvent d'une ambiance festive grâce aux spectateurs chinois qui encouragent les coureurs. Ne vous attardez pas trop à contempler le paysage ou à faire des selfies avec le public : le temps est limité à 8 heures.

BAGAN TEMPLE MARATHON

Plus de 2 000 temples à découvrir en 42,2 km… Le Bagan Temple Marathon vous emmène à la rencontre des monuments les plus sacrés du Myanmar. Entre les hordes d'enfants venus vous encourager et votre esprit qui voyage dans les méandres de l'histoire, il est facile d'en oublier la course !

Il est rare dans une compétition ou dans la vie de démarrer sa journée au pied d'un édifice vieux de plus de 1 000 ans. Construit au début du XIIIe siècle sous le règne du souverain Htilominlo, le temple du même nom sert de ligne de départ et d'arrivée au Bagan Temple Marathon, et il en donne le ton. Cette course pleine de beauté, d'histoire et de culture se déroule dans un cadre sublime et relativement peu fréquenté.

Bagan, ancienne cité située dans une plaine verdoyante traversée par le fleuve Irrawaddy, au centre du Myanmar, est classée au patrimoine mondial par l'Unesco. Plus de 3 500 monuments enregistrés – principalement des temples et des stoupas – ont survécu, témoignant de la gloire du royaume de Bagan, à son apogée entre les XIe et XIIIe siècles. Fresques bouddhistes et sculptures sont encore visibles sur ces architectures extrêmement décorées. Au départ ▶

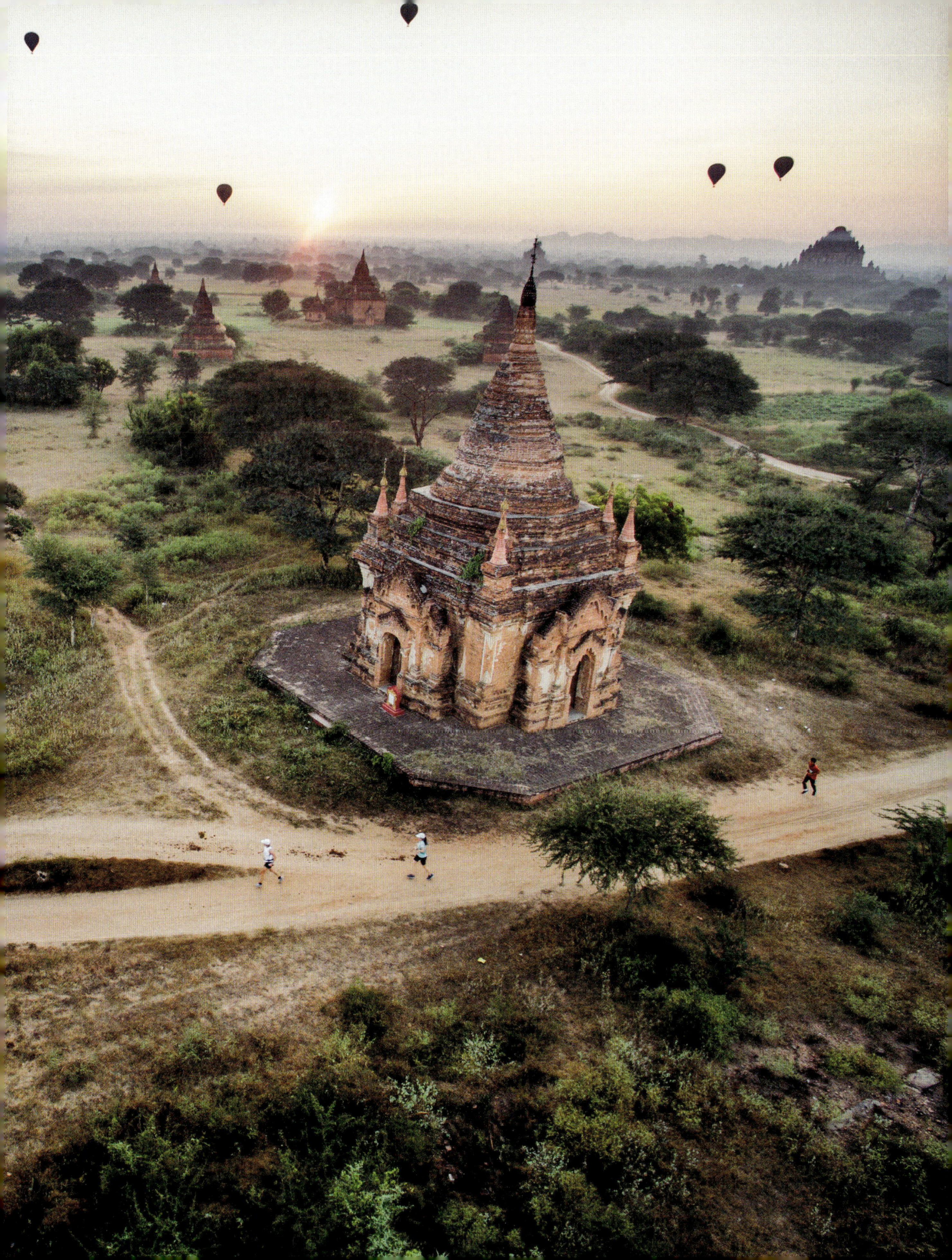

Préparez-vous à être assailli par des nuées d'enfants en tenue de fête qui veulent vous encourager ou vous dire bonjour. Vous risquez d'en oublier la course, dépaysé et émerveillé par le moindre spectacle.

La vie quotidienne continue pour les habitants, tandis que les coureurs traversent des champs parsemés de stoupas. Dans chaque village, les enfants attendent avidement de pouvoir les saluer. Certains participants croiseront même peut-être un berger menant son troupeau de chèvres.

▶ de la course, vous assisterez peut-être à l'un des somptueux levers de soleil sur le site. Le sommet des pagodes baigne alors dans une intense lumière mauve et orange et projette d'interminables ombres vers l'horizon.

Ne vous fiez pas à l'absence de montagnes ou de falaises : la chaleur et la poussière rendent cette épreuve difficile. En novembre, il fait chaud et humide, et les températures peuvent grimper jusqu'à 30 °C (ce n'est pas un marathon pour les amateurs de tenues soignées !) ; une matière respirante est donc conseillée. Le soleil est le seul adversaire de cette course qui, sinon, se distingue par un magnifique paysage, de sympathiques habitants et une atmosphère vraiment mythique. Afin de profiter au maximum de cette expérience, une bonne préparation au climat s'impose.

Tous les coureurs – même ceux qui font le parcours de 10 km – découvrent le temple de l'Ananda, haut de 51 m. En revanche, la pagode Dhammayazika, du XIIe siècle, dont les trois terrasses en brique sont ornées de tommettes de terre cuite relatant les vies du Bouddha, ne se dévoile qu'à ceux qui font le semi-marathon ou le marathon. Les coureurs du marathon quittent les pistes principales au bout de seulement 10 km pour s'engouffrer dans ce qui semble être un royaume différent : on y croise des charettes à bœufs chargées de céréales qui se déplacent avec constance sur les chemins de sable, tandis que des paysans s'occupent de leurs cultures de riz ou de cacahuètes. Préparez-vous à être assailli par des nuées d'enfants en tenue de fête qui veulent vous encourager ou vous dire bonjour. Vous risquez d'en oublier la course, dépaysé et émerveillé par le moindre spectacle.

À mi-chemin, les coureurs pénètrent dans le superbe village de Nyaungdo, où ils retrouvent une piste pour une courte durée. La pagode dorée de Tuyin Taung se dessine à droite lorsqu'on s'engage sur le sentier vers le barrage. Construite en 1059 par le souverain Anawrahta, elle abriterait une relique du Bouddha.

Après 30 km, une fois sur la dernière section de la course, vous serez probablement encouragé par les habitants d'East Pwazaw. Certes, le village est petit, mais leurs cris puissants vous donneront forcément l'énergie nécessaire pour atteindre la ligne d'arrivée. ■

Distance : 10 km, 21,1 km ou 42,2 km

Lieu : Bagan, Myanmar

Date : novembre

Type : trail/montagne

Température Ø : jusqu'à 30 °C

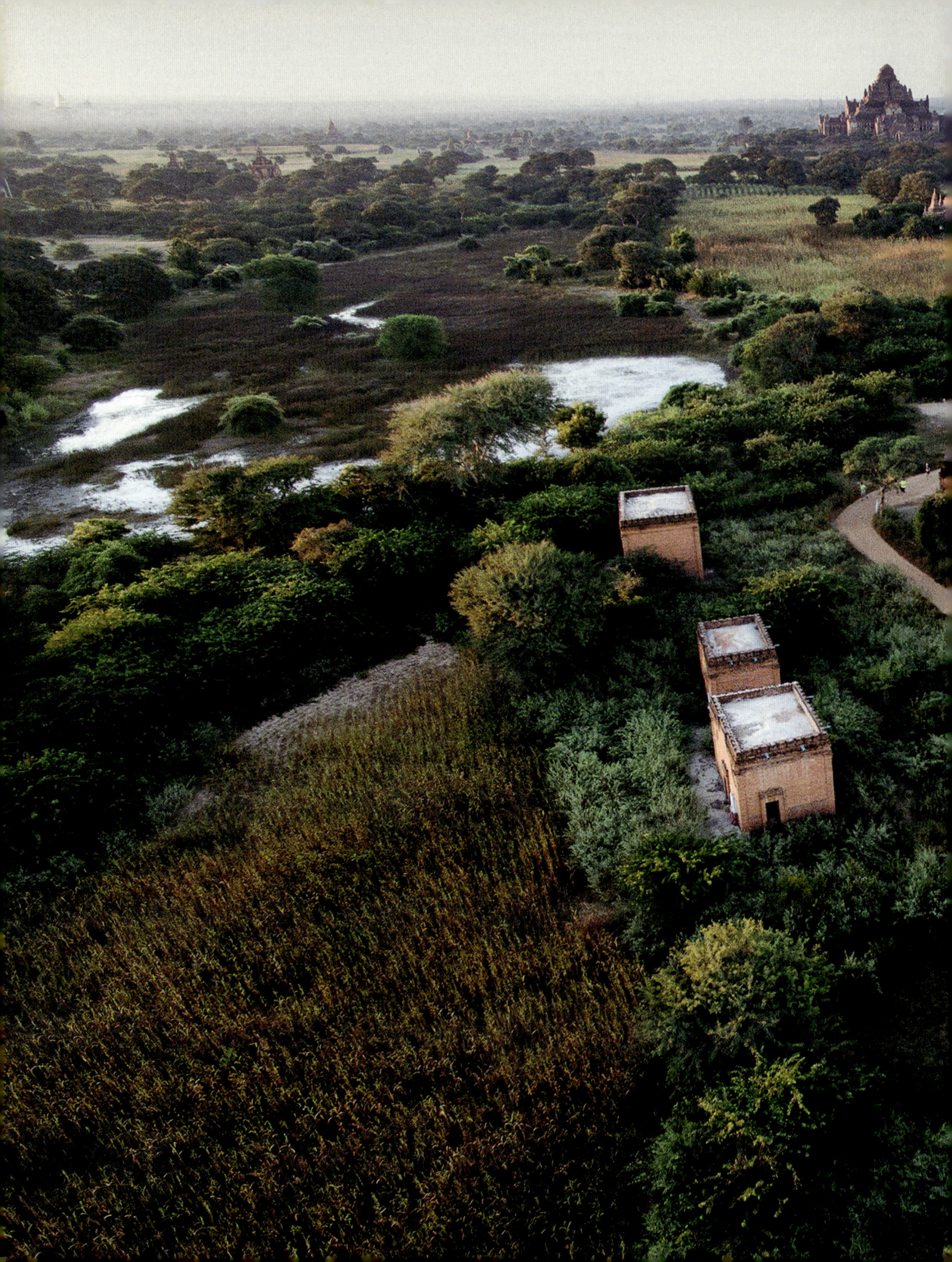

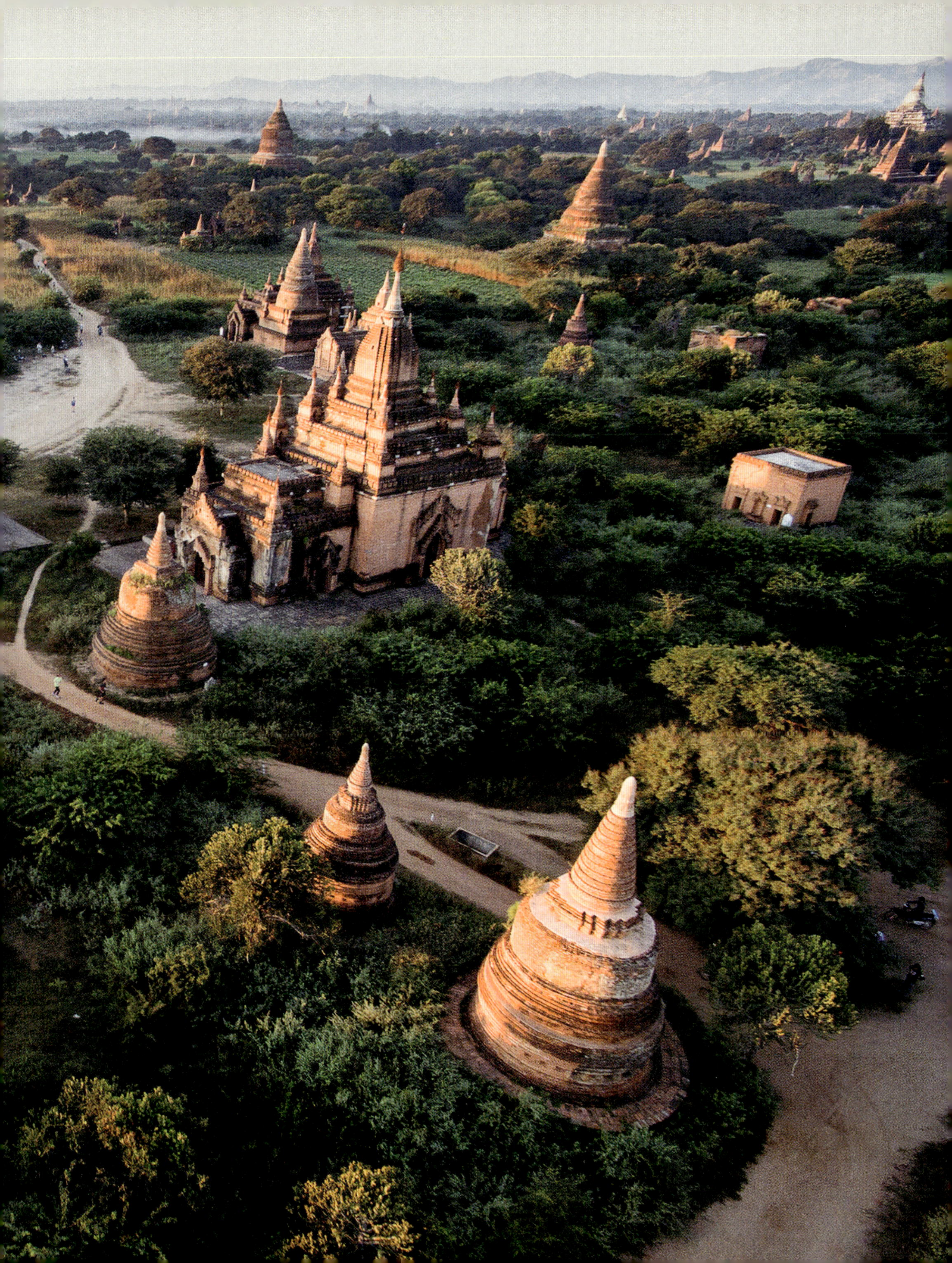

Le soleil est le seul adversaire de cette course qui, sinon, se distingue par un magnifique paysage, de sympathiques habitants et une atmosphère vraiment mythique. Afin de profiter au maximum de cette expérience, une bonne préparation au climat s'impose.

Ci-dessus : Une fois la ligne d'arrivée franchie, les coureurs reçoivent une médaille ainsi que des boissons fraîches. Page précédente : Les parcours du semi-marathon et du marathon passent par six temples ; au loin, on aperçoit la pagode Dhammayazika.

BAGAN TEMPLE MARATHON

ULTRA X JORDAN

Avec 2 522 m de montée sur plus de 250 km de désert, cette course peut paraître insensée. En réalité, les températures sont étonnamment supportables, et le désert est loin d'être une contrée sauvage abandonnée. Vous serez souvent tenté de photographier toutes les cinq minutes les formations rocheuses qui se dressent vers le ciel !

Laissez la Jordanie vous surprendre, vous lessiver et enrichir votre âme. Plus de 250 km de course sur cinq jours dans un somptueux désert et sous 34 °C… Une épreuve incontournable pour de nombreux coureurs.

L'Ultra X Jordan, appelé précédemment Wadi Rum Ultra, se déroule au sud de la Jordanie, à l'est d'Aqaba. Pétroglyphes et inscriptions attestent de la présence de l'homme dans la région depuis la préhistoire. De nos jours, cette région est surtout associée par les voyageurs occidentaux à T. E. Lawrence, alias Lawrence d'Arabie. Le film de David Lean (1962) a été tourné à cet endroit, et l'une des spectaculaires formations rocheuses de la région a été baptisée les « Sept Piliers de la sagesse », en référence aux mémoires de Lawrence. Le Wadi Rum, le plus grand wadi (lit de rivière asséché) du pays, offre un cadre fantastique à la course. Surnommé la ▶

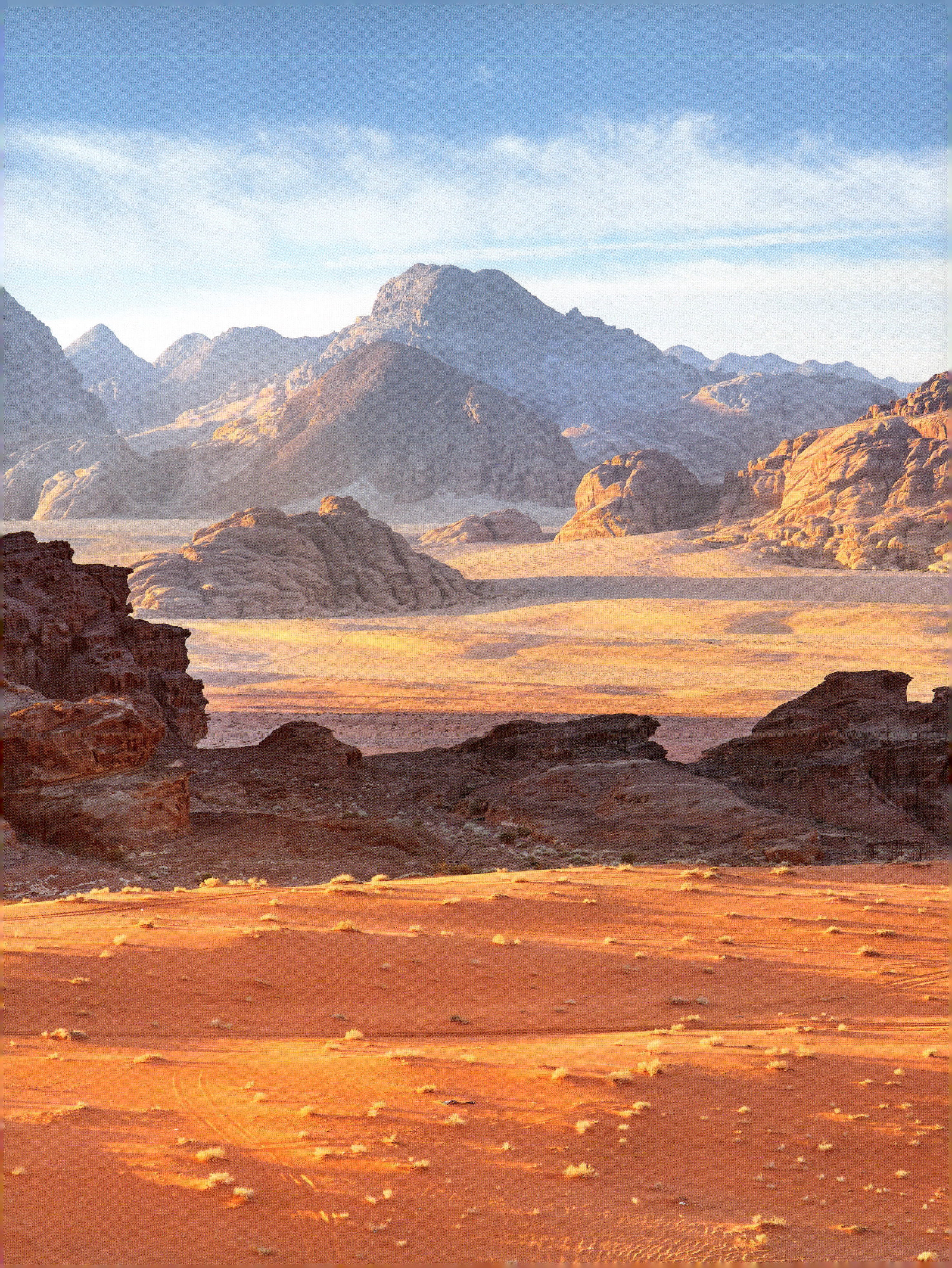

Le Wadi Rum est surnommé la « vallée de la Lune » en raison de son paysage unique, composé d'immenses formations rocheuses sculptées par l'érosion durant des milliers d'années. C'est un terrain désertique aride qui comporte peu de végétation.

« vallée de la Lune », il s'inscrit dans un paysage unique constitué de dunes, de sites historiques et d'autres incroyables wadis.

Cet ultra se démarque en tant que course longue distance difficile, car elle bénéficie tout de même d'assistance et d'un minimum de confort. C'est donc une épreuve plutôt agréable. Les camps de nuit disposent d'une équipe médicale (présente aussi en journée), de kinésithérapeutes et d'eau chaude à volonté. Les sacs et les vivres sont transportés tous les jours d'un camp à l'autre. Ainsi, pas besoin de courir en portant sur le dos une semaine de provisions.

L'éthique égalitaire de la course permet d'accepter des participants de tous niveaux, sachant que l'on peut aussi bien marcher que courir. Les concurrents arrivent à Amman deux jours avant le départ et assistent à une réunion d'accueil avec énoncé des consignes de sécurité et vérification des équipements, avant d'être transférés au premier camp, dans le Wadi Rum. Du lundi au vendredi, ils traversent le désert de jour, avec des étapes variant de 30 à 80 km, et campent la nuit. Le mercredi est le jour de l'étape la plus longue, qui démarre et se termine (pour certains) avec la lune. Le vendredi soir, place aux célébrations de fin de course, avec barbecue autour du feu, cérémonie de remise des prix et animations locales.

Malheureusement, les meilleures choses ont une fin. Le transfert vers Amman a lieu le samedi, après quelques heures passées sur le site antique de Pétra, classé au patrimoine mondial par l'Unesco. Mélange de défi physique et d'expériences nouvelles dans un endroit remarquable, voilà ce qui caractérise cette course et la série dont elle fait partie, l'Ultra X. Un bon équilibre. ■

Distance : 250 km

Lieu : Wadi Rum, Jordanie

Date : octobre

Type : trail/multi-étapes

Température Ø : 24-34 °C

ULTRA X JORDAN

Le Wadi Rum, le plus grand wadi (lit de rivière asséché) du pays, offre un cadre fantastique à la course. Surnommé la « vallée de la Lune », il s'inscrit dans un paysage unique constitué de dunes, de sites historiques et d'autres incroyables wadis.

Mélange de défi physique et d'expériences nouvelles dans un endroit remarquable, voilà ce qui caractérise cette course et la série dont elle fait partie, l'Ultra X.

Ci-dessus : Après avoir franchi la ligne d'arrivée, les participants reçoivent une médaille. La couleur du ruban indique le temps qu'ils ont réalisé : noir, moins de 27 heures ; blanc, moins de 30 heures ; bleu, plus de 30 heures.
À gauche : Le Khazneh (Trésor) de Pétra.

ULTRA X JORDAN

L'appel de la nature : courses isolées et paysages spectaculaires

Si vous cherchez un cadre sauvage et retiré pour courir, alors sillonnez les champs de lave d'Islande ou les contrées montagneuses de Nouvelle-Zélande, explorez les sentiers des Highlands ou les profondeurs du canyon de Charyn. De ces destinations extraordinaires émane partout une beauté naturelle préservée.

Islande

Destination de rêve pour les coureurs du monde entier, l'Islande offre pléthore d'options : courir autour de Reykjavík, la capitale, ou bien le long de sa côte aride et volcanique, seul au milieu des oiseaux et du vent. Comme c'est le pays le moins densément peuplé d'Europe, vous n'aurez pas de mal à échapper à la civilisation.

Pour des courses plus ardues, le mieux est d'emporter un sac avec une tente, quelques vêtements chauds et de la nourriture, et de courir dans n'importe quelle direction depuis le centre de Reykjavík. Vous pourriez même partir de l'aéroport. Mieux encore : louez une voiture pendant une semaine et passez plusieurs jours à explorer les innombrables cascades, geysers et sources chaudes.

Choisissez bien la période de l'année. La météo islandaise provoque des effets spectaculaires. De fin août à mi-avril, le ciel clair et l'obscurité complète des nuits apportent les aurores boréales. Le reste de l'année, le climat est plus clément et moins dur, mais jamais très chaud. ▶

Ci-dessus et à droite : Près de 80 % de l'Islande est inhabitée : une destination idéale pour le trail ! De nombreuses pistes de graviers quadrillent l'île au sein de plaines fertiles aux affleurements rocheux accidentés. La plupart ne se trouvent qu'à une vingtaine de kilomètres de la capitale.

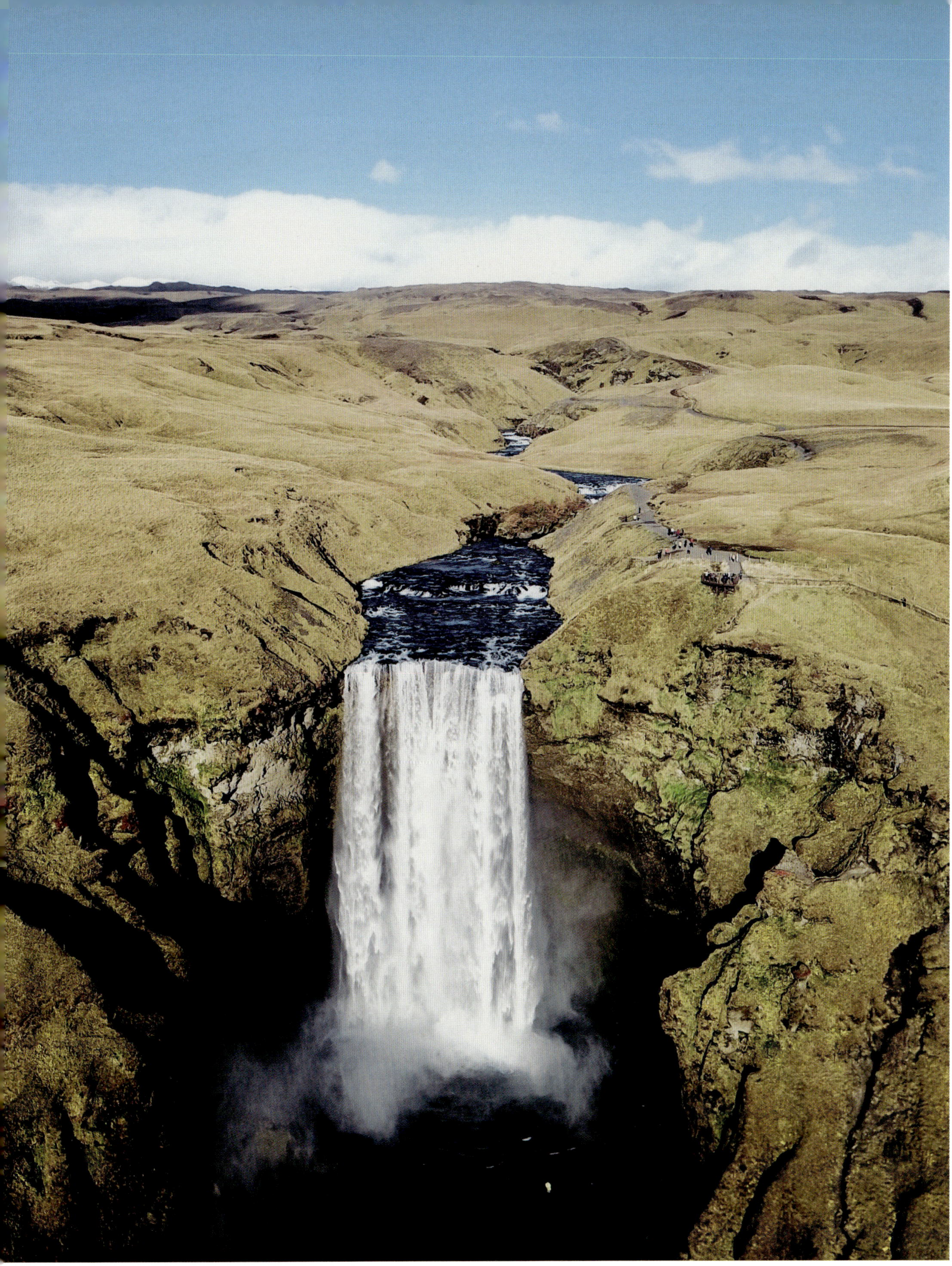

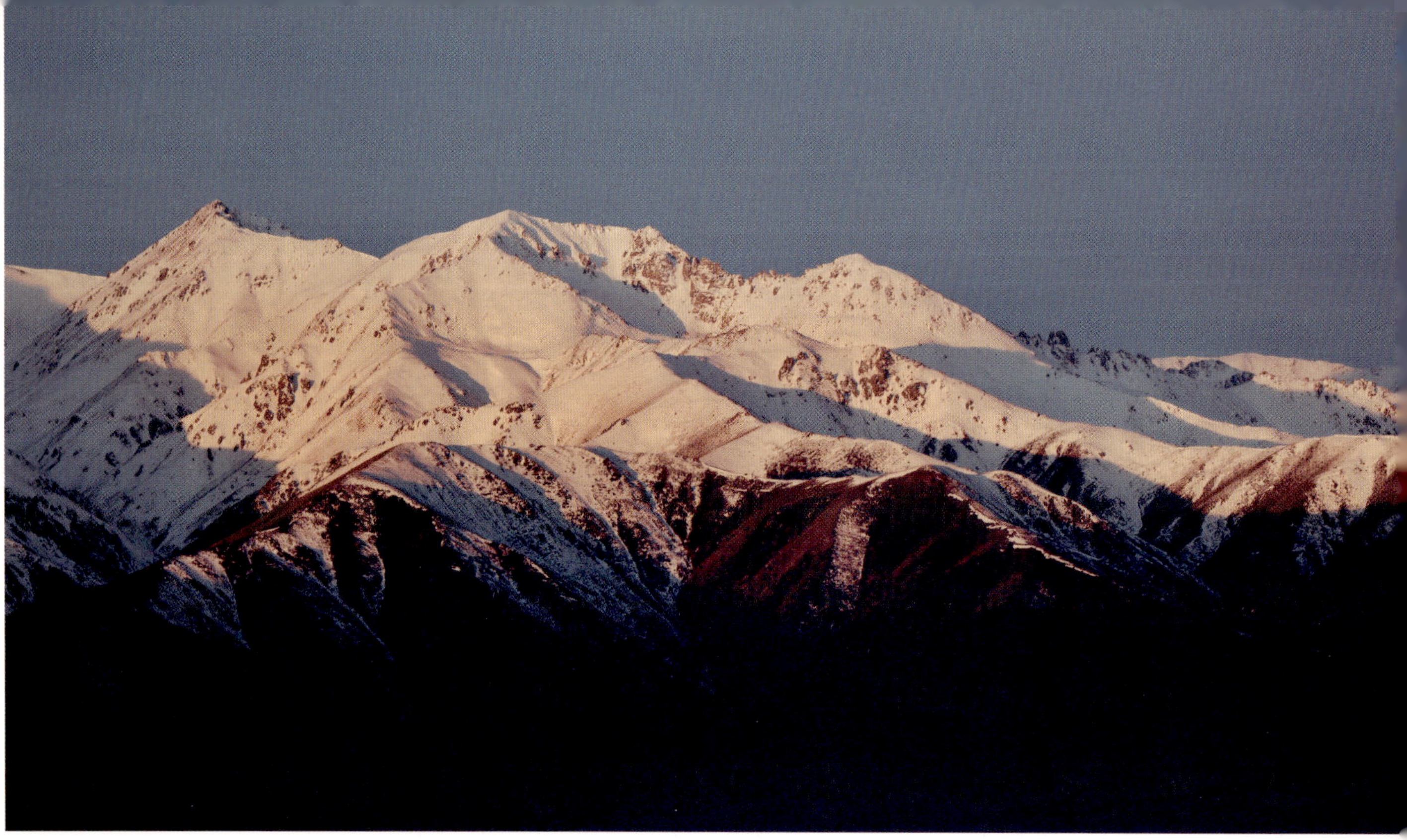

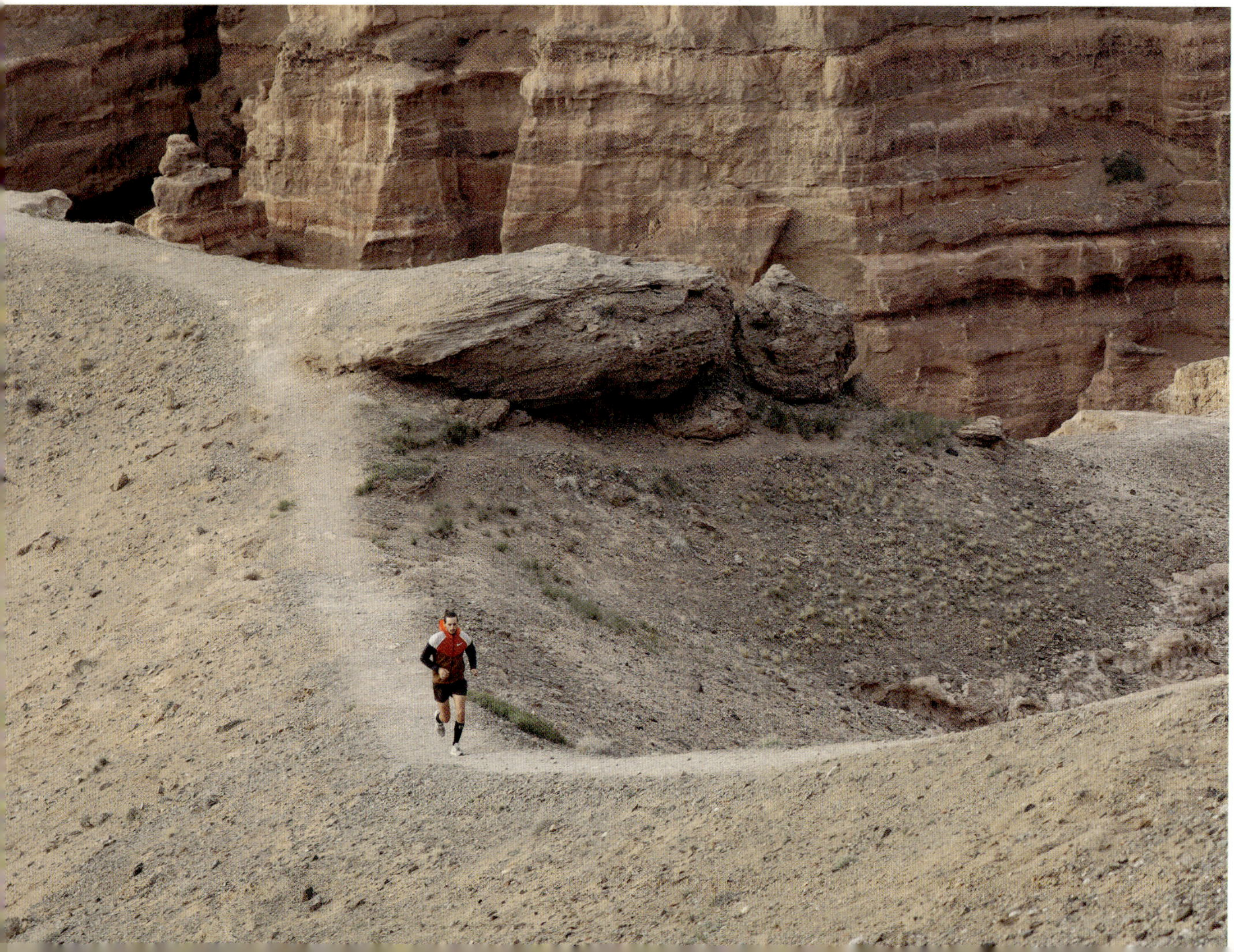

Ci-dessus : Il existe de nombreux chemins balisés, classés par niveau, autour du verdoyant canyon de Big Cottonwood.
À gauche : Le canyon de Charyn, où le trail est moins pratiqué ; le chemin le plus aisé à suivre se trouve dans la « vallée des Châteaux ».

▶ Pour un défi épique, courez du nord au sud, ou tout autour de l'île. Vous pourriez aussi emprunter en voiture la route goudronnée de 1 332 km qui en fait tout le tour, vous garer et disparaître dans les paysages du nord-ouest, où vous verrez sans doute plus d'étoiles que jamais auparavant…

Canyon de Big Cottonwood

Un must : l'excursion d'une journée au départ de Salt Lake City, (Utah) jusqu'à cet impressionnant canyon du massif montagneux de Wasatch. Il y a là des kilomètres de sentiers parfaits pour courir et camper. Beaucoup présentent un défi considérable. On peut relier ces chemins entre eux pour allonger ou raccourcir son itinéraire.

Grand classique du canyon, le célèbre parcours du triathlon Iron Cowboy totalise 18 km et 1 000 m de dénivelé positif. Ne négligez surtout pas la préparation : cet itinéraire est difficile, et le mot est faible ! L'idéal pour cette boucle titanesque est de courir avec une gourde filtrante et de la remplir dans les ruisseaux et les rivières ; autrement, un plus grand contenant sera indispensable. Si ce parcours ne vous suffit pas, essayez les sentiers autour de Lake Blanche, Mineral Fork, Donut Falls, Dog Lake, Desolation Lake, Silver Lake et, bien sûr, les lacs Mary, Catherine et Martha. Les possibilités sont infinies.

Canyon de Charyn

Le Kazakhstan est souvent négligé malgré ses innombrables itinéraires. Il est conseillé de passer plusieurs jours dans le canyon de Charyn – courez n'importe quelle distance, vous vous arrêterez sûrement avant la fin du canyon ! Pour rejoindre facilement cet endroit isolé, il faut louer un taxi depuis la grande ville d'Almaty, à environ 200 km de là. Ce n'est pas trop coûteux, et, une fois déposé, vous pouvez aussi prévoir une date et une heure de retour. (Assurez-vous toutefois d'avoir du réseau téléphonique au cas où le taxi ne se présenterait pas.) Sinon, optez pour une longue virée sur la journée ; les chauffeurs acceptent souvent de vous attendre.

Courir au sommet du canyon, autour ou au fond vous fera vous sentir bien petit dans ce monde minéral rose et orange. Le canyon est aride, accidenté et immense, et vous serez le plus souvent seul. Veillez à emporter beaucoup d'eau, quelques encas et une tente. Si vous y passez la nuit, explorez-le au lever ou au coucher du soleil, lorsque les falaises sont striées d'or et d'ambre à mesure que la lumière l'inonde ou le quitte. La nuit, un ciel étoilé infini se déploie au-dessus de vous.

Il est important de rappeler que, même si la rivière paraît très tentante par une chaude journée d'été, la baignade est déconseillée en raison de la vitesse du courant.

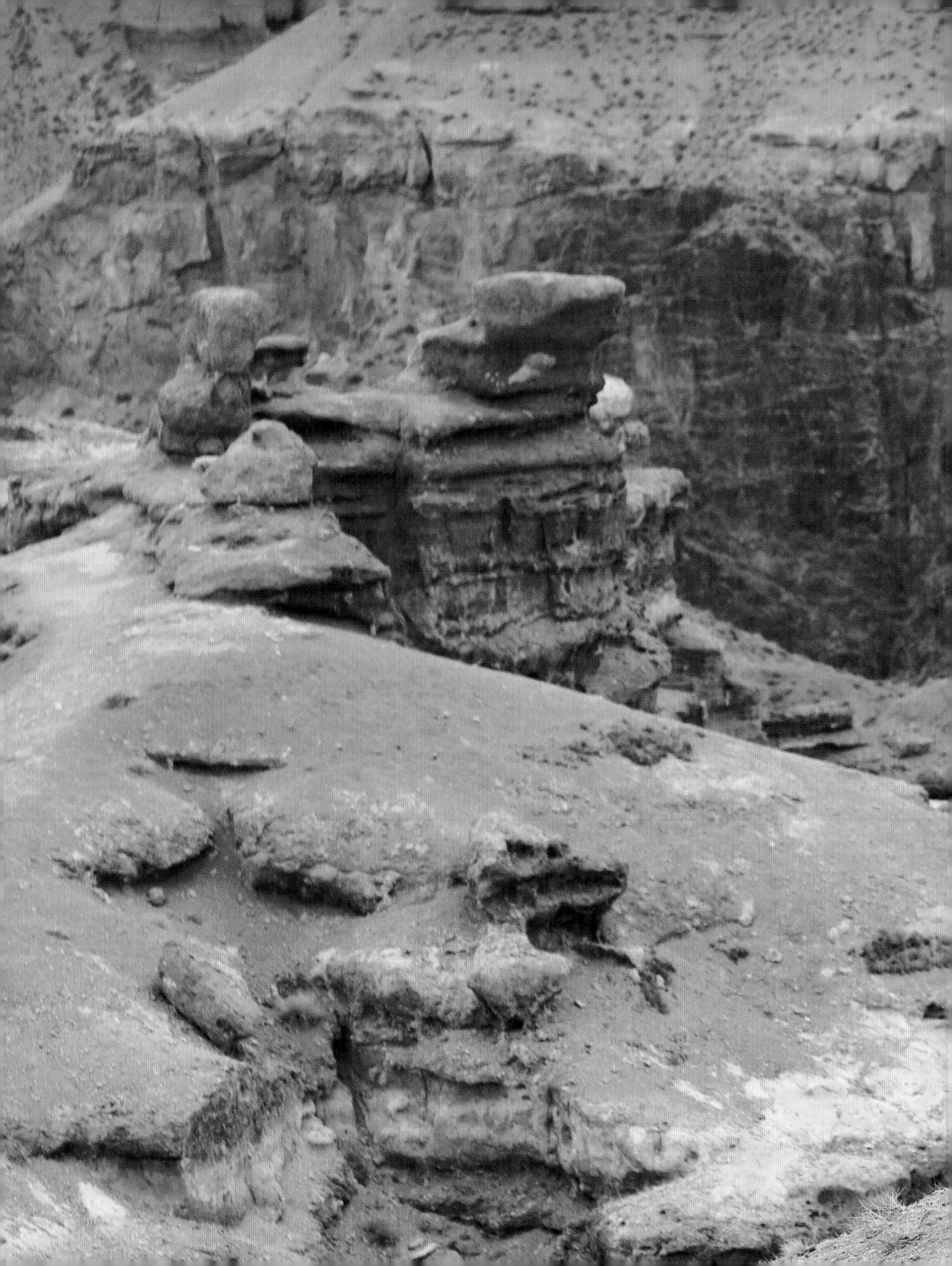

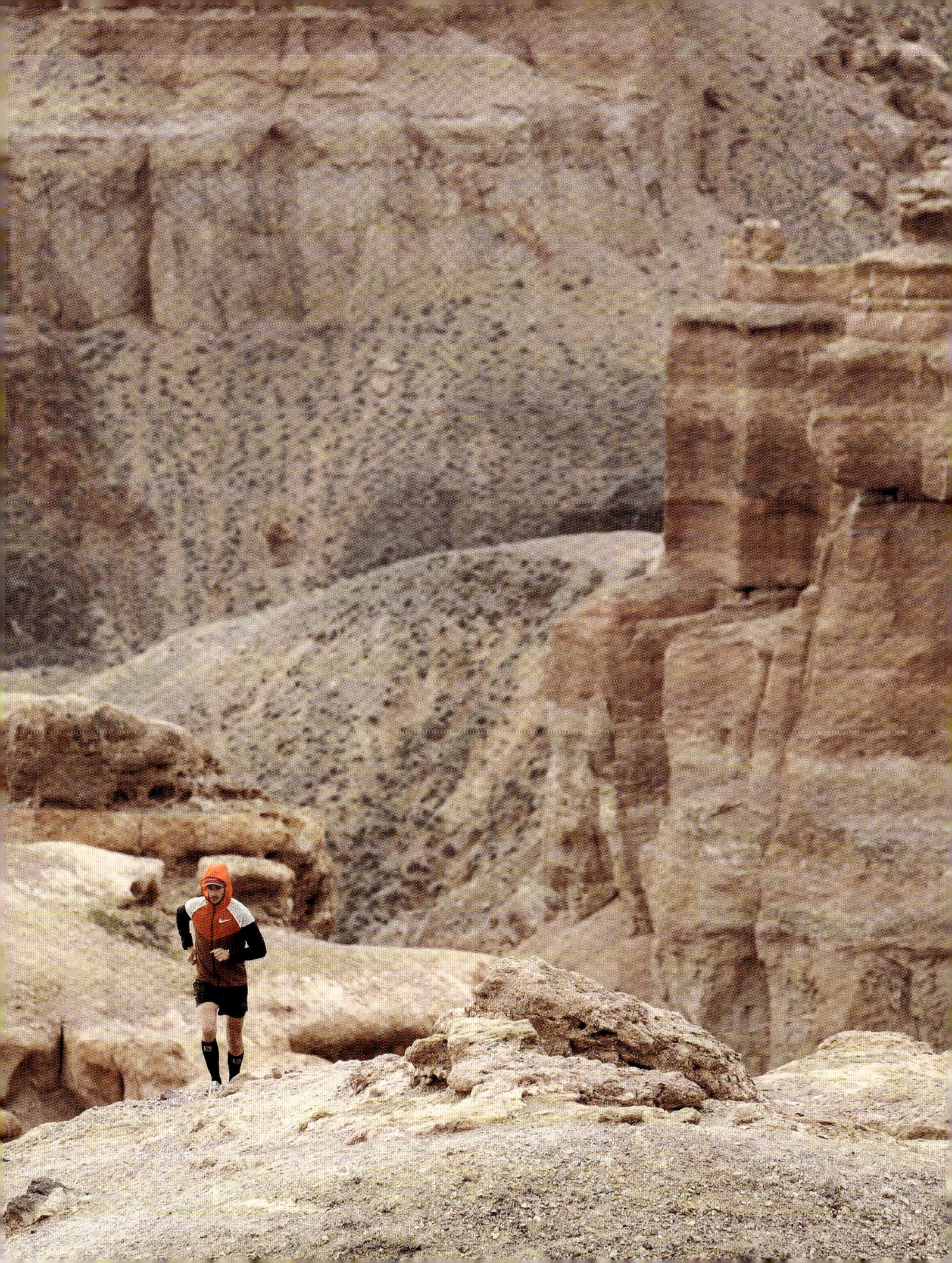

Nouvelle-Zélande

Les montagnes de Nouvelle-Zélande ont servi de décor à de nombreux films ; pour une course vraiment spéciale avec des vues incroyables, restez à l'écart des villes et tenez-vous-en aux contrées sauvages.

Mêlant chaînes de montagnes tentaculaires, chemins forestiers intacts, routes côtières et pistes enneigées, ce lieu gagne en popularité depuis plusieurs années, attirant des traileurs du monde entier. Un beau parcours de demi-fond dévoile la variété de climats et de terrains. De plus, d'après l'OMS, l'air de la Nouvelle-Zélande est l'un des plus purs de la planète, ce qui s'ajoute à la liste déjà longue des raisons d'explorer ce pays.

Un des meilleurs sentiers – le célèbre et pittoresque Skyline Track – se trouve dans la région de Wanaka, au sud-ouest du pays. Il faut compter plus de 10 heures pour une randonnée (moins en courant, en principe), mais vous serez sans doute tenté de vous arrêter pour prendre des photos.

Le relief de la Nouvelle-Zélande rappellera peut-être les Alpes aux traileurs. En revanche, on ne trouve nulle part sur terre de plages similaires. Rejoignez Punakaiki, village de l'île du Sud situé entre Westport et Greymouth, un tronçon qui foisonne de plages désertes.

Parc national de Jasper

Le parc national de Jasper s'étend sur plus de 11 000 km^2. C'est le plus grand des parcs des montagnes Rocheuses canadiennes, classées au patrimoine mondial par l'Unesco, et son cadre est époustouflant. Des denses forêts et des lacs bleu clair aux glaciers et sommets enneigés, voici quelques-uns des paysages les plus spectaculaires du Canada.

La route de 233 km entre la ville de Jasper et le lac Louise est considérée comme l'un des itinéraires automobiles les plus beaux du monde, et on peut y pratiquer la course à pied sur toute la distance. Pour des parcours moins longs, optez pour les nombreux sentiers à l'est de Jasper, tels que la vallée des Cinq Lacs (4,5 km), le Jasper Discovery Trail (10 km) ou le Saturday Night Lake Loop (24,3 km).

Cet endroit est taillé pour tous les coureurs avides d'aventure et qui aiment s'émerveiller devant les splendides paysages de notre planète.

Ci-dessous : Milford Sound, Nouvelle-Zélande. Pour atteindre cet endroit, il faut emprunter le sentier Milford Track depuis le lac Te Anau qui traverse des forêts tropicales tempérées et de jolies prairies.
À droite : Vue sur Spirit Island depuis un chemin de Maligne Valley, dans le parc national de Jasper.

Courir en pleine nature : l'essentiel

Islande
Itinéraires :
Reykjavík ; tour du pays
Distances :
variable ; 1 332 km

Canyon du Big Cottonwood
Utah, États-Unis
Itinéraire :
triathlon Iron Cowboy
Distance :
18 km

Canyon de Charyn
Région d'Almaty, Kazakhstan
Itinéraire :
canyon de Charyn
Distance :
variable

Nouvelle-Zélande
Itinéraires :
Skyline Track ; Punakaiki
Distances :
23 km ; variable

Parc national de Jasper
Alberta, Canada
Itinéraires :
Jasper–lac Louise ;
Saturday Night Lake Loop ;
Jasper Discovery Trail ;
vallée des Cinq Lacs
Distances :
233 km ;
24,3 km ;
10 km ;
4,5 km

BIG FIVE MARATHON

Vous effectuerez ces 42,2 km de pistes orangées poussiéreuses sous un grand ciel bleu, le regard rivé sur les paysages qui vous entourent. Ce marathon offre la possibilité de courir sur le territoire des plus beaux animaux du monde. Des vacances, un safari et une course, tout en un !

Après avoir connu le bonheur de courir au milieu des animaux de la savane, vous ne pourrez peut-être plus jamais participer à une course normale. L'adrénaline et les endorphines libérées lors d'un marathon sont fortes, mais cette aventure-ci est d'un tout autre niveau.

Cette épreuve se déroule au sein de la réserve d'Entabeni, dans la province de Limpopo, en Afrique du Sud, et elle ne peut se disputer qu'en réservant un des séjours proposés par les organisateurs (sauf pour les citoyens sud-africains, qui peuvent ne participer qu'à la course). Ces forfaits combinent l'euphorie d'un marathon à des vacances de rêve (hébergement en camping ou en cabane de luxe dans la réserve privée). Les journées sont consacrées à des randonnées dans le bush et à des safaris sous le magnifique monolithe d'Entabeni. Entabeni étant une réserve « big five », les coureurs peuvent apercevoir les cinq animaux africains ▶

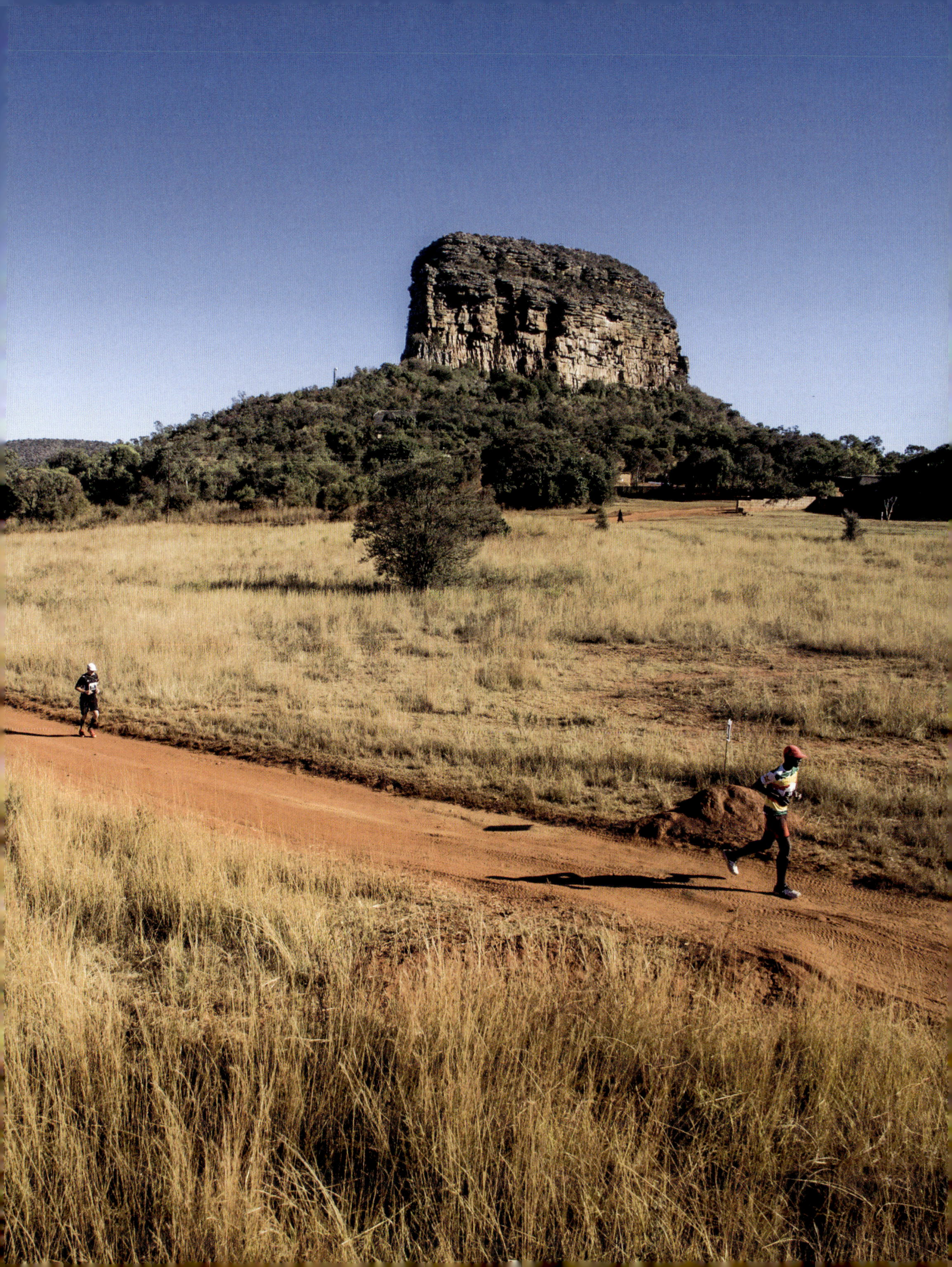

Ci-dessus : Traversée de la savane aux herbes ondoyantes de la réserve Entabeni.
En haut à droite : Le monolithe d'Entabeni, une impressionnante curiosité naturelle visible à des kilomètres à la ronde.
En bas à droite : Les coureurs au départ de la course à Lakeside Lodge.

▶ emblématiques : le lion, le léopard, le rhinocéros, l'éléphant et le buffle, ainsi que de nombreuses autres espèces, sans qu'ils ne soient séparés par des clôtures, des enclos ou des rivières.

Le parcours consiste en une boucle sur piste et dans le bush, au départ d'une cabane de la réserve. Parmi les défis rencontrés : des tronçons de sentiers accidentés avec des nids-de-poule, des pistes de sable et une descente particulièrement raide dans la Yellow Wood Valley. Les organisateurs s'adaptant à la faune du parc, le déplacement des animaux peut entraîner des changements d'itinéraires de dernière minute. Le terrain n'est pas facile mais, perdu dans vos pensées et subjugué par le spectacle de la savane, vous apprécierez cette course plus qu'elle ne vous fera souffrir. Toute bonne chose ayant une fin, n'hésitez pas à prendre votre temps ! Tout du long, l'esprit de camaraderie, les ciels bleus et la vue de certains des animaux les plus singuliers du monde vous raviront. Une course comparable à aucune autre. ∎

Distance : 21,1 ou 42,2 km

Lieu : Entabeni Game Reserve, Afrique du Sud

Date : juin

Type : trail/bush

Température ∅ : 15-25 °C

224   BIG FIVE MARATHON

Entabeni étant une réserve « big five », les coureurs peuvent apercevoir les cinq animaux africains emblématiques : le lion, le léopard, le rhinocéros, l'éléphant et le buffle, ainsi que de nombreuses autres espèces.

Ci-dessus et à droite : La course s'effectue à travers le plateau sur des pistes de sable rouge. Mais la boucle emprunte majoritairement des sentiers accidentés avec des pierres bancales et des nids-de-poule.

BIG FIVE MARATHON

Le parcours consiste en une boucle sur piste et dans le bush, au départ d'une cabane de la réserve. Parmi les défis rencontrés : des tronçons de sentiers accidentés avec des nids-de-poule, des pistes de sable et une descente particulièrement raide dans la Yellow Wood Valley.

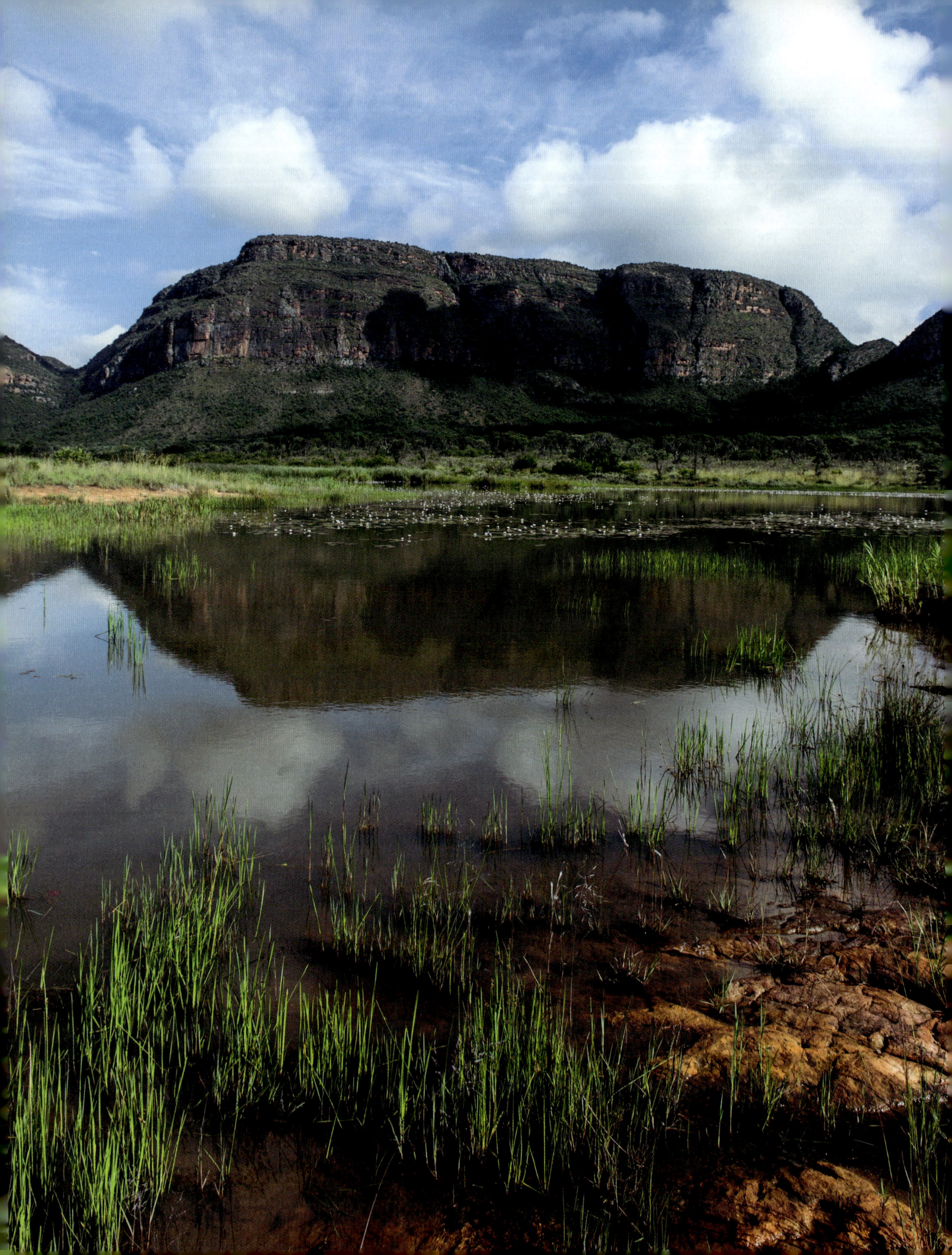

Des panneaux avertissent des dangers et des possibles rencontres avec des lions sauvages. C'est juste après la descente à travers la Yellow Wood Valley, en pente raide sur environ 3 km, que le risque est le plus grand.

BIG FIVE MARATHON 229

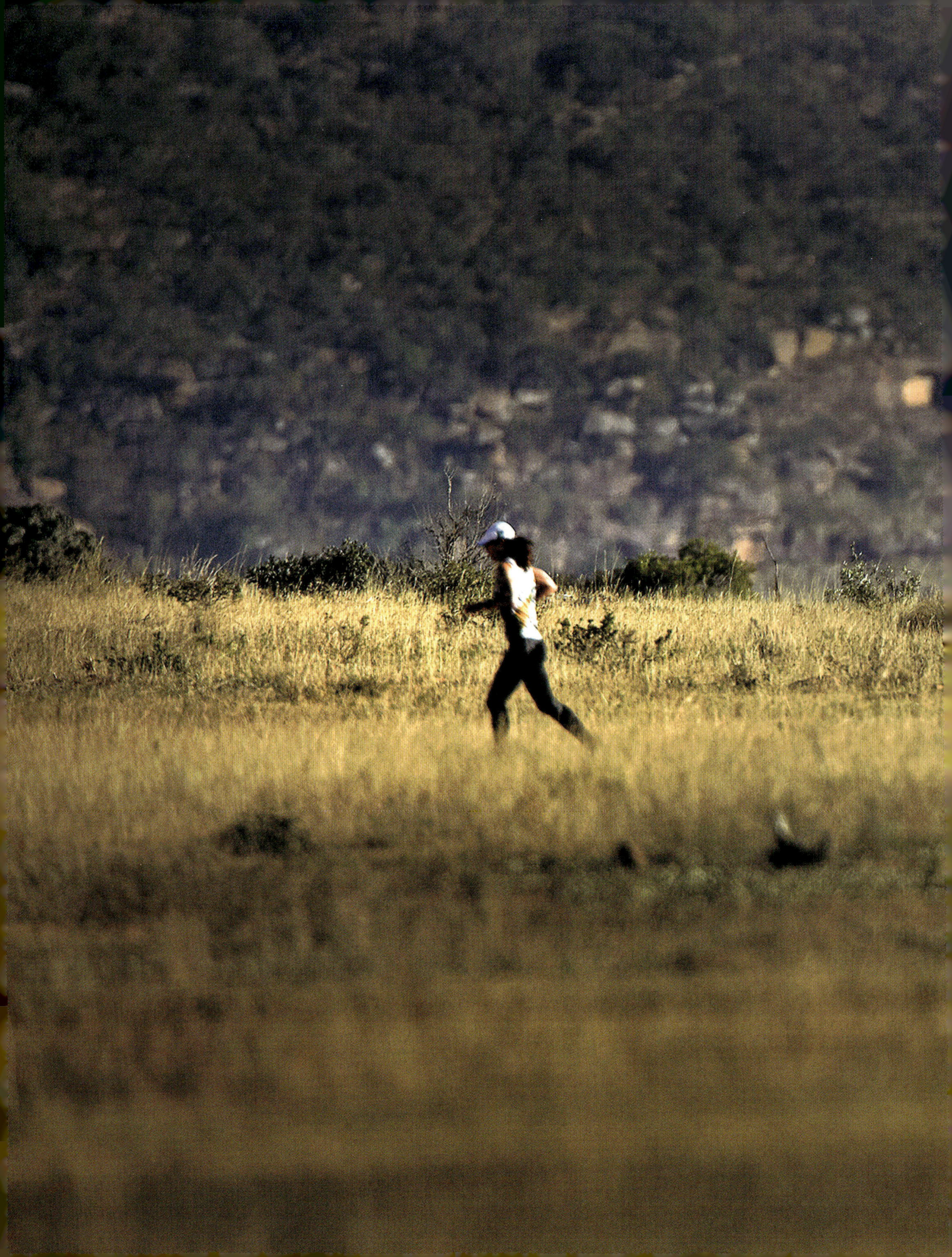

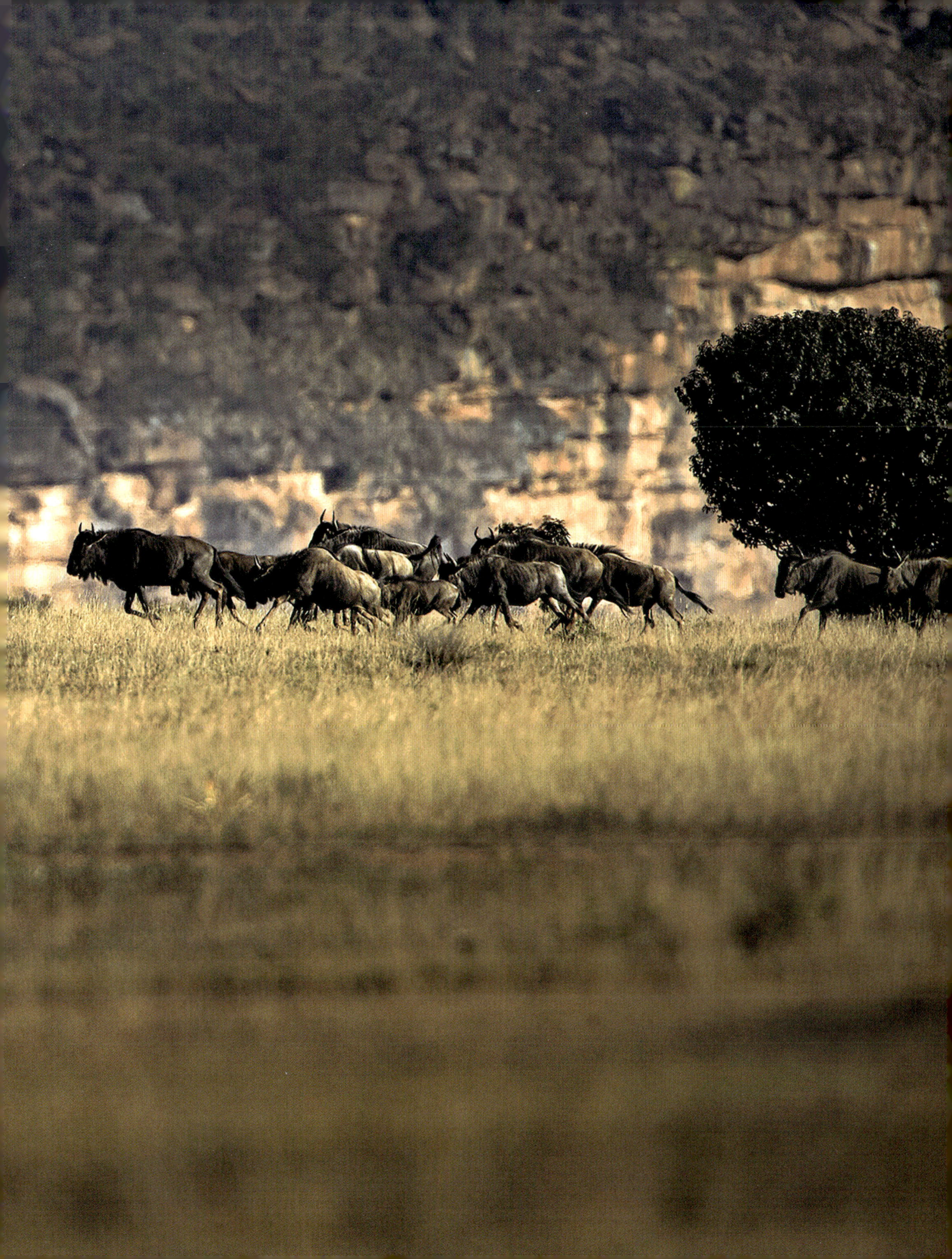

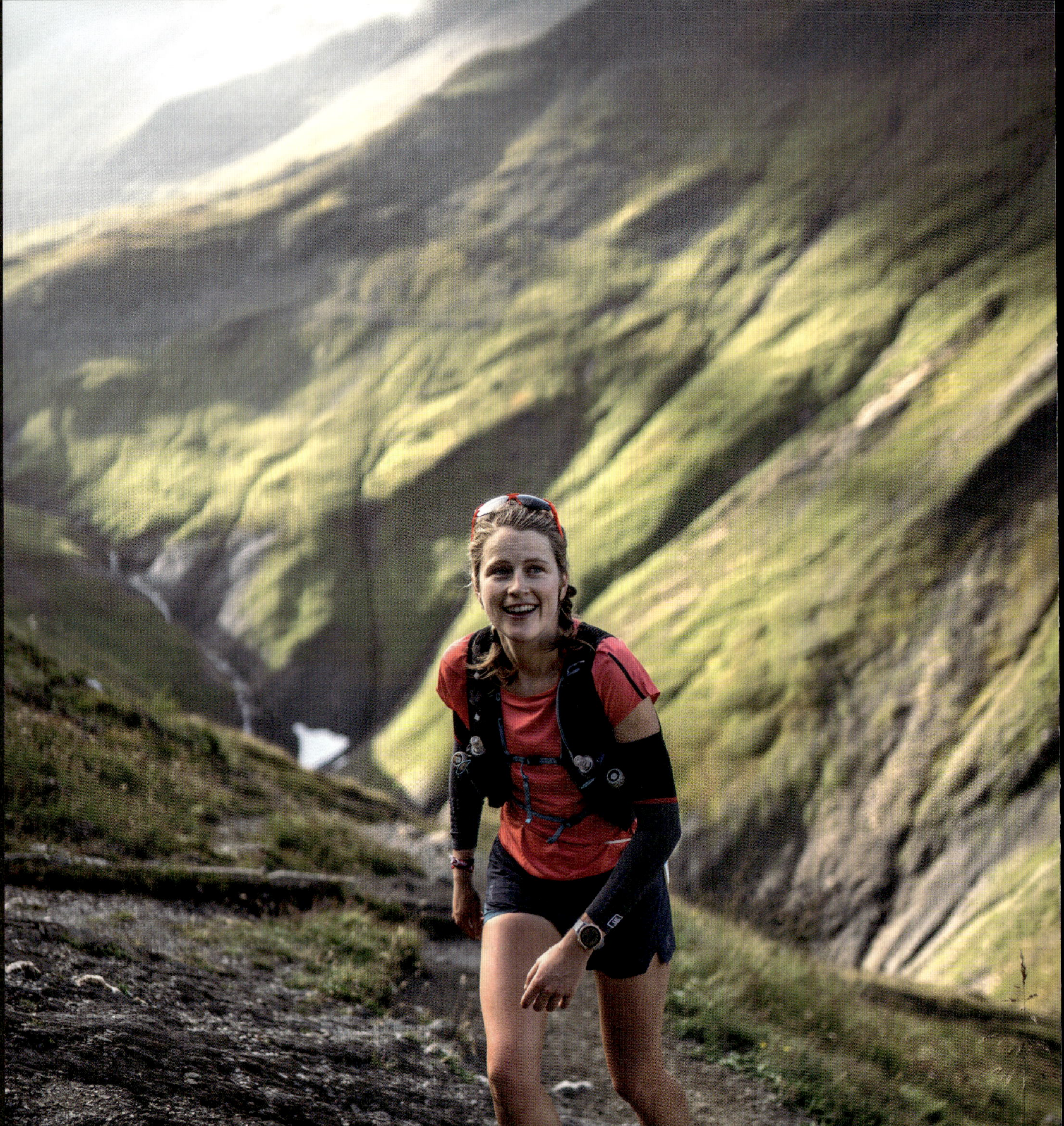

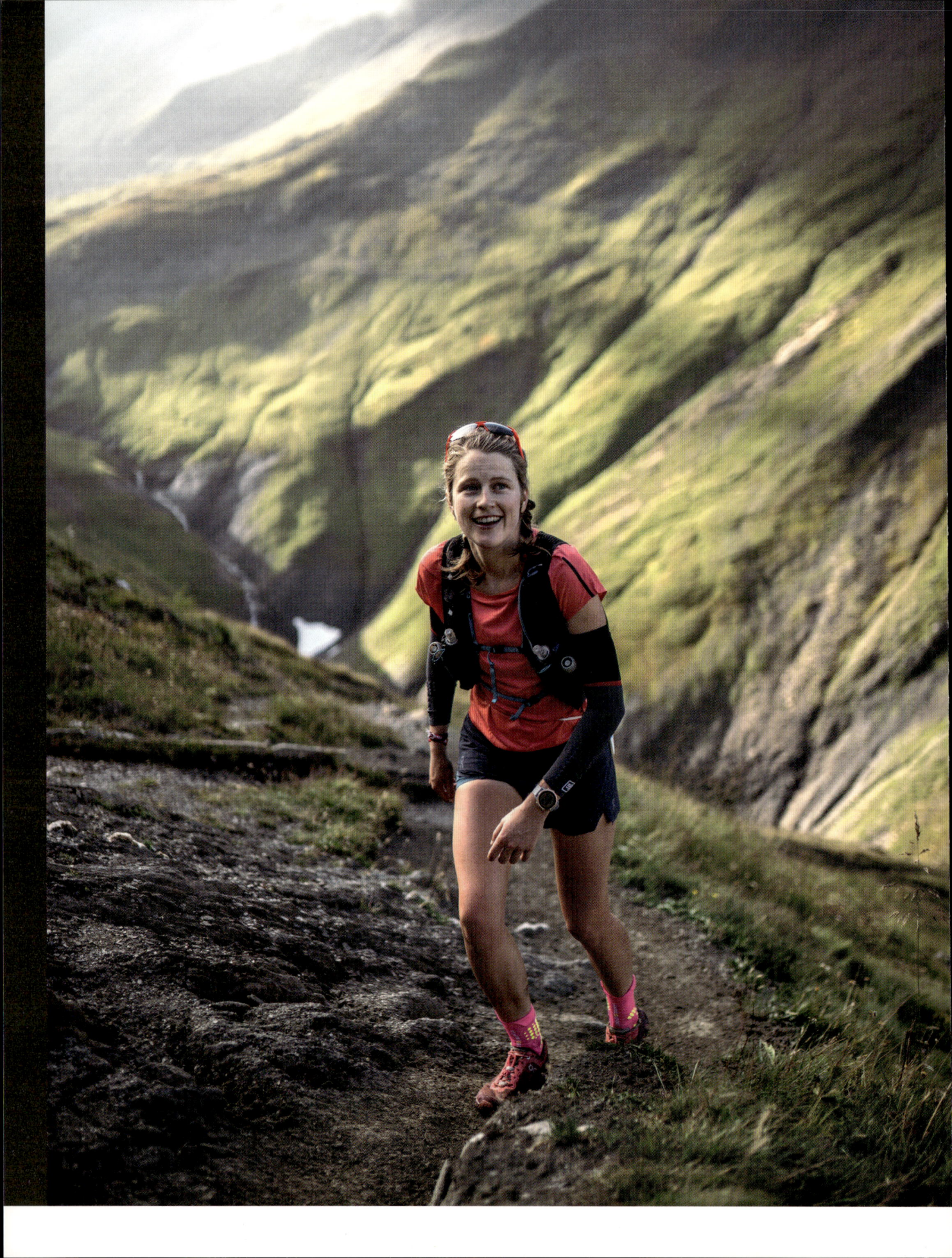

Atteindre des sommets avec les Marmottes

Les traileurs professionnels Katie Schide et Germain Grangier ont passé tellement de temps en altitude qu'on les surnomme « les Marmottes ».

« Nous essayons de nous déplacer le plus vite possible dans les montagnes. » Voilà comment Katie Schide résume ce que Germain et elle font dans la vie. Sa nonchalance masque la dure réalité du parkour (course acrobatique avec obstacles à franchir) en montagne, sur un terrain plus adapté à des chèvres qu'à des humains. La course à pied devenant de plus en plus populaire, et ses variations de plus en plus audacieuses, le nombre d'épreuves de ce genre s'est multiplié en 10 ans. Cet engouement ne peut être attribué à la renommée du premier *power couple* de la discipline ; Schide et Grangier pratiquaient le trail bien avant que ce soit à la mode.

Schide a grandi dans le Maine, l'État le plus rural des États-Unis. Athlète multisport au lycée, elle découvre le trail dans les montagnes Blanches du New Hamshire, où elle passe ses vacances d'été pendant ses années d'études en géologie dans le Vermont. À 19 ans, lors de sa première saison au sein d'une équipe locale de trail, elle tente pour la première fois la White Mountain Hut Traverse, une épreuve difficile qui relie huit cabanes du massif de la région. Elle parcourt les 80 km en 24 heures, juste assez pour avoir son nom inscrit dans le registre des finisseurs. « J'ai toujours couru afin de me maintenir en forme pour d'autres sports, mais j'ai vite compris que je pouvais combiner mes courses d'entraînement à ma passion pour les randonnées rapides sur plusieurs jours en montagne. » Depuis, elle enchaîne les longues journées en altitude. En 2019, elle retente la Hut Traverse. Cette fois, elle divise son premier chrono par deux et devient la femme la plus rapide sur ce parcours.

Que s'est-il passé en 10 ans, entre le moment où elle travaillait dans les cabanes et son record de vitesse ? Pour commencer, elle a rencontré Grangier, son coach et compagnon de vie. Né dans les Alpes, il a appris à skier avant même de marcher. Il se met finalement aux compétitions de VTT. Pour lui, plus on passe de temps dehors, mieux on se porte. « Si vous avez des enfants, emmenez-les courir, faire du vélo, nager, n'importe quoi, dit-il. Ils dépasseront leurs limites et échoueront – beaucoup. À l'école, l'échec, c'est nul. Mais, en sport, c'est un diplôme. Si vous voulez vous améliorer, enfilez vos baskets et recommencez. » Il obtient en parallèle un diplôme en géologie, qui cristallise en lui un sentiment d'osmose avec l'environnement. « J'essaie constamment de comprendre l'histoire des montagnes autour de moi. Cela donne un sens de plus à mes courses. » ▶

▶ Après leur rencontre lors d'une course de trail en Italie, Schide et Grangier se motivent à s'entraîner ensemble jusqu'à 30 heures par semaine. « À deux, nous trouvons de nouvelles idées d'itinéraires, de courses et d'entraînements et nous pouvons nous appuyer sur l'enthousiasme de l'autre, explique Schide. Nous nous observons travailler en vue d'un objectif, et cela nous incite à progresser et à nous soutenir mutuellement. Il y a toujours quelqu'un qui comprend à 100 % ce que tu fais et qui est ton plus grand fan. » Depuis 2017, Schide et Grangier s'encouragent jusqu'au podium de certaines des courses les plus exigeantes d'Europe et d'Amérique du Nord.

Leur projet d'été consiste à courir sur le glacier de la Haute Route, de Zermatt, en Suisse, à Chamonix, en France – du Cervin au mont Blanc. Ce parcours d'environ 160 km les conduira à travers 10 des 12 plus hauts sommets des Alpes, avec à peu près 15 000 m de dénivelé positif. « Nos plus grands défis seront l'escalade technique, les progressions sur glacier, l'orientation et l'altitude », précise Schide. Si les conditions sont favorables, ils prévoient d'arriver au bout en 40 à 50 heures (ou, en termes de traileurs, après sept bols de nouilles instantanées). « L'objectif n'est pas d'atteindre un temps précis, mais de partager une immense aventure et de voir de quoi nos corps sont capables. »

Les records et les médailles sont juste des bonus qui s'ajoutent au véritable accomplissement. « Pour nous, courir, c'est surtout être totalement présents à un endroit, poursuit Schide. Nous sommes tous les deux géologues de formation, donc toujours conscients de l'environnement et de l'histoire des paysages qui nous entourent. » Tout en étant actifs sur les réseaux sociaux et soutenus par des sponsors, Schide et Grangier s'efforcent de rester simples. « On apprend beaucoup sur soi quand on a l'opportunité d'être chaque jour seul avec ses pensées pendant de nombreuses heures, relève Schide. J'adore le fait qu'il n'y ait pas de parcours Strava dans ces endroits. Comme ça, je suis toujours la reine des montagnes ! »

Schide et Grangier sont surnommés « les Marmottes », d'après le mammifère alpin avec lequel ils partagent les montagnes. « On adore les observer courir avec leur gros ventre, sautant entre les pierres et sifflant entre elles, explique Schide en souriant. Ce sont des animaux drôles mais aussi extrêmement athlétiques, qui nous font toujours rire. » Sur Instagram, le couple partage souvent des blagues sur Schide mourant d'envie d'un encas ou Grangier s'énervant d'être photographié lors des 1 % de la course où il ralentit pour marcher. L'humour est entrecoupé de moments d'introspection. Dans une légende, Grangier écrit : « Récemment, quelqu'un m'a demandé : "Quel est ton souhait pour l'avenir ?" Franchement, je suis plutôt content de ce que j'ai. Mon corps fonctionne, mes proches vont bien. J'ai un toit. Chaque jour, je suis dehors avec Katie. Je vis un rêve. Ce serait dingue de demander plus. Je me sens chanceux. » ∎

« *Si vous avez des enfants, emmenez-les courir, faire du vélo, nager, n'importe quoi, dit-il. Ils dépasseront leurs limites et échoueront – beaucoup. À l'école, l'échec, c'est nul. Mais, en sport, c'est un diplôme. Si vous voulez vous améliorer, enfilez vos baskets et recommencez.* »

Ci-dessus : Schide participant à l'Ultra-Trail du Mont-Blanc (UTMB) en 2019. Elle a terminé sixième – un exploit, vu qu'il s'agissait de sa première course de 160 km. C'était aussi une première pour Grangier, classé neuvième chez les hommes.

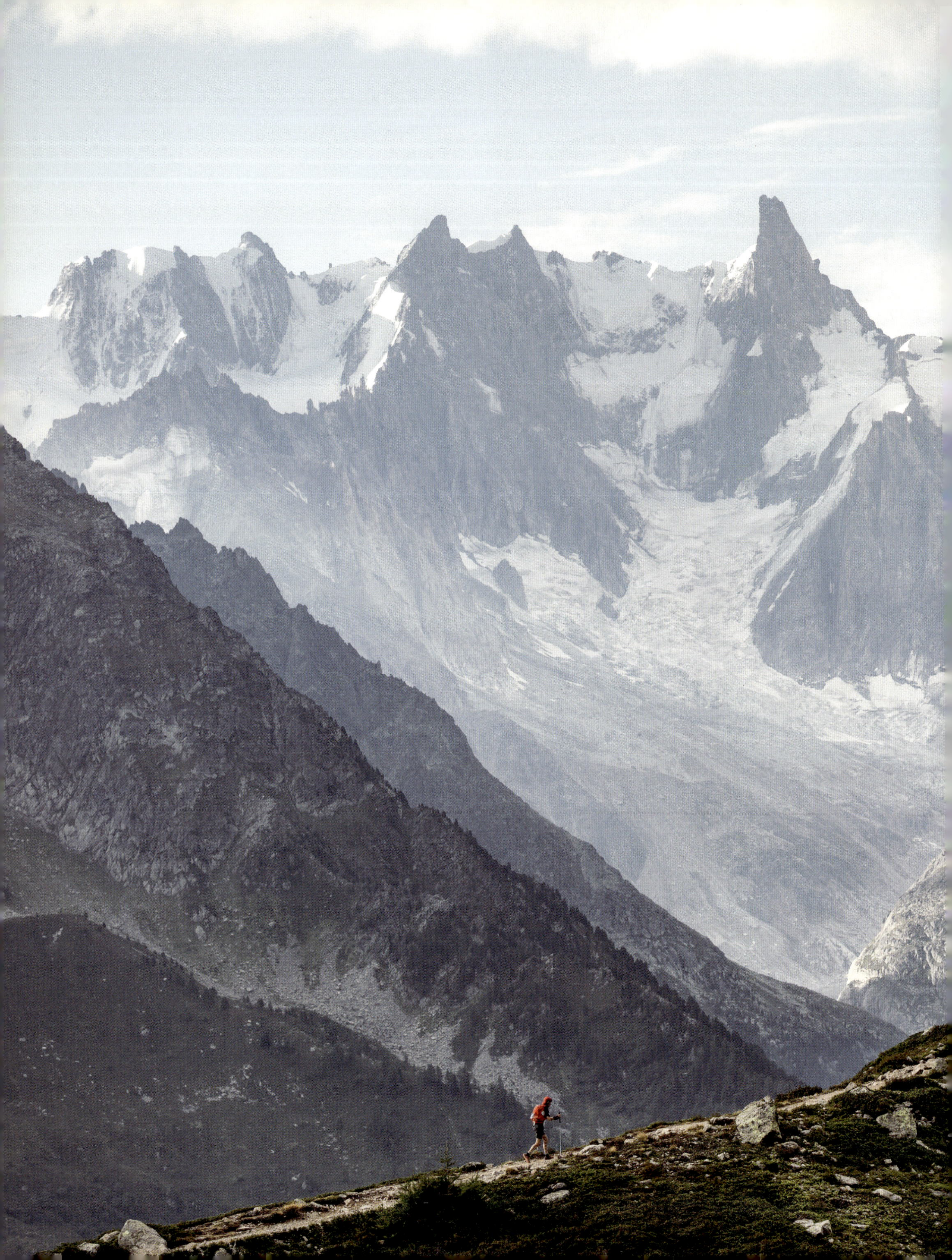

ULTRA-TRAIL DU MONT-BLANC

L'un des ultras les plus difficiles au monde, pour lequel il faut posséder une solide expérience et se préparer à la météo souvent extrême des Alpes françaises. Quittant Chamonix à 6 heures du matin, les coureurs passent par l'Italie et la Suisse avant de revenir en France pour franchir l'une des meilleures lignes d'arrivée de la course de trail.

L'Ultra-Trail du Mont-Blanc (UTMB) est un ultra-marathon de montagne en une seule étape. Il s'inscrit dans un week-end d'événements du même nom qui propose sept épreuves de trail de différents niveaux de difficulté. L'ultra fait partie de la célèbre famille de courses Ultra-Trail World Tour. Fondé en 2013, ce circuit de trails de plus de 100 km est la référence dans cette discipline : des épreuves sont organisées dans le monde entier. Âmes sensibles s'abstenir !

Avec un temps limité à 46 h et 30 min pour 171 km de sentier alpin à parcourir, attendez-vous à de vraies pentes – le dénivelé positif total du parcours s'élève à plus de 10 000 m. Même si l'itinéraire varie légèrement chaque année, les coureurs suivent généralement le sensationnel GR Tour du Mont-Blanc qui traverse la France, l'Italie et la Suisse. Entre les ascensions harassantes, les descentes sur sentiers étroits et abrupts qui brûlent les quadriceps et, parfois, ▶

L'itinéraire de l'UTMB emprunte le GR Tour du Mont-Blanc – une grande boucle autour du plus haut sommet des Alpes – que des randonneurs expérimentés accomplissent en sept à dix jours. Les meilleurs coureurs, eux, terminent la course en une vingtaine d'heures.

▶ le précipice de chaque côté du chemin, vous serez tenté de profiter de la vue, mais mieux vaut prêter attention à vos appuis !

Le départ se fait à Chamonix, à 1 035 m d'altitude. Le premier « grand » sommet, à environ un quart de la course, est le col de la Croix du Bonhomme (2 479 m). Après une quinzaine de kilomètres, les coureurs pénètrent en Italie par le col de la Seigne, à une altitude de 2 516 m. Le Grand Col Ferret (2 537 m) est le point culminant de l'épreuve et marque l'entrée en Suisse, après environ 100 km de course. Les ascensions ne s'arrêtent pas là, avec notamment celle des Tseppes (1 932 m), avant la descente finale jusqu'en France et la ligne d'arrivée à Chamonix. Des postes de secours et des points de contrôle sont installés tout le long du parcours, mais la course s'effectue selon un principe d'« autonomie partielle ». Les coureurs sont responsables de leur bien-être et de leur sécurité entre les postes.

Le système de points UTMB, critère que les aspirants candidats doivent remplir, assure la sécurité pendant l'épreuve. Une vérification rigoureuse des sacs a également lieu pour s'assurer que chaque coureur possède l'équipement obligatoire requis – vêtements, matériel et documents – pour survivre dans les Alpes. Une attention particulière est portée à la météo, extrêmement variable dans les Alpes : certaines années il fait un soleil de plomb, quand d'autres éditions se font sous le déluge et dans un brouillard glacial. Malgré des critères d'admission stricts, nombreux sont les concurrents qui ne vont pas au bout. Ceux qui terminent cet ultra-trail courent pendant deux nuits, entre 32 heures et 46 heures. Cependant, certains athlètes d'élite accomplissent la boucle en un peu plus de 20 heures.

C'est l'une des courses les plus difficiles qui existent, mais c'est aussi l'une des plus belles. De jour comme de nuit, sous le ▶

Avec 171 km de sentier alpin à parcourir, attendez-vous à de vraies pentes. Même si l'itinéraire varie légèrement chaque année, les coureurs suivent généralement le sensationnel GR Tour du Mont-Blanc qui traverse la France, l'Italie et la Suisse.

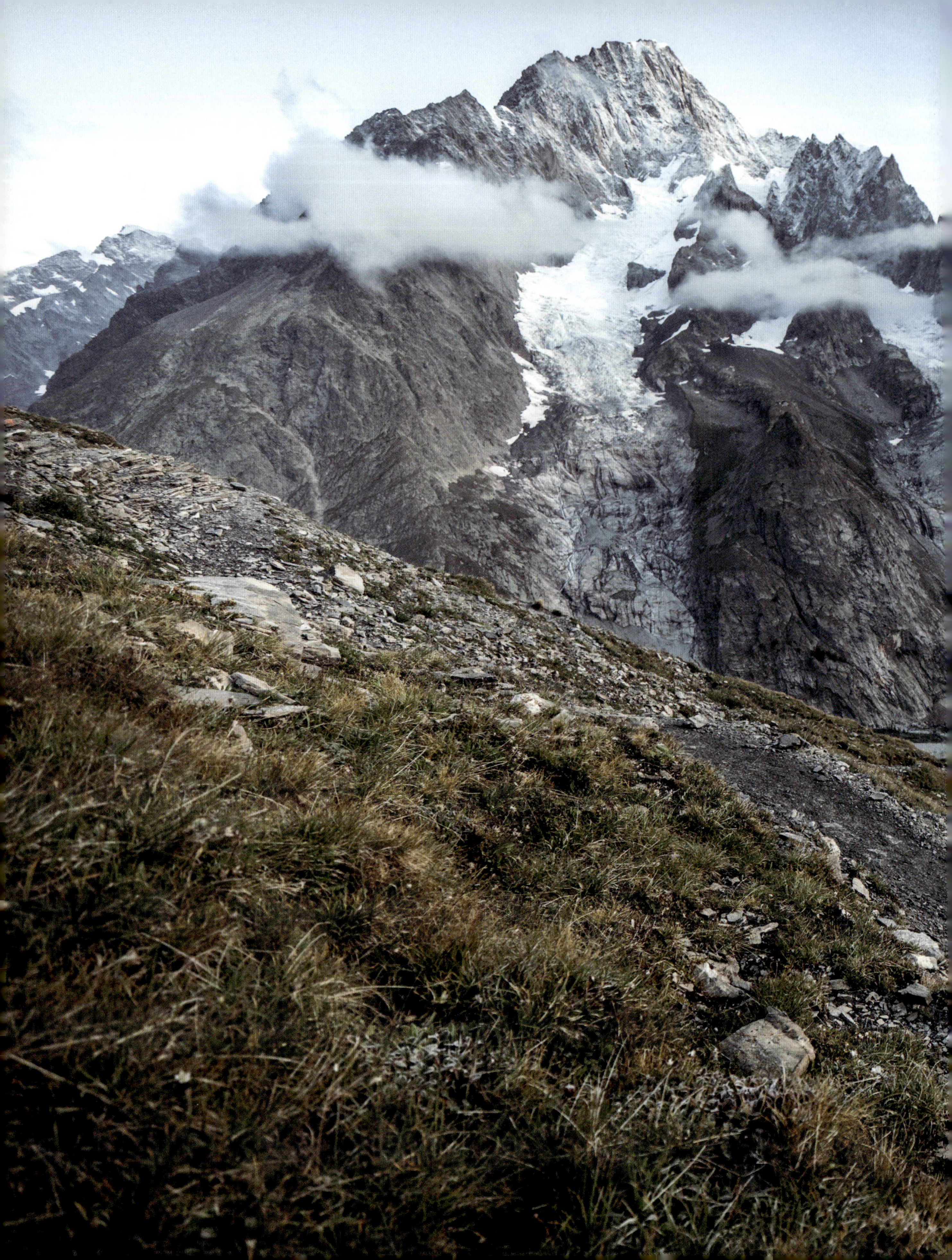

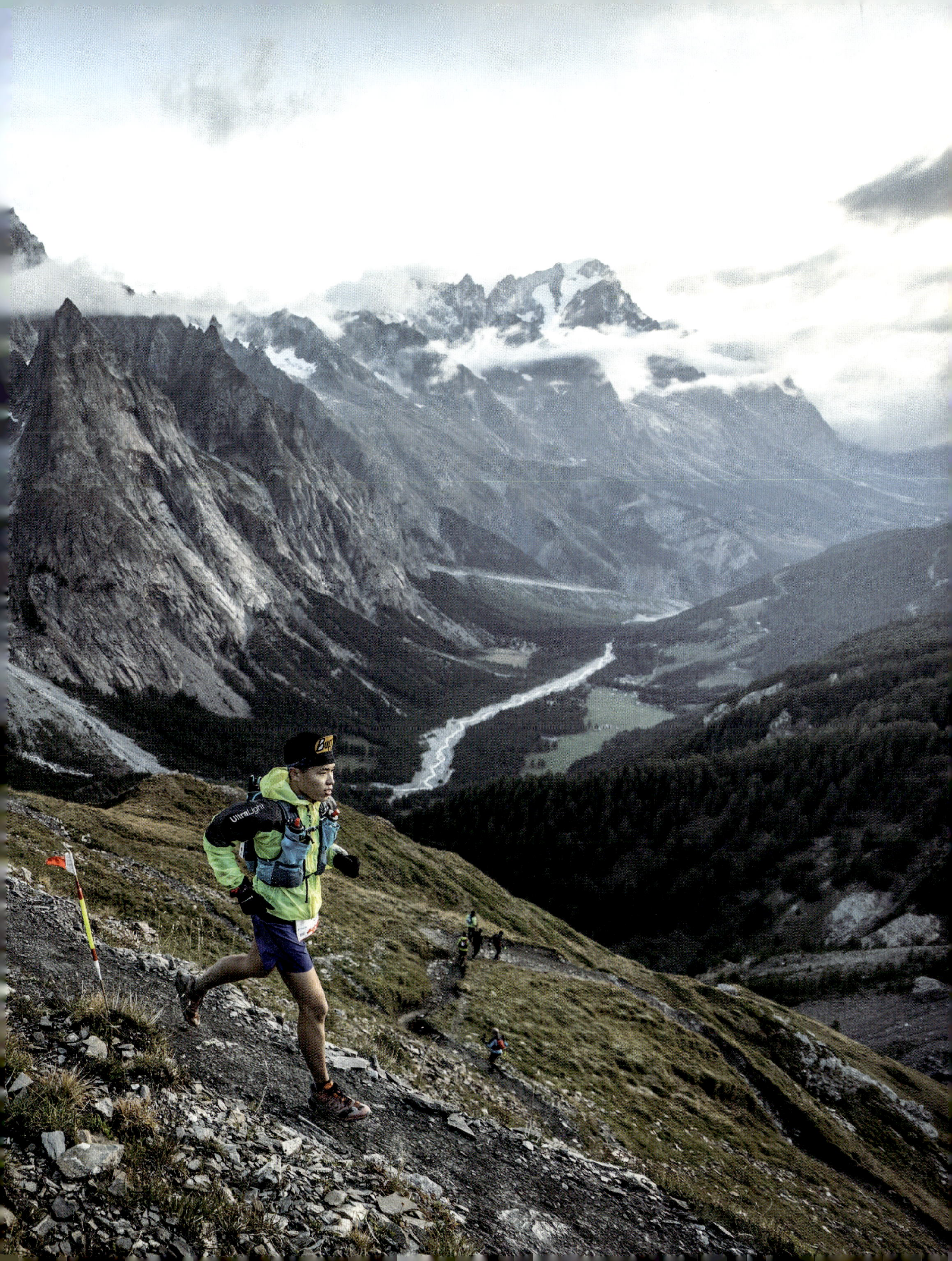
UltraLight

▶ soleil ou les orages, on en a pour son argent. Relief verdoyant et incommensurable, pics enneigés et sentiers accidentés accueillent plus de 2 000 coureurs, émerveillés par les montagnes (et probablement en proie à une vive souffrance). C'est une épreuve exaltante, bonifiée par la meilleure ligne d'arrivée de tous les temps, avec des spectateurs massés dans les rues de Chamonix, aux balcons et aux fenêtres, près de l'arche d'arrivée. Au cours de la dernière ascension, les coureurs qui ont survécu entendent les cloches des vaches et des applaudissements incessants à des kilomètres. L'énergie qu'ils pensaient ne plus avoir est ravivée ; l'euphorie et le soulagement s'installent – un moment dont rêve ardemment tout coureur de trail ! ∎

Distance : 171 km

Lieu : Chamonix, France

Date : août/septembre

Type : trail/montagne

Température Ø : 4-20 °C

Ci-dessus : La course commence et se termine à Chamonix, du côté français du mont Blanc. La plupart des concurrents passeront deux nuits à courir pour terminer le parcours dans le temps maximal imparti de 46 heures et 30 minutes.

ULTRA-TRAIL DU MONT-BLANC

Au fur et à mesure de leur progression, traversant vallées et glaciers et franchissant de nombreux sommets (dont le plus haut est le Grand Col Ferret, à la frontière helvético-italienne), les traileurs sont poussés au-delà de leurs limites.

244 ULTRA-TRAIL DU MONT-BLANC

Des postes de secours et des points de contrôle sont installés tout le long du parcours, mais la course s'effectue selon un principe d'« autonomie partielle ». Les coureurs sont responsables de leur bien-être et de leur sécurité entre les postes.

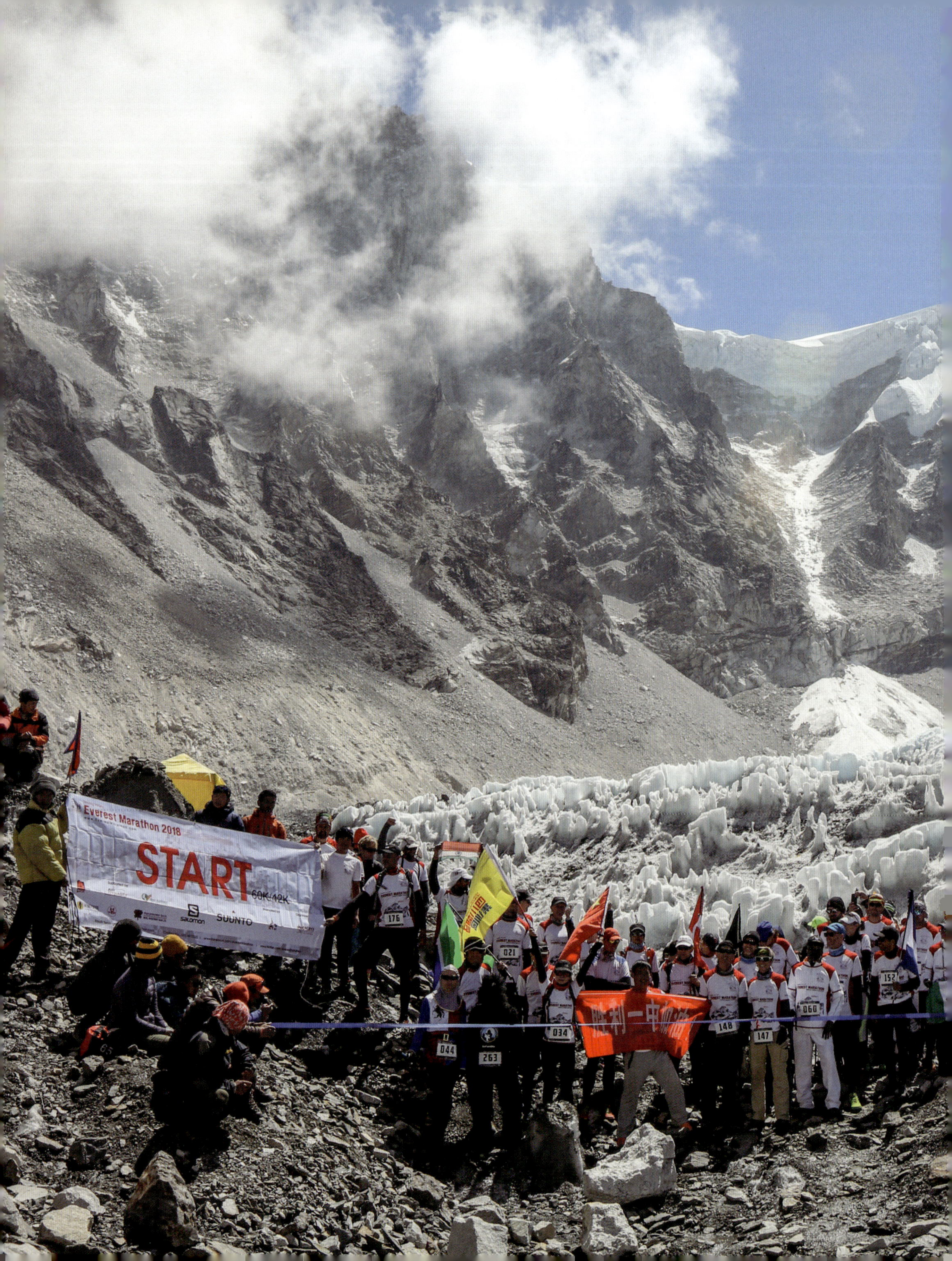
Everest Marathon 2018
START
60K/42K
SUUNTO

TENZING HILLARY EVEREST MARATHON

Bienvenue à l'ultra-marathon le plus haut du monde ! Cette course vous fera arpenter l'Himalaya et, en prime, vous passerez deux nuits dans le camp de base de l'Everest, où seuls les alpinistes ont habituellement le droit de séjourner. Un must. C'est l'Everest, bon sang !

Vous remarquerez que la date de cette épreuve est fixe. Ce marathon célèbre en effet l'ascension du mont Everest, le 29 mai 1953, par Edmund Hillary et le sherpa Tenzing Norgay. Pour honorer leur exploit, des coureurs du monde entier se réunissent chaque année afin de parcourir les chemins de la vallée de Khmbu, dans la région de l'Everest, et de participer à une aventure en haute altitude. Cette course phare est l'un des plus grands trails du Népal.

Trois distances sont proposées. Le semi-marathon, recommandé aux novices (et seulement ouvert aux ressortissants non népalais), est décrit comme « amusant » et « rapide » et bénéficie d'une bonne assistance. Rien à voir avec les départs en masse des grandes courses de ville. Pour le marathon et l'ultra, ça se corse ! L'ultra s'adresse à des sportifs extrêmement endurants et avides d'aventure. ▶

Les participants passent deux nuits dans le camp de base de l'Everest, où seuls les alpinistes en expédition sont habituellement autorisés. C'est là qu'ils démarrent leur course respective, à une altitude de 5 356 m.

Le parcours du marathon est traître : presque toujours en descente, sur des pistes verglacées et accidentées ; il est impératif que les participants se concentrent sur la course. Heureusement, avant l'épreuve, ils gravissent le Kala Patthar (5 6445 m) qui leur procure une vue splendide sur les monts Everest, Nuptse et Lhotse.

▶ Par ailleurs, les participants à ces deux distances passent deux nuits dans le camp de base de l'Everest, où seuls les alpinistes en expédition sont habituellement autorisés. C'est là qu'ils démarrent leur course respective, à une altitude de 5 356 m, près de la dangereuse cascade de glace du Khumbu. L'arrivée des deux épreuves a lieu dans la ville de Namche Bazar. Pour les coureurs du marathon, l'itinéraire est principalement en descente, requérant attention et patience. Par contre, ceux de l'ultra ponctuent leur progression par une ascension jusqu'au village de haute montagne de Machhermo, à 4 413 m, via un « détour » de 20 km.

Au cas où cela ne vous semblerait pas assez extrême, rappelez-vous que c'est l'épreuve de course d'ultra-trail la plus haute du monde, avec de la neige sur de nombreux tronçons. Afin de s'habituer à l'altitude et au faible niveau d'oxygène et d'éviter d'être malade, il est recommandé aux candidats de passer plusieurs jours dans la région avant le départ. Pour cette destination prisée des aventuriers, les organisateurs proposent également des séjours avec hébergement alliant la course à des randonnées et de l'escalade. Si vous souhaitez des vacances extrêmes, ne cherchez pas plus loin ! ■

Distance : 21,1 km, 42,2 km ou 60 km

Lieu : camp de base de l'Everest, Népal

Date : mai

Type : trail/montagne

Température Ø : 5-20 °C

TENZING HILLARY EVEREST MARATHON

Le parcours du marathon emprunte les sentiers haut perchés des sherpas de la vallée de Khumbu avant de rejoindre la ligne d'arrivée à Namche Bazar. Porte d'entrée des sommets de l'Himalaya, Namche accueille de nombreux alpinistes venus s'acclimater avant de tenter l'ascension du mont Everest.

C'est l'épreuve de course d'ultra-trail la plus haute du monde, avec de la neige sur de nombreux tronçons. Afin de s'habituer à l'altitude et au faible niveau d'oxygène, il est recommandé aux candidats de passer plusieurs jours dans la région avant le départ.

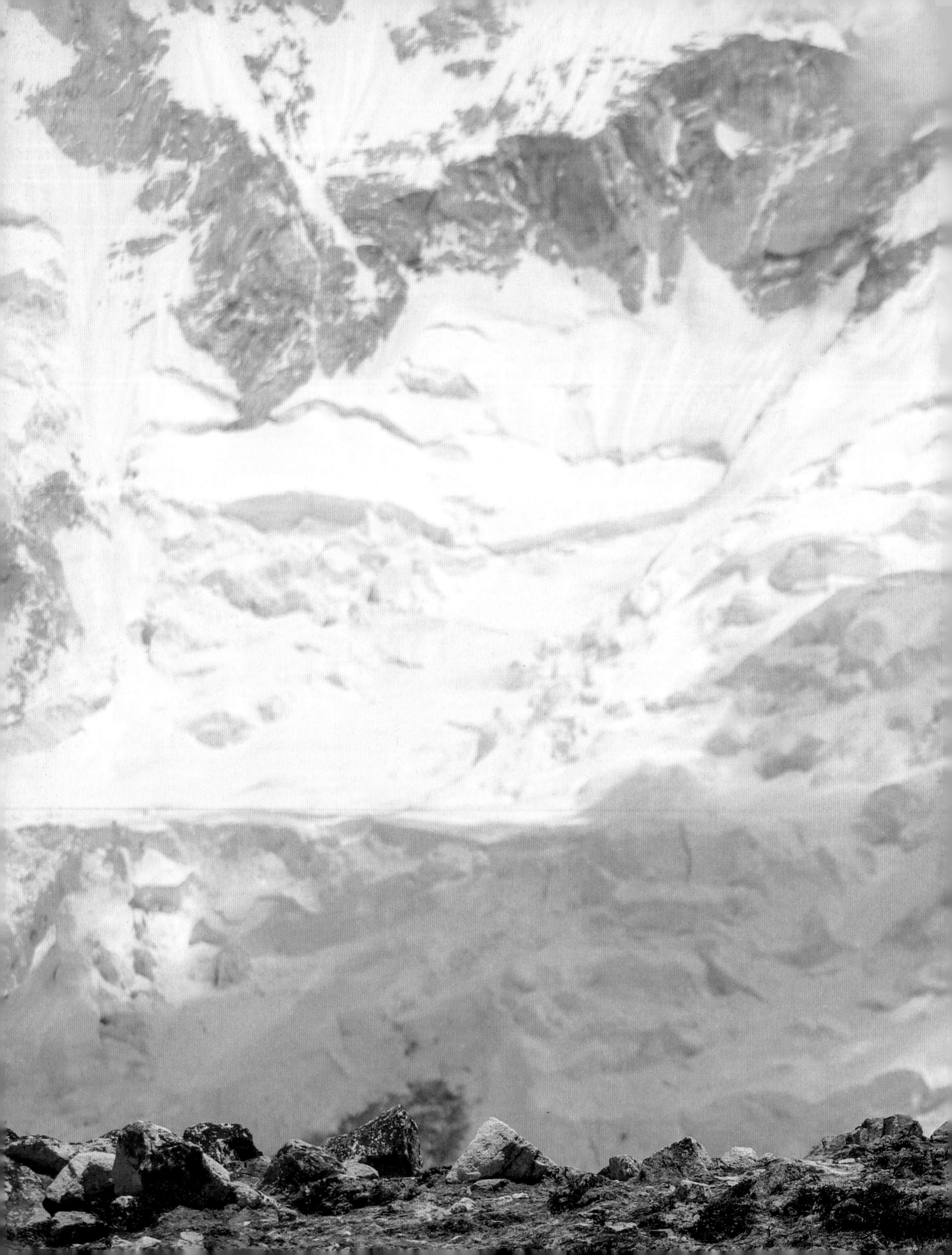

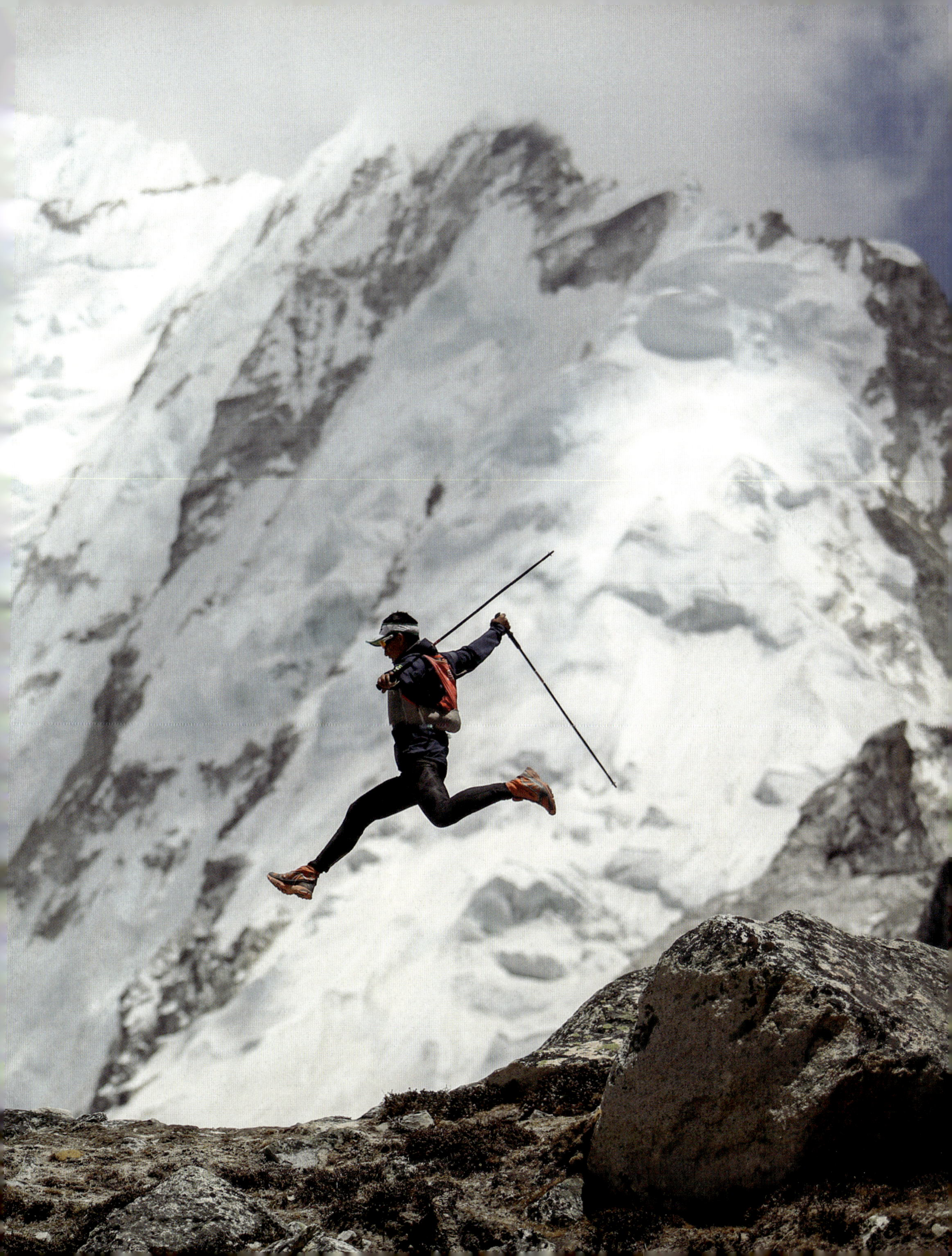

GARDE AVANT
James Carnegie/jamescarnegie.co.uk

INTRODUCTION
Nicholas Butter/nickbutter.com
p. 4

Peter Troest/troest.nu
p. 5

COURIR :
UNE HISTOIRE TRÈS HUMAINE
imageBROKER/Alamy Stock Photo
p. 6

National Geographic Image Collection/
Alamy Stock Photo
p. 7 haut

Neftali/Alamy Stock Photo
p. 7 bas

Hi-Story/Alamy Stock Photo
p. 8 haut

Rischgitz/Freier Fotograf
via Getty Images
p. 8 bas

Bettmann/Kontributor via Getty Images
p. 9

The Picture Art Collection/
Alamy Stock Photo
p. 10

Keystone Press/Alamy Stock Photo
p. 11 haut

Science History Images/
Alamy Stock Photo
p. 11 milieu

-/Kontributor via Getty Images
p. 11 bas

DISTANCES ET TERRAINS :
PETIT GUIDE DU DÉBUTANT
Wavebreakmedia Ltd IP-200810/
Alamy Stock Photo
p. 12

sportpoint/Alamy Stock Photo
p. 13 haut

Airborne Lens via Loch Ness Marathon/
airbornelens.com
p. 13 bas

Pim Rinkes/pimrinkes.com
p. 14 haut

Autorisation : Fédération hellénique d'athlétisme
athensauthenticmarathon.gr
p. 14 bas

Reuben Tabner via Loch Ness Marathon/
reubentabnerphotography.co.uk
p. 15

Jan Nyka/jannyka.com
p. 16-18 et 19 haut

Pierre Mangez/
Avec l'autorisation d'ÖTILLÖ Swimrun
p. 19 milieu

Evan Davies/evandaviesphotos.com
p. 19 bas

MARATHON D'ATHÈNES : L'AUTHENTIQUE
Sergey Borisov/Alamy Stock Photo
p. 20

Autorisation : Fédération hellénique d'athlétisme
athensauthenticmarathon.gr
p. 22-25

ENDURE24
Kathi Harman/Autorisation : Racesolutions Limited
p. 26-27, 29 bas et 30

Phil Hill/thephbalance.co.uk/Autorisation :
Racesolutions Limited
p. 28, 29 haut et 31

ENDURANCELIFE NORTHUMBERLAND
Loop Images Ltd/Alamy Stock Photo
p. 32-33

Courtesy of Endurancelife Ltd
p. 34-35, 37 haut et bas droite

Clearview/Alamy Stock Photo
p. 36

Ann and Steve Toon/Alamy Stock Photo
p. 37 bas gauche

BATTRE LE PAVÉ :
DES PARCOURS EXALTANTS EN PLEINE VILLE
Nicholas Butter/nickbutter.com
p. 38-39

Dario Bajurin/Alamy Stock Photo
p. 40

robertharding/Alamy Stock Photo
p. 41 haut

WorldFoto/Alamy Stock Photo
p. 41 bas

Image Source/Alamy Stock Photo
p. 42

Hazize San/Alamy Stock Photo
p. 43

COURIR JUSQU'À L'ÉPUISEMENT AVEC
LE PIONNIER DU STREETWEAR EDSON SABAJO
Pim Rinkes/pimrinkes.com
p. 44-47

INVESTIR LES RUES AVEC JÚNIOR NEGÃO
ET GISELE NASCIMENTO
Autorisation : Ghetto Colletiv Archive
p. 48-53

MARATHON DE LA JUNGFRAU
VogelSP/Alamy Stock Photo
p. 54-55

Swiss-Image GmbH/swiss-image.ch
p. 56-57

SUD-TYROL : DREI ZINNEN ALPINE RUN
Harald Wisthaler/Tourist Office Sexten/
wisthaler.com
p. 58-63, 64 bas gauche et droite, 65

Benedikt Trojer/Tourist Office Sexten
p. 64 haut

PRENDRE DE LA HAUTEUR :
DES COURSES D'ALTITUDE À COUPER
LE SOUFFLE
All Canada Photos/Alamy Stock Photo
p. 66

imageBROKER/Alamy Stock Photo
p. 67

Jose Vilchez/Alamy Stock Photo
p. 68

Harriet Cummings/Alamy Stock Photo
p. 69

Bhutan/Alamy Stock Photo
p. 70 haut

Nicholas Butter/nickbutter.com
p. 70 bas gauche

Anuj D. Adhikary/anujadhikary.com
p. 71

DRAGON'S BACK RACE
No Limits Photography/
nolimitsphotography.co.uk
p. 72-79

Kevin Wardlaw/Alamy Stock Photo
p. 78 bas droite

REDÉFINIR COMMENT LE CORPS DOIT BOUGER
AVEC JUSTIN GALLEGOS
Jordan Beckett/jordanbeckettphoto.com
p. 80-83

MIDNIGHT SUN MARATHON
Renato Granieri/Alamy Stock Photo
pp. 84-85

Truls Tiller/
Autorisation : Midnight Sun Marathon
pp. 86-87

SIBERIAN ICE HALF MARATHON
Autorisation : Siberian Ice Half Marathon
pp. 88-93

UN GRAIN DE FOLIE :
DES ÉPREUVES AMUSANTES
ET INSOLITES
Autrisation : Marathon des Châteaux du Médoc
p. 94

mikecranephotography.com/Alamy Stock Photo
p. 95

AB Forces News Collection/Alamy Stock Photo
p. 96 haut

Greg Gard/Alamy Stock Photo
p. 96 bas

Atman Victor/Alamy Stock Photo
p. 97

Ed Smith Photography/edsmithphotography.com/
ABF The Soldiers' Charity
pp. 98-99

FAIRE TOMBER LES BARRIÈRES AVEC LE WAYV RUN KOLLEKTIV

Johanna Ghebray/johannaghebray.com
p. 100

Nailya Bikmurzina/nailyabikmurzina.com
p. 101

Pim Rinkes/pimrinkes.com
p. 102 et 103 bas

@3dk129
p. 103 bas

MADEIRA ISLAND ULTRA-TRAIL

Joao M. Faria/Courtesy of Madeira Island Ultra-Trail (MIUT)
pp. 104-105, 106 bas, 107 haut et 111 haut

Paulo Abreu/Autorisation : Madeira Island Ultra-Trail (MIUT)
p. 106 haut, 108-109

David Gonthier/pixelencime.fr
p. 110 et 111 bas droite

Mario Pereira/Autorisation : Madeira Island Ultra-Trail (MIUT)
p. 111 bas gauche

GRAND TO GRAND ULTRA

Autorisation : Grand to Grand Ultra
p. 112-117 et plat 4 de couv. milieu droite

MONGOLIA SUNRISE TO SUNSET

Darko Todorovic/Autorisation : Mongolia Sunrise to Sunset
p. 118-119, 121 haut et 122

Peter Troest/Autorisation : Mongolia Sunrise to Sunset
p. 120 haut et 123 haut

Autorisation : Mongolia Sunrise to Sunset
p. 121 bas

Khasar Sandag/Autorisation : Mongolia Sunrise to Sunset
p. 123 bas gauche

agefotostock/Alamy Stock Photo
p. 123 bas droite

THE JUNGLE ULTRA

Autorisation : Beyond the Ultimate
pp. 124-131

GUATEMALA IMPACT

Vader Studios/Autorisation : Impact Marathon Series Ltd
p. 132-135, 136 bas gauche et 137, plat 4 de couv. gauche

dbimages/Alamy Stock Photo
p. 136 haut et bas droite

BOB GRAHAM ROUND

David Gonthier/pixelencime.fr
p. 138-145

THE BARKLEY MARATHONS

Alexis Berg/alexisberg.com
p. 146-153

ÖTILLÖ SWIMRUN WORLD CHAMPIONSHIP

Jakob Edholm/Autorisation : ÖTILLÖ Swimrun
p. 154-159, 160 haut et bas droite, 161

Pierre Mangez/Autorisation : ÖTILLÖ Swimrun
p. 160 bas gauche

WESTERN STATES 100-MILE ENDURANCE RUN

imageBROKER/Alamy Stock Photo
p. 162-163

David Gonthier/pixelencime.fr
p. 164 haut et bas, 166 bas droite

Martina Valmassoi/@martiskka
p. 165, 166 haut et bas gauche, 167

BADWATER 135

Alexis Berg/alexisberg.com
p. 168-173

ADDITIONNER LES KILOMÈTRES ET LES RECORDS AVEC MIMI ANDERSON

Martin Paldan
p. 174-176, 177 bas

Mikkel Beisner
p. 177 haut

6633 ARCTIC ULTRA

Evan Davies/evandaviesphotos.com
p. 178-185

SITES À VOIR : DE CAPTIVANTES COURSES À LA DÉCOUVERTE DU PATRIMOINE

Nicholas Butter/nickbutter.com
p. 186, 188, 189 bas, 190 191

EmmaOlivsSmith/Alamy Stock Photo
p. 187

Zoonar GmbH/Alamy Stock Photo
p. 189 (haut)

robertharding/Alamy Stock Photo
p. 192

Suzanne Moore/Alamy Stock Photo
p. 193

MARATHON DE LA GRANDE MURAILLE DE CHINE

Albatros Adventure Marathons/albatros-adventure-marathons.com
p. 194-199

BAGAN TEMPLE MARATHON

Albatros Adventure Marathons/albatros-adventure-marathons.com
p. 200-201 et plat 4 de couv. haut droite

ULTRA X JORDAN

Jan Wlodarczyk/Alamy Stock Photo
p. 208-209 et 212

Ben Tufnell/tufnellphotography.pixieset.com
p. 210, 211 bas et 213

hitdelight/Alamy Stock Photo
p. 211 haut

L'APPEL DE LA NATURE : COURSES ISOLÉES ET PAYSAGES SPECTACULAIRES

Nicholas Butter/nickbutter.com
p. 214 haut gauche, 215, 216 haut et bas, 218-219

Cavan Images/Alamy Stock Photo
p. 214 bas droite

Cavan Images/Alamy Stock Photo
p. 217

DPK-Photo/Alamy Stock Photo
p. 220

Design Pics Inc/Alamy Stock Photo
p. 221

BIG FIVE MARATHON

Albatros Adventure Marathons/albatros-adventure-marathons.com
p. 222-227, 229-231

National Geographic Image Collection/Alamy Stock Photo
p. 228

ATTEINDRE DES SOMMETS AVEC LES MARMOTTES

Martina Valmassoi/@martiskka
p. 232-235

ULTRA-TRAIL DU MONT-BLANC

David Gonthier/pixelencime.fr
p. 236-238, 240-242, 243 bas gauche, 244 haut et 245

Alexis Berg/alexisberg.com
p. 239 haut et bas, 243 bas droite, 244 bas gauche et droite, et plat 4 de couv milieu gauche et bas

Jan Nyka/jannyka.com
p. 243 haut droite

TENZING HILLARY EVEREST MARATHON

Anuj D. Adhikary/anujadhikary.com
p. 246-253

GARDE ARRIÈRE

James Carnegie/jamescarnegie.co.uk

Courir
Autour du monde

Édition originale publiée par gestalten

Éditée par Robert Klanten et Lincoln Dexter, avec la collaboration de Nicholas Butter

© Die Gestalten Verlag GmbH & Co. KG, Berlin 2021

Textes : Nicholas Butter (édités par Faye Robson), Christian Näthler (p. 5-19, 45-51, 81-82, 101-102, 175-176, 233-243), Anna Southgate (légendes et textes p. 118-123)

Coordination éditoriale : Adam Jackman et Anna Diekmann

Couverture (conception et réalisation) : Stefan Morgner

Iconographie : Mario Udzenija et Madeline Dudley-Yates

Les éditions gestalten documentent et anticipent depuis 1995 les mouvements essentiels dans le design, la mode, l'architecture et le voyage, avec pour mots d'ordre esthétique et inspiration.

Pour Hachette Livre :

Direction : Sidonie Chollet

Direction éditoriale : Cécile Petiau

Responsable de collection et édition : Béatrice Hemsen-Vigouroux

Traduction : Lucie Marcusse et Timothée Roblin

Lecture-correction : Fabienne Texier-Pinson

Réalisation de la couverture : Étienne Hénocq

Fabrication : Liza Sacco

Contact presse : Rachida Mazef (rmazef@hachette-livre.fr)

© Hachette Livre (Hachette Tourisme), 2021
58, rue Jean-Bleuzen, 92178 Vanves Cedex
www.guideshachette.com • facebook.com/Guides Bleus

La version française est publiée en accord avec les éditions gestalten
© Die Gestalten Verlag GmbH &Co, KG.

Tous droits de traduction, d'adaptation et de reproduction réservés pour tout pays. Aucune partie de cet ouvrage ne peut être reproduite, stockée dans un système quelconque ou transmise par quelque moyen que ce soit, électronique, mécanique, photographique ou autre, sans l'autorisation expresse de l'Éditeur.

Photo du plat 1 de couverture : la Drei Zinnen Alpine Run, dans la province italienne du Sud-Tyrol
© Harald Wisthaler/Office de tourisme de Sexten/wisthaler.com

Imprimé en France par Pollina - 99324
Achevé d'imprimer : septembre 2021 • Dépôt légal : octobre 2021
Collection 01 • Édition 01
ISBN : 978-2-01-703269-4 • 6632695